आपका भविष्य आपके हाथ में

ए पी जे अब्दुल कलाम

राजपाल

अनुवाद
ऋषि माथुर एवं रमेश कपूर

ISBN : 9789350642818

संशोधित संस्करण : 2014, चतुर्थ आवृत्ति : 2018
© ए पी जे अब्दुल कलाम
हिन्दी अनुवाद © राजपाल एण्ड सन्ज़

AAPKA BHAVISHYA AAPKE HAATH MEIN
(Inspiration & Personal Growth) by A P J Abdul Kalam
(Hindi edition of *Forge Your Future*)

कवर की तस्वीर सौजन्य : समर मण्डल, राष्ट्रपति भवन

राजपाल एण्ड सन्ज़

1590, मदरसा रोड, कश्मीरी गेट, दिल्ली-110006
फोन : 011-23869812, 23865483, 23867791
website : www.rajpalpublishing.com
e-mail : sales@rajpalpublishing.com
www.facebook.com/rajpalandsons

भारत में पहली बार किसी पुस्तक का शीर्षक
ऑनलाइन वोटिंग के माध्यम से चुना गया

पूर्व राष्ट्रपति डॉ. ए पी जे अब्दुल कलाम भारत के विशिष्ट नेता हैं। वे बहुत ही लोकप्रिय हैं, विशेषकर युवाओं में, और फ़ेसबुक पर अठारह लाख लोग उन्हें 'फ़ॉलो' करते हैं। डॉ. कलाम को प्रतिदिन तीन सौ ई–मेल प्राप्त होते हैं। सोशल मीडिया पर उनकी सक्रिय मौजूदगी ने उनको पाठकों से एक नए ढंग से जुड़ने का अवसर प्रदान किया, जो एक अनूठी पहल है। इस पुस्तक के लिए डॉ. कलाम ने अंग्रेज़ी के पाँच शीर्षक चुने। ये पाँचों शीर्षक बारह दिनों तक ऑनलाइन उपलब्ध रहे और पाठकों ने उनमें से अपने मनपसन्द शीर्षक को वोट दिया। 41,675 लोगों ने इस ऑनलाइन वोटिंग में भाग लिया और सबसे अधिक लोगों ने **फ़ोर्ज योर फ़्यूचर** शीर्षक को पसन्द किया और हिन्दी में शीर्षक बना, **आपका भविष्य आपके हाथ में।**

आपका भविष्य आपके हाथ में उन मुद्दों पर केन्द्रित है जो देश के युवाओं के लिए महत्त्वपूर्ण हैं या जिन्हें लेकर वे परेशान और चिन्तित हैं। पुस्तक की भूमिका में डॉ. कलाम लिखते हैं, ''इस पुस्तक में जो

विभिन्न मुद्दे उठाए गए हैं वे इन्द्रधनुष के अलग-अलग रंगों जैसे हैं, जो अलग होते हुए भी एक ही प्रकाश से निकले हैं। और यह प्रकाश युवाओं की आत्मा, उनकी ईमानदारी, आशाओं, उत्कंठाओं का प्रकाश है। इस पुस्तक के माध्यम से मेरा प्रयास है कि युवाओं के दिलो-दिमाग और आत्मा की प्रकाश-ज्योति न केवल प्रदीप्त रहे, बल्कि उसकी लौ उन्हें उपलब्धियों की ऊँची उड़ान भरने के लिए प्रेरित करे।''

अवुल पकिर जैनुलाअबदीन अब्दुल कलाम जहाँ एक ओर बहुत ही सरल प्रकृति के इंसान हैं तो दूसरी ओर एक वैज्ञानिक होने के नाते विज्ञान और प्रौद्योगिकी में दृढ़-विश्वास रखते हैं। उनका मानना है कि मनुष्य की आन्तरिक अच्छाई को जब विज्ञान की शक्ति से जोड़ा जाता है तो अधिक से अधिक लोगों का भला होता है।

अदम्य साहस, अग्नि की उड़ान, तेजस्वी मन, टर्निंग प्वाइंट्स, भारत की आवाज़, प्रेरणात्मक विचार उनकी अन्य लोकप्रिय पुस्तकें हैं।

उन सभी युवाओं को
जो समय निकाल कर मुझे लिखते हैं
और अपने प्रश्न भेजते हैं

क्रम

आभार

पिछले कई वर्षों से मेरी टीम के सदस्य पूरे समर्पण और लगन से काम कर रहे हैं। मेरे भाषण तैयार करने में वे मेरी मदद करते हैं और जहाँ भी मैं जाता हूँ, वे मेरे साथ जाते हैं। मैं हज़ारों लोगों से मिलता हूँ, उनसे बातचीत करता हूँ, उन सबको वे बहुत ही बारीकी से नोट करते हैं। उनके बनाए हुए नोट्स मेरे लिए एक स्रोत बन जाते हैं जिनके आधार पर अपनी सोच और मैंने क्या सीखा उस पर विचार करता हूँ। कई बार मैं सोचता हूँ कि ये सब मेरे साथ काम क्यों करते हैं ? आज तक मुझे इसका कोई उत्तर नहीं मिला तो शायद यह उनकी प्रेम प्रवृत्ति ही है और आपस में मेरे और उनके बीच एक तालमेल बैठ चुका है।

शेरेडन, प्रसाद, धनश्याम, पोनराज और जनरल स्वामिनाथन—मैं प्रत्येक का दिल से आभारी हूँ। मुझे बहुत अफ़सोस है कि यह पुस्तक प्रकाशित होने से पहले ही जनरल आर. स्वामिनाथन चल बसे। मेरे दोस्त डॉ. अरुण तिवारी और धनश्याम शर्मा ने इस पुस्तक को तैयार करने में उल्लेखनीय योगदान दिया। हज़ारों ई-मेल को पढ़कर धनश्याम शर्मा ने उन्हें विषयानुसार अलग-अलग वर्गों में संयोजित किया। विषय की बेहतर प्रस्तुति के लिए अरुण ने बहुत मेहनत से अनेक ई-मेल को एक साथ सम्मिलित किया और मेरे विचारों को वाक्यों में अभिव्यक्त करने में सहायता की।

मुझे राजपाल एण्ड सन्ज़, विशेषकर मीरा जौहरी, के साथ काम करने में बहुत खुशी हुई।

मैंने अपने माता-पिता से यह बात सीखी कि हमारी जिन्दगी जैसी भी है,

अच्छी या बुरी, इस बात पर आधारित है कि हम ईश्वर के प्रति कितने कृतज्ञ हैं। मैं उन सभी लाखों युवाओं का आभारी हूँ जो समय निकालकर मुझे लिखते हैं या अपने प्रश्न मुझे भेजते हैं।

हमारी कृतज्ञता की पहचान यह नहीं है कि हम ईश्वर के दिए वरदानों के बारे में क्या कहते हैं। कृतज्ञता वह है कि हम उन वरदानों का कैसे सदुपयोग करते हैं। अपने प्रिय पाठकों का आभारी हूँ कि उन्होंने मन को भाने वाली हज़ारों चीज़ों में से मेरी यह पुस्तक उठाई।

मैं आप सबके लिए प्रार्थना करता हूँ कि आपकी सभी आशंकाएँ और अविश्वास कृतज्ञता में परिवर्तित हो जाएँ।

नई दिल्ली   —ए पी जे अब्दुल कलाम

अगस्त, 2014

भूमिका

पिछले पन्द्रह वर्षों के दौरान, विभिन्न सभाओं में, ई-मेल और फ़ेसबुक के ज़रिये डेढ़ करोड़ से ज़्यादा युवाओं से मेरा सम्पर्क हुआ। मैं जहाँ भी गया, वह चाहे कोई व्याख्यान हो, कोई सेमिनार या कोई बैठक, हर जगह लोगों ने मुझसे ढेरों प्रश्न किए। फ़ेसबुक पर लगभग 18 लाख लोग मुझे फ़ॉलो कर रहे हैं और औसतन मुझे 300 ई-मेल प्रतिदिन मिलते हैं। मैं हर रोज़ दो घंटे उनको पढ़ने और उनके जवाब देने में लगाता हूँ।

पिछले एक दशक के दौरान देश के युवाओं ने मुझसे जो सवाल पूछे, उन्हीं पर आधारित है मेरी यह पुस्तक। जो लाखों चिट्ठियाँ मुझे मिलीं, उनमें से किसे इस पुस्तक में शामिल करूँ, और किसे छोड़ूँ यह तय कर पाना मेरे लिए बहुत कठिन था। इसमें जो पत्र आपको मिलेंगे, वह किसी इन्द्रधनुष की तरह अलग-अलग रंग के होते हुए भी एक ही प्रकाश से निकले हैं। और वह प्रकाश क्या है? वह प्रकाश हमारे युवाओं के मन-मस्तिष्क की आत्मा, ईमानदारी, आशाओं और उत्कंठाओं का प्रकाश ही है। इस पुस्तक के माध्यम से मेरा प्रयास है कि युवाओं के दिलो-दिमाग और आत्मा की प्रकाश-ज्योति न केवल प्रदीप्त रहे, बल्कि उसकी लौ उन्हें उपलब्धियों की ऊँची उड़ान भरने के लिए प्रेरित करे।

इनमें से ज़्यादातर में, पत्र भेजने वालों ने मुझसे सवाल किए हैं और ज़िन्दगी में जो समस्याएँ सामने आती हैं, उनका हल जानना चाहा है। मैंने महसूस किया कि इन सवालों के जवाब देते वक्त कहीं न कहीं सचमुच उनके हल तक पहुँचने की प्रक्रिया शुरू हो जाती है। थोड़ा और ध्यान देने और गहराई से सोचने पर समझ में

आया कि अपनी ज़िन्दगी और अपनी दुनिया में जो कुछ घटता है उसे हम जिस तरह आगे बढ़ाते हैं, उस तरीके यानी 'प्रक्रिया' की वजह से समस्याएँ खड़ी होती हैं। ज़िन्दगी में जो कुछ होता है, उसे हम किस नज़रिये से देखते हैं और उसके बारे में कैसे सोचते हैं, वही 'प्रक्रिया' है। अगर हम इन स्थितियों और घटनाओं के साथ पेश आने का अपना तरीका बदल लें, तो शायद अपनी समस्याओं को लेकर हमारी सोच बदल सकती है और ज़ाहिर है, उनके हल भी। क्या हालात के साथ किसी दूसरे तरीके से पेश आना सीखा जा सकता है? सवालों के जवाब देते हुए मैंने यही समझाने की कोशिश की है।

ई-मेल और चिट्ठियों में पूछे गए सवालों पर मेरे जवाब मेरे निजी जीवन के अनुभवों, राजनीति और अध्यात्म क्षेत्र की बड़ी हस्तियों के साथ मिलने-जुलने और किताबों से मैंने जो कुछ सीखा, उसी का सार हैं। ये सवाल-जवाब इस तरह पेश किए गए हैं कि सवालों से मिलती-जुलती समस्याओं का सामना कर रहे किसी भी पाठक के लिए जवाबों में छुपे संदेश कारगर हो सकें। साथ ही इस बात पर लगातार ज़ोर दिया गया है कि जिसे हम समस्या कहते हैं, वह शायद अपनी ज़िन्दगी में कुछ घटने या पता चलने पर जो रवैया अपनाया, उसके फल के सिवा कुछ नहीं। जब आप पढ़ते हुए आगे बढ़ेंगे, तो आपको एहसास होगा कि अपने ज़्यादातर जवाबों में मैंने, ज़िन्दगी के इस पल से हम क्या चाहते हैं, उसी पर पूरा ध्यान देने पर ज़ोर दिया है। जब हम ऐसा करते हैं, तब हम अपना सारा ध्यान और अपनी पूरी एकाग्रता उस क्षण पर केन्द्रित करते हैं और उस पल आने वाले विचारों के अनुसार चलते हैं, तो हम जो चाहते हैं, उससे ज़्यादा हमारी ओर खिंचा चला आता है, न कि वह जो हम नहीं चाहते। अपनी समस्याओं के हल खोजने और ज़िन्दगी में जो कुछ वाकई में चाहते हैं, उसे हासिल करने में ज़्यादातर लोगों को जो मुश्किल होती है, उसकी एक वजह यह है कि उनका ध्यान हमेशा गड़बड़ियों, कमियों और समस्या पर टिका रहता है, जबकि ध्यान होना चाहिए हल पर। यह कुछ वैसा ही है जैसे तूफ़ानी हवा से हवाई जहाज़ को बाहर निकालना—जिसके लिए पायलट को बवंडर पर नहीं, उससे बाहर निकल हवाई-जहाज़ ले जाने के तरीके पर ध्यान लगाना होता है।

भारत के दक्षिण में एक अलग-थलग टापू में अपना बचपन बिताने के बावजूद, मैं शिक्षा ग्रहण कर सका, मुझे नौकरी मिली और कई अड़चनों और

अवरोधों को पार करते हुए देश का राष्ट्रपति बना। अगर सारी कठिनाइयों से हार न मान कर मैं इतना कुछ हासिल कर सका हूँ, तो कोई और भी ऐसा कर सकता है। मैं अपने भाषणों, किताबों और देश-विदेश की अपनी यात्राओं के ज़रिये देश के युवाओं से बातचीत करता हूँ और उनको प्रेरित करता रहता हूँ। मैं हमेशा उनसे समस्या पर नहीं, हल पर ध्यान लगाने को कहता हूँ, क्योंकि आपको अपनी सारी ऊर्जा अपनी मंज़िल पर, अपने मक़सद पर लगानी होती है।

बृहदारण्यक उपनिषद में एक श्लोक है—

असतो मा सद्गमय, तमसो मा ज्योतिर्गमय, मृत्योर्मा अमृतं गमय।

अर्थात् हे ईश्वर! मैं असत्य से सत्य की ओर बढ़ूँ, अंधेरे से रोशनी की ओर बढ़ूँ, मृत्यु से अमरत्व की ओर ले चलूँ।

इन पंक्तियों में कहा गया है कि असत्य और अंधकार आपकी ऊर्जा को कम कर देते हैं, लेकिन जब सत्य, प्रकाश और आध्यात्मिक अमरत्व की दिव्य ऊर्जा का निचले स्तर की ऊर्जा से आमना-सामना होता है तो दिव्य ऊर्जा ही अस्तित्व में रह पाती है। जिस तरह सत्य असत्य को समाप्त कर देता है, प्रकाश अंधकार को मिटा देता है और मृत्यु के पश्चात् आत्मा अमरत्व प्राप्त कर लेती है, ठीक उसी तरह प्रेम से घृणा मिट जाती है, आनन्द प्राप्त होने से शोक मिट जाता है और विश्वास संदेह को मिटा देता है। जब हम अपनी समस्याओं को इस नज़रिये से देखना शुरू कर देते हैं, तो हम अपनी समस्याओं को, अपनी कठिनाइयों को प्रेम, दया और क्षमा की दिव्य ऊर्जा के सम्पर्क में लाकर उसमें अपनी कठिनाइयों को विलीन कर सकते हैं। जैसा कि मैंने पहले कहा है, यह सिर्फ़ अपनी सोच को, अपनी ज़िन्दगी में जो कुछ घट रहा है, जो हम जान रहे हैं, उसके बारे में अपना नज़रिया और अपना रवैया बदलने की बात है।

एक विद्यार्थी के रूप में, मैं बहुत सौभाग्यशाली था कि मुझे मुत्थु अय्यर, शिवा सुब्रह्मण्यम अय्यर, आइयादुरई सोलोमन, थोथात्री अयंगर जैसे स्नेही और प्रेरक शिक्षकों से पढ़ने का मौका मिला, और बाद में विक्रम साराभाई और सतीश धवन जैसी महान हस्तियों और तीन प्रधानमंत्रियों के साथ काम करने का मौका मिला। जब आप ऐसे लोगों के आसपास होते हैं जो ऊर्जा के सर्वोच्च स्तर पर होते हैं, तो सिर्फ़ उनकी ऊर्जा के दायरे में रहने भर से ही जो कुछ भी बुरा या अनचाहा होता है, वह सब ठीक हो जाता है। जब प्रेम से सराबोर दिव्य ऊर्जा को अव्यवस्था,

असंगतता या किसी विकार के सामने लाते हैं, तो वास्तव में बुराई को ख़त्म करने वाली ऊर्जा छा जाती है।

इस संसार में हर कोई और हर चीज़ एक दूसरे से जुड़े हैं, और जो लोग ऊर्जा के बहुत ऊँचे और सक्रिय स्तर में जीते हैं, वे उन लोगों की कमी की भी भरपायी करते हैं जो निम्न और मन्द स्तर पर होते हैं। इस बारे में डेविड हॉकिंस, जो एक चिकित्सक थे, ने एक अद्भुत किताब लिखी है, *पॉवर वर्सेज़ फोर्स* जिसमें बताया गया है कि दिव्य ऊर्जा वालों और कम ऊर्जा वाले लोगों के बीच सन्तुलन बनाए रखने का काम किस तरह होता है। इस किताब में बताया गया है कि एक से 1,000 के पैमाने पर, जहाँ 1,000 की संख्या दैवीय चेतना की इकाई दर्शाती है और 'एक' की संख्या सबसे कम ऊर्जा वाले व्यक्ति को दर्शाती है, अगर 1,000 के स्तर की दिव्य ऊर्जा वाला एक व्यक्ति, मान लीजिये कि वह महात्मा गाँधी या नेल्सन मंडेला हैं, इस पृथ्वी पर अन्य लोगों की नकारात्मकता को नष्ट कर ऊर्जा का सन्तुलन स्थापित करते हैं।

ऐसा नहीं है कि महात्मा गाँधी या नेल्सन मंडेला जैसे व्यक्तियों को अपने जीवन में कभी समस्याओं, कठिनाइयों या विपत्तियों का सामना नहीं करना पड़ा, लेकिन उन्होंने पूरी सच्चाई, निडरता और करुणा के साथ उनका सामना किया। डर उनके जीवन में भी था लेकिन उनके पास अपने डर का सामना करने के लिए साहस था। बस, यही अन्तर है। उन्होंने डर की आँखों में आँखें डाल कर देखा और सीधे अपने रास्ते पर चलते रहे। वे कभी भी कठिन परिस्थितियों से डर कर भागे नहीं और न ही उन्होंने इसके लिये किसी दूसरे को दोषी ठहराया। उन्होंने इस सच को समझा और इस पर अमल किया कि ज़िन्दगी के मायने दूसरों से बेहतर बनना नहीं है बल्कि आज ख़ुद को बीते हुए कल के मुकाबले बेहतर बनाना है। इसके लिए सबसे बड़ी चुनौती यह है कि क्या मैं प्रेम, सत्य, शान्ति और दिव्य ऊर्जा के ऐसे स्वरूपों का आह्वान करके उनके माध्यम से अपनी समस्याओं का सामना कर सकता हूँ, और उनके हल ढूँढने की कोशिश कर सकता हूँ? मिसाल के तौर पर, हो सकता है कि हम किसी शख़्स या किसी चीज़ से नफ़रत करते हों और हम सोचते हों कि उसके लिए हमारे मन में जो नफ़रत है उस पर काबू पाकर हमने समस्या का समाधान कर लिया है। लेकिन वास्तव में ऐसा होता नहीं है, क्योंकि कल हमारे अन्दर किसी दूसरे शख़्स या दूसरी चीज़ से

नफ़रत पैदा हो सकती है। जब तक हम इस बात का एहसास नहीं करते कि समस्या वास्तव में किसी शख़्स या किसी चीज़ की नहीं, बल्कि समस्या नफ़रत की है। और जब तक हम अपने दिल और दिमाग से नफ़रत को उखाड़ नहीं फेंकते, तब तक हम नफ़रत से जुड़ी अपनी समस्या का समाधान नहीं पा सकते। जब तक हम सब मिलकर यह नहीं जान लेते कि एक दूसरे के लिए नफ़रत का जवाब प्यार से कैसे दिया जाए— जैसा कि ईसा मसीह ने हमें सिखाया, जिसे सिखाने के लिए महात्मा बुद्ध ने जन्म लिया, जो चीज़ मोहम्मद साहब ने हमें सिखाई और जो बात हमें सिखाने महान आध्यात्मिक गुरु हमारे बीच आए और जिन्होंने दिव्य ऊर्जा भरा जीवन जीया और हमें प्रेमभाव सिखाया—ऐसे में, नकारात्मक ताकतों के जवाब में और ज़्यादा नकारात्मक ढंग से जवाब देने से समस्याएँ और बढ़ेंगी।

कुल मिलाकर, मेरा मानना है कि यही सीखने के लिए हम सबका जन्म हुआ है। इस बीच, हमें अपने भीतर कैंसर सी नकारात्मक ताक़तों पर गौर करना होगा जो हमारे सपनों को उजाड़ना चाहती हैं। हमें कैंसर कोशिकाओं जैसे नकारात्मक विचारों और हार की सोच को अपने अन्दर से चुन-चुन कर निकाल फेंकना होगा। अपने आस-पास के हालात सुधारने के लिए अपने अन्दर झाँकना होगा। अगर हम सब मिल कर ऐसा कर पाते हैं, तो हर तरफ़ एक ज़बरदस्त बदलाव लाया जा सकता है। इस पुस्तक को लिखने की वजह यही है कि व्यक्तिगत समस्याओं और उनके सम्भावित हल इसे पढ़ने वालों के साथ साझा करके एक शक्तिशाली दिव्य ऊर्जा समूह बनाया जाए।

इस पुस्तक में 32 प्रश्न शामिल किए गए हैं। यदि आप इनमें से पाँच प्रश्न और उनके उत्तर ठीक से पढ़ लेते हैं, और फिर ख़ुद से सवाल करते हैं कि, 'मैंने इससे क्या सीखा,' तो आप ख़ुद को अन्दर से रौशन पाएँगे। जिस तरह अंधेरा अंधेरे को दूर नहीं कर सकता, सिर्फ़ रोशनी ही ऐसा कर सकती है, अज्ञानता को दूर केवल ज्ञान ही कर सकता है। ज्ञान प्राप्त करने और 'रोशनी' को चारों ओर फैलने देने से आपके मन को विस्तार मिलेगा, आपके विचार समृद्ध होंगे और आपके किए हुए हर काम में कमी दूर होंगी।

—ए. पी. जे. अब्दुल कलाम

सफलता की ओर

स्वयं पर भरोसा रखें

प्र. मेरे अन्दर हमेशा से ही आत्मविश्वास की कमी रही है। दरअसल, इस मामले में मैं और मेरा भाई दोनों एक से हैं। शायद ऐसा मेरी माँ की वजह से है जो जब हम छोटे थे, हमारी देखभाल और सुरक्षा को लेकर ज़रूरत से ज्यादा सावधानी बरतती थीं, और हमें हमेशा ज़िन्दगी की सच्चाइयों से दूर रखती थीं। पर मैं यह बात दावे के साथ नहीं कह सकता। लेकिन अब समस्या ऐसे बिन्दु पर पहुँच गई है जहाँ इसकी वजह से मेरे करियर पर बुरा असर पड़ रहा है। मैं चाहता हूँ कि हर कोई मुझे चाहे, लेकिन सच यह है कि मुझे कोई पसंद नहीं करता। मैं जहाँ काम करता हूँ वहाँ मेरी एक दोस्त थी, जो खाने के समय मेरे साथ बैठती थी लेकिन मुझे ऐसा लगता था कि उसको मेरे ऊपर तरस आता था और इसीलिए वह ऐसा करती थी। अगर मुझे घर से बाहर जाने की ज़रूरत होती थी, और कोई पड़ोसी घर के बाहर होते थे, तो मैं उनके वहाँ से चले जाने का इंतज़ार करता था ताकि मैं उनका सामना करने से बच सकूँ। सबसे ख़राब बात यह है कि अब मुझे लगने लगा है कि मैं किसी काम का नहीं हूँ। मुझे शायद ही किसी बात से ख़ुशी मिलती हो। निराशा को सहने की मेरी ताक़त बेहद कम हो गई है। मैं बड़ी आसानी से हार मान लेता हूँ, और इस बात का इंतज़ार करता हूँ कि कोई और हालात को सँभाल ले। यहाँ तक कि कुछ समय की

मुश्किल भी ऐसी लगती है जैसे हमेशा के लिए हो, और उन्हें भी बर्दाश्त नहीं कर पाता। हर वक्त एक उदासी और निराशा का भाव छाया रहता है।

मैंने आपका वह भाषण सुना जिसमें आपने कहा था, ''ख़ुद पर यक़ीन रखो! अपनी क़ाबलियत पर भरोसा करो! अपनी ख़ुद की ताक़तों पर यथोचित अभिमानरहित विश्वास नहीं होगा, तो आप सफल और ख़ुश नहीं रह सकते।'' मुझे अपने दुःखी रहने और कामयाब न होने की वजह पता है। लेकिन मैं ख़ुद पर यकीन करूँ तो कैसे करूँ? किस बात का सहारा लेकर मैं ख़ुद पर भरोसा करूँ? मुझे अफ़सोस होता है यह कहते हुए, लेकिन मेरे अन्दर कोई क़ाबलियत ही नहीं है जिसकी वजह से ख़ुद पर भरोसा करूँ। मुझे कुछ भी समझ में नहीं आ रहा है। मुझे यकीन है कि आप जो कहते हैं वह सच है, लेकिन ऐसा लगता है जैसे वह मेरे ऊपर लागू नहीं होता। कृपया मुझे रास्ता दिखाइये—बताइये कि मुझे क्या करना चाहिए?

मेरे दोस्त, जाहिर है कि आपको अपना आत्मविश्वास जगाना और बढ़ाना होगा। हम सभी आत्मविश्वास से भरपूर व्यक्तियों को पसन्द करते हैं, चाहे वह प्रेरणात्मक भाषण देने वाला वक्ता हो या पूरे आत्मविश्वास से मरीज़ों को देखने वाला डॉक्टर। दरअसल, आत्मविश्वास जीवन के हरेक पहलू के लिए ज़रूरी है, फिर भी कितने ही लोग इसके लिए जद्दोजहद करते रहते हैं। अफ़सोस, कि आपके लिए यह एक कुचक्र बन गया है—क्योंकि अपने अन्दर आत्मविश्वास की कमी के चलते आपको सफल होने में दिक्कत आ रही है, और सफलता न

मिलने के कारण आप अपना रहा-सहा आत्मविश्वास भी खो दे रहे हैं।

आप पाएँगे कि जीवन के किसी भी क्षेत्र में लोग किसी ऐसे काम से जुड़ने से पीछे हट जाते हैं जिसकी बात करने वाले के अन्दर घबराहट और हिचकिचाहट हो, और जो ज़रा-ज़रा सी बात में माफ़ी माँगने लगता हो। दूसरी ओर, वह शख्स जो साफ़-साफ़ बोलता हो और सिर उठाकर आत्मविश्वास के साथ सवालों के जवाब देता हो, और किसी बात की जानकारी न होने पर बेहिचक स्वीकार कर लेता है, वह आपका भरोसा जीत लेता है।

आत्मविश्वास से भरे लोगों को देखकर दूसरों के मन में भरोसा पैदा होता है, चाहे वह उनके श्रोता हों, सहकर्मी हों, अधिकारी हों, ग्राहक हों या दोस्त हों। और

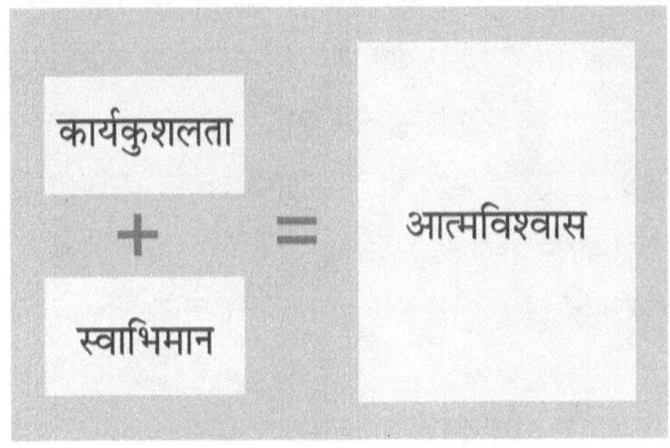

कार्यकुशलता और स्वाभिमान
आत्मविश्वास को बढ़ाता है

दूसरों का भरोसा जीतना उन प्रमुख तरीकों में से एक होता है जिनसे आत्मविश्वास से भरा व्यक्ति सफलता हासिल करता है। अच्छी बात यह है कि अपने अन्दर आत्मविश्वास पैदा करना सीखा जा सकता है, और उसे बढ़ाया जा सकता है। और चाहे आप अपने ख़ुद के आत्मविश्वास पर काम कर रहे हों, या अपने आसपास के लोगों का आत्मविश्वास बढ़ाने का काम कर रहे हों, यह एक ऐसा काम है जिसकी अहमियत किसी सूरत में कम नहीं है। इसलिए अपना आत्मविश्वास बढ़ाने के लिए आपको प्रयास करने चाहिए, और इसके लिए जम कर मेहनत करनी चाहिए।

दो प्रमुख चीज़ें जो आत्मविश्वास को बढ़ाने में मदद करती हैं, वे हैं कार्यकुशलता और स्वाभिमान। हमें अपने कार्यकुशल होने का तब एहसास होता है जब हम पाते हैं कि हम जिस क्षेत्र में जाना चाहते हैं, उस क्षेत्र के लिए अहमियत रखने वाले हुनर हासिल कर रहे हैं और उस क्षेत्र में अपने लक्ष्य हासिल करते जा रहे हैं। यह इस विश्वास का सवाल है कि अगर हम किसी भी क्षेत्र के लिए ज़रूरी हुनर सीखेंगे और मेहनत से काम करेंगे तो कामयाब होंगे, और यही वह विश्वास है जो लोगों को कठिन चुनौतियाँ स्वीकार करने और बाधाएँ पैदा होने पर भी डटे रहने को प्रेरित करता है।

यह बात स्वाभिमान से बहुत कुछ मिलती-जुलती है, जिसे हम सामान्य तौर पर यह मान सकते हैं कि हमारे जीवन में जो कुछ चल रहा है वह हमारे क़ाबू में है या उसे हम बर्दाश्त कर सकते हैं, और इसके साथ ही हमें ख़ुश रहने का भी हक़ है। कुछ हद तक तो यह एहसास इस बात पर भी टिका होता है कि हमारे इर्द-गिर्द जो लोग हैं वे हमें कितना स्वीकारते हैं, और यह हमारे वश में हो भी सकता है, और नहीं भी हो सकता है। इसके साथ ही यह इसपर भी निर्भर करता है कि हम अच्छे व्यवहार और भलाई के रास्ते पर चलते हुए जो कुछ करते हैं उसे करने में कितने निपुण हैं, कितने सक्षम हैं, और अगर ठान लें तो हम दूसरों से आगे भी निकल सकते हैं।

1957 में मद्रास इंस्टिट्यूट ऑफ़ टेक्नोलॉजी में अपनी पढ़ाई के आख़िरी साल में था। उस दौरान एक ग्रुप प्रोजेक्ट में दिये हुए काम को निश्चित समय में पूरा करने को लेकर मैंने एक बहुत ही अनमोल सबक़ सीखा। प्रोफ़ेसर श्रीनिवासन ने मुझे प्रोजेक्ट लीडर के रूप में लेकर नीची उड़ान भरने वाले लड़ाकू विमान की प्रारम्भिक डिज़ाइन तैयार करने को कहा था। छह सदस्यों वाली एक टीम बनाई गई और हमें अपनी डिज़ाइन जमा कराने के लिए छह महीने का समय दिया गया। प्रोजेक्ट के 'एरोडायनामिक्स' और 'स्ट्रक्चरल डिज़ाइन' की ज़िम्मेदारी मुझे सौंपी गई। टीम के बाकी पाँचों सदस्यों ने विमान के 'प्रोपलशन', 'कंट्रोल', 'गाइडेंस', 'एवियॉनिक्स' और 'इंस्ट्रूमेंटेशन' का काम सँभाला। पाँच महीने बाद जब प्रोफ़ेसर श्रीनिवासन ने प्रोजेक्ट की समीक्षा की और पाया कि हमारा प्रोजेक्ट सन्तोषजनक ढंग से नहीं चल रहा है, तो उन्होंने साफ़ शब्दों में अपनी मायूसी ज़ाहिर की।

डिज़ाइन के काम में कई लोगो की भागीदारी की वजह से उन सब के काम को एक जगह करने में आने वाली तमाम दिक्कतों को लेकर मेरी दलील पर उन्होंने कोई ध्यान नहीं दिया। क्योंकि मुझे अपने पाँच सहयोगियों से जानकारी लेकर काम करना था, जिसके बिना मैं सिस्टम डिज़ाइन नहीं कर सकता था, इसलिए मैंने प्रोफ़ेसर श्रीनिवासन से प्रोजेक्ट पूरा करने के लिए एक महीने का अतिरिक्त समय माँगा। प्रोफ़ेसर श्रीनिवासन ने कहा, ''देखो, आज शुक्रवार की दोपहर है। मैं तुम्हें तीन दिन का समय देता हूँ 'कॉनफ़िगरेशन डिज़ाइन' मुझे दिखाने के लिए। अगर तुमने मुझे सन्तुष्ट कर दिया, तो तुम्हें एक महीना और मिल जाएगा। लेकिन अगर ऐसा नहीं कर पाए, तो तुम्हारी छात्रवृत्ति रद्द कर दी जाएगी।''

4 काम, काम और काम करते जाएँ

3 तेज़ी से लक्ष्य की ओर बढ़ते जाएँ

2 लक्ष्य की दिशा में क़दम उठाएँ

1 अपना लक्ष्य निर्धारित करें

आत्मविश्वास के चार सोपान

मुझे इससे बड़ा झटका ज़िन्दगी में पहले कभी नहीं लगा था ! छात्रवृत्ति से ही मेरी ज़िन्दगी चलती थी। उसके बिना तो मैं अपने खाने का खर्चा भी नहीं उठा सकता था। दिए गए तीन दिनों में काम पूरा करने के सिवा अब कोई चारा नहीं था। मेरी टीम के सदस्यों ने, और मैंने तय किया कि हम जी-जान से इस काम को पूरा करेंगे। रात को भी ड्रॉइंग बोर्ड पर सिर झुकाकर नज़रें गड़ाए, खाना और सोना छोड़ हम चौबीसों घंटे काम में जुटे रहे। शनिवार को मैंने सिर्फ़ घंटे भर के लिए काम से छुट्टी ली। रविवार की सुबह जब मैं प्रयोगशाला में काम कर रहा था, तो मैंने महसूस किया कि कोई वहाँ मौजूद है। देखा, तो वह प्रोफ़ेसर श्रीनिवासन थे, जो चुपचाप हमारे काम का मुआयना कर रहे थे। मेरे काम को देखने के बाद उन्होंने मेरी पीठ

थपथपायी और प्यार से मुझे सीने से लगाते हुए बोले—''मुझे मालूम था कि इतने कम समय में काम लेकर मैं तुम्हारे ऊपर दबाव डाल रहा था और तुमसे कुछ ज़्यादा ही कठिन काम की उम्मीद कर रहा था।'' प्रोफ़ेसर श्रीनिवासन ने हमें पूरे महीने भर तक अंधेरे में हाथ मारने देने के लिए छोड़ने के बजाय अगले तीन दिनों में करने के लिए काम तय कर दिया था। नियत समय में काम पूरा करने के दबाव में हम सफलता की ओर ज़्यादा तेज़ी से बढ़े जो बीते महीनों में हमसे दूर होती जा रही थी। इस प्रोजेक्ट पर काम करते हुए मेरे अन्दर अपने काम की बुनियादी क़ाबलियत पैदा हुई और अपने साथ काम करने वालों के साथ मिलजुल कर चलने की समझ भी।

इस अनुभव से क्या सबक मिलता है ? यही कि आप अपना आत्मविश्वास बढ़ाने का काम इन चार क़दमों में पूरा कर सकते हैं—पहले, अपना लक्ष्य तय करना, दूसरे, उस लक्ष्य की ओर अपने सफ़र की शुरुआत, तीसरे, सफ़लता की ओर तेज़ी से बढ़ना, और चौथे, काम, काम और काम।

लक्ष्य निर्धारण वह सबसे ज़रूरी काम है जिसे सीखकर आप अपना आत्म-विश्वास बढ़ा सकते हैं। जिस क्षेत्र में आप काम करना चाहते हैं, उसमें अपने लिए लक्ष्य निर्धारित करें और लक्ष्य तक पहुँचने के लिए काम में जुट जाएँ। इससे सफलता प्राप्ति के लिए जीवन पर्यन्त चलने वाली प्रक्रिया शुरू हो जाएगी और आपको दूसरों के साथ काम करने के लिए आत्मबल मिलेगा।

सपनों का महत्त्व

प्र. सर, सपने देखने के आपके आह्वान से प्रेरित होकर, मैं बड़े-बड़े सपने देखने लगा। मैंने एक ऐसे संसार की कल्पना की जिसमें कोई सीमाएँ न हों, जहाँ कुछ भी मेरे रास्ते की रुकावट न बन सके। मैंने कभी इस बात की परवाह नहीं की कि वर्गीकृत विज्ञापनों में यह देखूँ कि किस तरह की नौकरियाँ मिल सकती हैं, और न ही कभी यह सफ़ाई देने की ज़रूरत समझी कि अपनी सीमित शिक्षा की वजह से मैं कुछ ही तरह के काम कर सकता हूँ। मैंने सोचा कि मैं आगे चलकर दूसरों से बिलकुल अलग बनूँगा। मैं आशा और अपेक्षा से भरा था। कोई भी बात मुझे आगे बढ़ने से नहीं रोक सकती। और मुझे भरोसा था कि एक दिन ज़रूर बहुत बड़ा आदमी बनूँगा। फिर कुछ सचमुच बुरा घट गया। यह बुरा कुछ ऐसा नहीं था जो जब घटा तभी मुझे पता चल जाता, बल्कि वास्तव में जब इसकी शुरुआत हुई तो मुझे पता भी नहीं चला। यह बहुत हल्के से शुरू हुआ, लेकिन धीरे-धीरे मुझ पर हावी हो गया, और अब यही मेरी पहचान बन गया है। मैंने कभी ध्यान भी नहीं दिया और मुझे इस बात का एहसास भी नहीं हुआ। मैंने अपने सपने पूरे करने की ओर ध्यान देना बन्द कर दिया। मैं सन्तुष्ट हो गया। मैंने और ज़्यादा की उम्मीद करना छोड़ दिया। और तो और, मैंने और बेहतर की उम्मीद करना छोड़ दिया। मैंने ख़ुद को अपने आसपास के हालात के हवाले

कर दिया। मैं आज जो कुछ हूँ उसी से सन्तुष्ट हो गया। ऐसा कुछ नहीं है कि आज मैं जो कुछ भी हूँ उसमें कुछ बुराई है—उसी से ज़िन्दगी चलाने के लिए ज़रूरी रक्रम आती है, मैं सुरक्षित रहता हूँ, ज़िन्दगी ठीक-ठाक चलती रहती है। लेकिन एक बार जो मैंने हार मान लेने का स्वाद चख लिया, समझौता कर लेने के इस तरीके को मैंने अपनी कहानी बनाने का इरादा कर लिया। किस बात की जद्दोजहद ? काहे की लड़ाई ? सपनों के पूरा न होने से निराश क्यों हों ? क्योंकि मैंने सब कुछ छोड़ने की सोच ली, इसलिए मेरे सामने कोई रुकावटें भी नहीं रहीं। परेशानियाँ नहीं रहीं। संघर्ष ख़त्म हो गया। पीड़ा ख़त्म हो गई। अपने सपने पूरे करने की कोशिश के बजाय, मैंने उससे बहुत कम में ही सन्तुष्ट हो जाने का फ़ैसला किया। लेकिन, अपने मन की गहराई में मुझे कहीं न कहीं यह महसूस होता है कि ऐसा नहीं होना चाहिए। मुझे बताइए, डॉक्टर कलाम, कि क्या मैं फिर से सपने देखना शुरू कर सकता हूँ ?

कुछ बड़ा करने के लिए हमें सिर्फ़ कुछ करना ही नहीं होता, बल्कि सपने भी देखने होते हैं; सिर्फ़ इरादा ही नहीं करना होता, बल्कि भरोसा भी रखना होता है।
—एनातोली फ्रांस

सपने वह नहीं होते जो आप नींद में देखते हैं, सपने वह होते हैं जो आपको सोने नहीं देते। अपने सपने पूरे करने के लिए आपको जागते रहना होता है, पूरी तरह आँखें खोलकर जागते रहना होता है।

आज जितनी सम्भावनाएं हैं, उतनी अब तक के समूचे इतिहास में पहले कभी नहीं थीं। इक्कीसवीं सदी ऐसे अनुभव पैदा कर रही है जिन्हें मानव के विकास की पिछली बीस शताब्दियों में असम्भव समझा जाता था। ऐसे माहौल में जब प्रौद्योगिकी और नित नई खोजों के बल पर मानव सभ्यता तरक्की करती जा रही है, इंसान में छिपी सम्भावनाओं का भी तेज़ी से विस्तार होता जा रहा है। लेकिन इन

अवसरों का अनुभव करने के लिए हमारे पास जो समय है वह उतना का उतना ही है। और आज के युवा इसी दुविधा में हैं। युवा चाहते हैं कि उनके सामने जितने किस्म के अनुभव उपलब्ध हैं, वह सब का फ़ायदा उठा सकें, जो कि उन्हें मिलना भी चाहिए, लेकिन जैसे-जैसे दुनिया का दायरा बढ़ता जा रहा है, वैसे-वैसे हमारे ऊपर ख़ुद को कुछ ख़ास विषयों के संकरे दायरे में सीमित कर लेना पड़ रहा है। मुझे नहीं लगता कि ऐसा करना सही है।

मेरा सपना है कि संसार के हर युवा को संसार के वह सारे अनुभव मिल सकें जिसकी उन्हें चाह हो। लेकिन इसे कैसे सम्भव बनाया जा सकता है?

इसे सम्भव बनाने के दो तरीके हैं। एक तो यह कि हम कुछ ऐसा करें कि हमारे पास जो समय उपलब्ध है उसे हम बढ़ा सकें। दूसरा यह कि हमारे पास जो समय है हम उतने ही समय में जितना काम कर सकते हैं, जितना कुछ

मैं चाहता हूँ कि हरेक युवा की ज़िन्दगी में दो सबसे महत्त्वपूर्ण लक्ष्य ज़रूर हों—एक तो यह कि वह कुछ ऐसा करे कि उसके पास उपलब्ध समय बढ़ जाए। दूसरा यह कि उसके पास जो समय है वह उतने ही समय में ज़्यादा से ज़्यादा काम करके अधिक से अधिक उपलब्धियाँ हासिल करे।

हासिल कर सकते हैं उसकी मात्रा बढ़ा दें। इन दोनों जीवन-लक्ष्यों को कैसे प्राप्त किया जाए, यह समझ लेने से दूसरी हर चीज़ तक पहुँचने के दरवाज़े ख़ुद-ब-ख़ुद खुल जाएँगे। यही वह लम्बी छलांग है जिसका मानवता को अब तक इंतज़ार था और जो हमें विकास क्रम के अगले चरण तक पहुँचा सकती है। तो हम इसे कैसे अमल में लाएँ? मैं आपको दो सुझाव देता हूँ।

पहले तो, सीधे-सरल ढंग से पाक-साफ़ ज़िन्दगी जीयें, जिससे कि बुढ़ापे तक सेहतमन्द रह सकें। उम्र बीतने के साथ शरीर पर उम्र के असर के साथ कई तरह की बुढ़ापे से जुड़ी बीमारियाँ, जैसे अल्ज़ाइमर्स रोग, पार्किन्संज़ रोग, कैंसर, दिल की बीमारियाँ घेरने लगती हैं। लेकिन समझने वाली अहम बात यह है कि इनमें से हरेक बीमारी को शरीर पर अपनी पकड़ बनाने के लिए दसियों साल लगते हैं, और

अकसर कम उम्र में ही इन बीमारियों के बीज पड़ जाते हैं। इसलिए, यही वह समय है जब हमें सेहतमन्द रहने की मुहिम छेड़ देनी चाहिए। हर युवा को स्वास्थ्यवर्धक भोजन करना चाहिए, स्वस्थ जीवनशैली अपनानी चाहिए और स्वस्थ विचार रखने चाहिए। आपका जीवन ईश्वर का उपहार है, और दुनिया की कोई दौलत कभी उसकी बराबरी नहीं कर सकती, इसलिए उसे किसी किस्म की लत और बुरी आदतों के चलते क्यों मुरझाने दें। अच्छी सेहत बना कर रखें, बुरी आदतों से दूर रहें, अच्छी से अच्छी शिक्षा प्राप्त करें और हुनरमन्द बनें। सुयोग्य और सक्षम लोगों के लिए कितने ही अवसर उपलब्ध हैं, इसलिए पूरे जोश से आगे बढ़कर उनका लाभ उठाएँ।

दूसरे, अपने जीवन के लिए ख़ुद ज़िम्मेदार बनें। शुरुआत अपने माता-पिता का ध्यान रखने से करें। इस्लाम में ईश्वर पर भरोसा करने के बाद जिस बात को सबसे ज़्यादा अहमियत दी गई है, वह है अपने माता-पिता को चाहना और उनका ध्यान रखना। हज़रत मोहम्मद ने कहा है—'तुम्हारी माँ के क़दमों में जन्नत है।' इस बात के अलग-अलग लोगों ने मायने यही निकाले हैं, अपने बच्चों को वह तमाम मज़हबी बातें और नेक चाल-चलन सिखाने की ज़िम्मेदारी माँ की होती है जिनसे जन्नत हासिल होती है। या फिर इसके मायने यह भी हो सकते हैं कि ताउम्र अपनी माँ की ख़िदमत करने से हमें जन्नत नसीब होती है। दोनों ही तरह से यही ज़ाहिर होता है कि इस मज़हब में माँओं के लिए अदब और इज़्ज़त के साथ कितनी अहमियत दी गई है। एक बार आप उठकर अपनी ज़िन्दगी और अपने माता-पिता के लिए अपनी ज़िम्मेदारियों के प्रति सजग

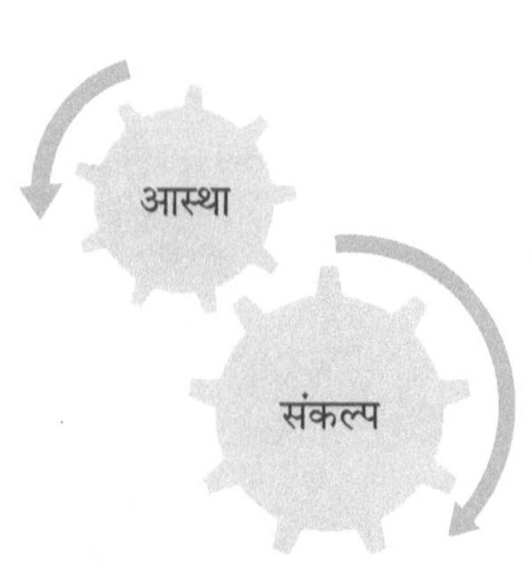

ज़िन्दगी में तमाम अवसर इन पहियों के बीच से निकलते हैं

हो जाते हैं, तो सारी कायनात आपका साथ देने के लिए जुट जाती है। इस मामूली से लगने वाले, लेकिन गहरे सच को लेकर मन में कोई शक नहीं होना चाहिए।

जो भी हो, महज़ ज़्यादा वक्त मिल जाना और अपनी ज़िन्दगी की ज़िम्मेदारियाँ निभाना ही अपने आप में काफ़ी नहीं है। आज जो असंख्य नये अवसर और सम्भावनाएँ हमारे सामने हैं, उनका फ़ायदा उठाने के लिए आपको दो चीज़ों की ज़रूरत है—आस्था और संकल्प। आस्था और संकल्प वह दो पहिये हैं जिनके सहारे ज़िन्दगी में अवसरों की राह पर आसानी से आगे बढ़ सकते हैं। उनके बिना जीवन के वास्तविक अर्थ तक कभी नहीं पहुँचा जा सकता। बिना आस्था के हम कुछ हद तक बौद्धिक ज्ञान तो प्राप्त कर सकते हैं, लेकिन सिर्फ़ आस्था के बल पर ही अपने भीतर की गूढ़ गहराइयों में झाँका जा सकता है।

संकल्प वह शक्ति है जो हमें तमाम निराशाओं और विघ्नों से पार पाने में मदद करती है। वही इच्छा-शक्ति जुटाने में हमारी मदद करती है जो कामयाबी का मूल आधार है। शास्त्रों और वेदों में कहा गया है कि संकल्प-शक्ति का सहारा लिया जाए, तो कुछ भी असम्भव नहीं है। जब संकल्प-शक्ति में कोई व्यवधान नहीं होता, तो हम निश्चित रूप से इच्छित लक्ष्य प्राप्त करते हैं।

तय कीजिए कि चाहे जो भी हो, आप वह ज़रूर करेंगे जो आप करने के लिए निकले हैं। अगर आपका इरादा पक्का होगा, तो ध्यान बँटाने वाले तमाम कारणों के बावजूद आप विचलित हुए बिना अपने मार्ग पर आगे बढ़ते जाएँगे। आप अपनी परिस्थितियों को, सारी दुनिया को और समाज को अपने अनुसार नहीं बदल सकते। लेकिन अगर आपके पास बूता है और आप दृढ़-संकल्प हैं, तो आप ज़िन्दगी के सफ़र में कामयाबी के साथ आगे बढ़ते रह सकते हैं और हो सकता है आप इतने सक्षम हो जाएँ कि ख़ुद समाज को भी बदल डालें।

धैर्य एक और बहुत बड़ा नैतिक गुण है जिसे अपने अन्दर विकसित करने की

ज़रूरत है। हमें अपनी संकल्प-शक्ति, ईमानदारी से की गई कोशिश, धैर्य, नियमितता और स्नेही स्वभाव का हमेशा ध्यान रखना चाहिए। हमेशा होशियार रहें ताकि नकारात्मक ताकतें अपना कब्ज़ा न जमा लें। आपको कोशिश करनी चाहिए कि जब कभी आपको कोई रुकावट मिले, आप धैर्य से काम लें। जब आप अपने अचेतन मन की थाह लेने की कोशिश करेंगे तो आपको धैर्य से काम लेना पड़ेगा।

अगर आप बिना निराश हुए जुटे रहेंगे तो आपको दूर से प्रकाश आता दिखाई देगा, जो अज्ञानता के अंधकार को मिटा देगा। एक समय आएगा, जब आप वह सब जान लेंगे जो जानना है। इस सौम्य और शाश्वत लौ को कमज़ोर न पड़ने दें।

आपके सवाल, ''क्या मैं फिर से सपने देखना शुरू कर सकता हूँ'' का जवाब देते हुए मैं यही कहना चाहूँगा कि जब मुश्किलें सामने आएँ, तो उम्मीद न छोड़ें और अपने काम में जुटे रहें। अपने भरोसे पर अडिग रहें, चाहे आपकी उम्र कुछ भी हो और आप ज़िन्दगी के किसी भी पड़ाव पर क्यों न हों, बेहतर भविष्य के अपने सपनों को पूरा करने की कोशिश कभी न छोड़ें। अपनी व्यावसायिक ख़ूबियों में और सुधार करते रहें, नये तौर-तरीकों को अपनाएँ, मेहनत से काम करें और अपने चाल-चलन को बढ़िया रखें। अपने अनुभवों से कहूँ तो, मेरे जीवन में सबसे ज़्यादा आनन्दित करने वाले अनुभव सपनों और सच्चे मन से की गई उम्मीदों से निकल कर आए हैं। आपको जो अवसर मिलते हैं, अगर आप उन्हें यूँ ही नहीं गँवाते, हर अवसर को पूरे मन से थाम लेते हैं, तो आप बहुत कुछ हासिल कर सकते हैं।

अपने सपने पूरे करने की राह में जो भी मुश्किलें आएँ चाहे आपकी उम्र कुछ भी हो और आप ज़िन्दगी के किसी भी पड़ाव पर हों, बेहतर भविष्य के सपनों को पूरा करने की कोशिश कभी न छोड़ें।

समय का सदुपयोग

प्र. मुझे रोज़ाना इतने सारे काम पूरे करने पड़ते हैं कि उनकी बड़ी संख्या और जटिलता से मैं बिल्कुल जैसे हार कर रह जाता हूँ। दिन बीतने के साथ कभी-कभी मुझे लगने लगता है कि मैं हरेक काम पर समुचित ध्यान नहीं दे सका, क्योंकि जल्दी ही दूसरे काम मेरी मेज़ पर आते रहे, सहकर्मी सवाल करके काम में रुकावटें डालते रहे... मैं अपने काम को नियोजित नहीं कर पाता। मैंने एक टाइम-टेबल बनाकर उसके मुताबिक चलने की कोशिश की, लेकिन मैं हताश होकर हार मान लेता हूँ, क्योंकि मैं कोई भी योजना क्यों न बना डालूँ, मुझे लगता है कि मैं उसके मुताबिक चल नहीं पाता। ज़्यादातर ऐसा ही होता है कि मैंने जिस काम को जितने समय में करने की योजना बनाई होती है, वह काम उतने समय में पूरा नहीं होता तो रातों को जाग कर उसे पूरा करना पड़ता है। और तब आख़िरी वक्त में काम के साथ समझौता करना पड़ता है। इस स्थिति में मैं बहुत असन्तोष महसूस करता हूँ क्योंकि मैं जानता हूँ कि मुझमें वह काम करने की जो योग्यता है, वह उस काम में नहीं आ पाई है।

सर, आपने एस एल वी-3, मिसाइल, नाभिकीय बम जैसी कई बड़ी राष्ट्रीय परियोजनाओं पर काम किया है और उन्हें समय पर

पूरा किया है। आपने इतने बड़े और उलझे हुए कार्यों को नियमित समय में कैसे पूरा किया ? इसका क्या राज है ?

समय को हमेशा, लगातार चलते रहने वाला बताया गया है। ऐसा कहा गया है कि समय का न तो आदि है और न अन्त। फिर भी मानव उसे साल, महीने, दिन, घंटे, मिनट और सेकेंड में मापने में कामयाब रहा। मानव ने भूत, वर्तमान और भविष्य जैसे शब्दों को अर्थ दिए। समय कभी नहीं रुकता, वह चलता ही रहता है। जो कल था वह आज नहीं है। आज जो है वह कल नहीं रहेगा। कल बीत गया। आज यह है और कल का आना अभी बाकी है।

जैसा कि आप सब को पता है पृथ्वी अपनी धुरी पर 24 घंटे, या 1440 मिनट या 86400 सेकेंड घूमती है जिससे दिन और रात बनते हैं। पृथ्वी सूर्य की परिक्रमा भी करती है जिसके एक चक्कर में उसे करीब एक साल लग जाता है। सूर्य के चारों ओर पृथ्वी की एक परिक्रमा पूरी होते ही पृथ्वी पर रहते हुए आपकी उम्र एक साल बढ़ जाती है। सृष्टि की हरेक गति समय से जुड़ी हुई है। जन्म, विकास और मृत्यु होते हैं। एक बच्चा पैदा होता है, फिर समय बीतने के साथ वह किशोर होता है, युवा होता है, मध्य वय का होता है और फिर बूढ़ा हो जाता है। ऋतुएँ भी समय के अनुसार आती हैं। पौधों में फूल आते हैं और फल

समय कभी नहीं थमता

लगते हैं। एक महीने में धान नहीं उगता और न ही एक साल में एक बच्चा वयस्क हो सकता है। हर चीज़ का समय होता है, और हरेक चीज़ अपने समय से होती है।

समय एक स्वतन्त्र शक्ति है। वह किसी का इंतज़ार नहीं करता। आमतौर पर कहा जाता है कि समय और ज्वार नहीं करते किसी आदमी का इंतज़ार। समय ही धन है। एक भी मिनट अगर काम के लिए नहीं ख़र्च हुआ तो समझें नुकसान हमेशा के लिए हुआ। वह खोया मिनट कभी वापस नहीं मिल सकता। जब लोहा गर्म हो तभी हमें उस पर चोट करनी चाहिए क्योंकि वक्त बीत जाता है तो फिर लौट के नहीं आता। अगर आप समय को बर्बाद करते हैं तो वह आपको बर्बाद कर देता है। शेक्सपीयर ने *जूलियस सीज़र* (अंक 4, दृश्य 3) में बड़ी ख़ूबसूरती से कहा है—

लोगों के कामकाज में भी एक ज्वार है

बढ़ते पानी में उतरें तो नसीब शानदार है

पीछे छूटा जो ज़िन्दगी के तमाम सफ़र में

उथले में फँसे तो कष्टों की भरमार है

अब जो चल पड़े खुले समन्दर में हम

बढ़ते रहें जब तक सागर मददगार है

छूटे तो डूबे! यही व्यापार है!

रोमन कवि ओविड (43 ईसा पूर्व-18वीं ईस्वी) ने कहा था—'समय सबसे अच्छी दवा है।' कहा जाता है कि समय सारे घावों को भर देता है और वह उन घावों को भी भर देता है जिनके हल तर्क से नहीं मिलते। जब डर, गुस्सा, ईर्ष्या हम पर हावी हो जाते हैं, तब हम सोच-समझ से काम नहीं ले पाते जिसके नतीजे गम्भीर हो सकते हैं। बाद में, जब भावनाएँ ठंडी पड़ती हैं तो हमें अपने किए पर पछतावा भी हो सकता है। लेकिन जो नुकसान हो जाता है, वह हमेशा रहता है। लेकिन, समय बीतने के साथ वह नुकसान भी ठीक होने लगता है। जो लोग इसमें शरीक़ होते हैं वह भी भूल जाते हैं, माफ़ कर देते हैं। यही समय की महत्ता है।

यह भी सच है कि समय हमें बहुत कुछ सिखाता है। समय के साथ हर व्यक्ति उम्र में बड़े होने के साथ परिपक्व भी होता जाता है। समय के साथ जो जीवन में अनुभव होते हैं उनसे सही निर्णय लेने की सीख भी मिलती है।

अक्लमन्द व्यक्ति वही है जो समय से सीख ले। समय हमेशा हमें याद दिलाता है कुछ करने की और कुछ बेहतर करने की। कुछ लोग तो बस यही सोचते रहते हैं कि अपना समय कैसे बिताएँ। समझदार और होशियार लोग अपने समय का पूरा सदुपयोग करते हैं। कहा जाता है कि समझदार व्यक्ति सबसे अधिक गम व्यर्थ वक़्त बीतने का मनाते हैं।

कुछ लोग समय का महत्त्व नहीं समझते, उसे बेकार जाने देते हैं, या फिर बिना कुछ किए ही उसे ख़र्च कर देते हैं। एक कहावत है जिसमें कहा गया है कि समय की हत्या करना क़त्ल नहीं, ख़ुदकुशी है। इसका मतलब यह हुआ कि अगर समय को बेकार निकल जाने देते हैं, तो हम किसी दूसरे को नुक़सान नहीं पहुँचा रहे होते, बल्कि अपना ही नुक़सान कर रहे होते हैं।

कुछ लोग हमेशा इसी बात का रोना रोते रहते हैं कि उनके पास सब कुछ करने के लिए ज़रूरी समय ही नहीं है। यह ठीक नहीं है। अगर हम समझदारी के साथ अपने काम की योजना बनाकर काम करें, तो हर चीज़ के लिए काफ़ी समय मिल जाएगा। आदमी जो कि कुदरत का एक हिस्सा है, कभी समय की शिकायत नहीं कर सकता। आदमी को तो बस वक़्त का हर इशारा मानना होता है। समय बहुत बलवान है और वह सभी को जीत लेता है। हर दिन हरेक व्यक्ति को जैसे चाहे वैसे इस्तेमाल करने के लिए वही बराबर के चौबीस घंटे मिलते हैं। जो समय पूरी तरह से उसका अपना है वह बेशक़ीमती होता है। मैंने यह बात बहुत पहले जान ली थी और समय की धारा के साथ बहने के बजाय होशियारी से अपना रास्ता बना लिया।

जिस तरह समय पर न पहुँचने पर ट्रेन छूट जाती है तो वह हमेशा के लिए छूट जाती है, वैसा ही समय के साथ है। अगर आपने समय को एक बार हाथ से निकल जाने दिया या बेकार जाने दिया, तो वह हमेशा के लिए चला जाता है। आप उसे दोबारा नहीं पकड़ सकते और न ही वापस हासिल कर सकते हैं। इसीलिए समय को तेज़ी से निकलते जाने वाला कहा जाता है।

समय ही सफलता की कुंजी है। इसपर हमारा अधिकार नहीं है। अगर हम कुछ कर सकते हैं, तो सिर्फ़ यही कि इसे अच्छी तरह इस्तेमाल कर लें। अपने समय को बेकार न जाने दें ज्यादा से ज्यादा फ़ायदा उठाना सीख लें। इन पंख लगे दिनों को यूँ ही न जाने दें।

असफलता से आगे

प्र. मैं अपने जीवन में उस बिन्दु पर आ पहुँचा हूँ जहाँ मुझे लगता है कि मैं पूरी तरह से नाकाम रहा हूँ। मैं स्कूल में एक अच्छा विद्यार्थी था और दसवीं कक्षा में अच्छे अंक पाने के बाद मैंने गवर्नमेंट कॉलेज में इलेक्ट्रॉनिक्स में डिप्लोमा करने के लिए दाखिला ले लिया। वास्तव में, इस विषय में मेरी बिलकुल भी रुचि नहीं थी, और कॉलेज के लेक्चरर पढ़ाने में अच्छे नहीं थे। अब आख़िरी इम्तिहान के बाद रिज़ल्ट भी आ गया है और मैं एक विषय में फ़ेल हूँ। अब मुझे फिर से उस विषय के इम्तिहान में बैठने के लिए एक साल इंतज़ार करना पड़ेगा। हालाँकि मेरे माता-पिता शान्त हैं, लेकिन मेरे पास अपने दोस्तों और रिश्तेदारों को अपनी शक्ल दिखाने की हिम्मत नहीं है। बार-बार मन में यही आता है कि मुझे अपनी ज़िन्दगी ख़त्म कर लेनी चाहिए, और एकाध बार मैं अपनी कलाई में चीरा भी लगा चुका हूँ।

बारहवीं के इम्तिहान में मेरे पाँच विषयों के औसत अंक 70.8 प्रतिशत थे और भौतिक, रसायन और गणित के मिलाकर 58 प्रतिशत। बंगलूरु की संयुक्त परीक्षा में मेरी रैंक 35,000 थी, और मुझे मालूम था कि इस रैंक पर मुझे औसत दर्जे के इंजीनियरिंग कॉलेज में ऐसा कोर्स मिलेगा जो मेरी पसंद का भी नहीं होगा। मेरे माता-पिता को मुझसे कोई उम्मीद नहीं बची है, और मेरे पिता कहते हैं—''मैं बेकार में

ही तुम्हारे ऊपर अपना सारा पैसा ख़र्च कर डाल रहा हूँ... तुम इतने मोटी बुद्धि के हो कि मुझे ख़ुद को तुम्हारा बाप बताने में शर्म आती है।'' मुझे बताइए, सर, क्या मैं एक असफल व्यक्ति हूँ?

दोस्त, असफलता के बिना सफलता का कोई वजूद नहीं। सफलता मंज़िल है। असफलता बीच-बीच में आने वाला अवरोध। अगर आप बीच-बीच में पड़ने वाले इन अवरोधों को हिम्मत और पक्के इरादे के साथ पार कर जाते हैं, तो आप असफलता को हराकर जीवन में सफलता को प्राप्त कर सकते हैं।

मैं आपको श्रीनिवास रामानुजन की कहानी सुनाता हूँ जिन्हें दुनिया के महानतम गणितज्ञों में से एक माना जाता है। सिर्फ़ बत्तीस साल की ज़िन्दगी में, और वह भी बहुत कम औपचारिक शिक्षा के बावजूद उन्होंने मैथमैटिकल एनालिसिस, नम्बर थ्योरी, इनफ़ाइनाइट सीरीज़ और कंटिन्यूड फ्रैक्शंस के क्षेत्र में अभूतपूर्व योगदान दिया, और चार सौ मौलिक प्रमेय पीछे छोड़ गए। 1887 में तमिलनाडु के इरोड में जन्मे रामानुजन में बचपन से ही गणित की नैसर्गिक प्रतिभा दिखाई देने लगी थी। बारह साल की उम्र में तो रामानुजन ने अपने ख़ुद के प्रमेय गढ़ लिये थे। उन दिनों गणित की दुनिया के दिग्गज उनकी पहुँच से दूर यूरोप में केन्द्रित थे, इसलिए भारत में रहकर काम करते हुए उन्होंने गणित में शोध की अपनी अलग ही धारा विकसित कर ली। सत्रह साल के होते-होते रामानुजन बरनौली संख्याओं (Bernoulli numbers) और इयूलर-मैस्केरॉनी स्थिरांक (Euler-Mascheroni constant) पर शोधकार्य कर चुके थे।

> असफलता के बिना
> सफलता का कोई वजूद नहीं।
> असफलता बीच-बीच में
> आने वाला अवरोध है।
> सफलता मंज़िल है।

रामानुजन को कुम्बक्कोनम के गवर्नमेंट कॉलेज में पढ़ने के लिए छात्रवृत्ति मिली, जो कि बाद में उनके गणित को छोड़, दूसरे विषयों में फ़ेल होने पर रोक दी गई। अलग से गणित में शोध के लिए उन्होंने दूसरे कॉलेज में दाखिला लिया, जबकि इस दौरान वह अपने गुज़ारे के लिए मद्रास पोर्ट ट्रस्ट के अकाउंटेंट जनरल के दफ़्तर में क्लर्क के तौर पर काम भी कर रहे थे। जनवरी 1912 में रामानुजन ने अपना कुछ काम कैम्ब्रिज यूनिवर्सिटी के ट्रिनिटी कॉलेज के प्रोफ़ेसर जी. एच. हार्डी को भेजा। प्रोफ़ेसर हार्डी ने रामानुजन के काम से उनकी प्रतिभा को पहचाना, और उन्हें केम्ब्रिज आकर अपने साथ काम करने के लिए आमन्त्रित किया। बाद में वह रॉयल सोसायटी के फ़ेलो बने और उन्हें केम्ब्रिज के ट्रिनिटी कॉलेज की फ़ेलोशिप भी मिली। रामानुजन ने केम्ब्रिज में पाँच साल बिताए जहाँ उनके 21 शोधपत्र प्रकाशित हुए। दुर्भाग्य से, जीवन भर उन्हें स्वास्थ्य सम्बन्धी समस्याएँ घेरे रहीं। घर से दूर विदेश में रहते हुए, और दीवानगी की हद तक अपने गणित में डूबे रहते हुए, शायद तनाव बढ़ने और शाकाहार की कमी के चलते इंग्लैंड में रामानुजन की सेहत और बिगड़ गई। 1919 में वह भारत लौटे तो बहुत बीमार थे। उन्हें तपेदिक (टीबी) ने जकड़ लिया था। भारत लौटने के बाद जल्दी ही, सिर्फ़ बत्तीस साल की उम्र में उनकी मृत्यु हो गई।

श्रीनिवास रामानुजन

रामानुजन के सामने कौन सी मुश्किलें नहीं आईं? लेकिन इतनी सारी कठिनाइयाँ भी उनकी प्रतिभा के आगे रुकावट नहीं खड़ी कर सकीं। हालाँकि कष्ट और कठिनाइयाँ नुकसानदेह और नकारात्मक लगती हैं, लेकिन लम्बे समय में सब कुछ सन्तुलित हो जाता है और यहाँ तक कि उनके शक्तिशाली सकारात्मक प्रभाव के आगे सारी दिक्कतें बहुत पीछे छूट जाती हैं।

जर्मन दार्शनिक फ्रेडरिक नीत्शे ने भी बहुत अधिक सहा। अपने जीवन के ज्यादातर समय उन्होंने भयंकर पेट दर्द और अत्यन्त कष्टप्रद माईग्रेन के सिरदर्द को

झेला, जिससे वह कई-कई दिन तक कुछ भी करने की स्थिति में नहीं रहते थे। उन्हें अपने ख़राब स्वास्थ्य की वजह से पैंतीस साल की उम्र में स्विट्ज़रलैंड के बेसेल विश्वविद्यालय में प्रोफ़ेसर का पद छोड़ना पड़ा और बाकी का जीवन तनहाई में बिताना पड़ा। उनके दोस्त भी बहुत कम थे, और बीवी या प्रेमिका कभी नसीब ही नहीं हुई और उनके साथ काम करने वाले बुद्धिजीवियों ने उनके अपरम्परागत विचारों के कारण उनका बहिष्कार किया। एक लेखक के तौर पर वह इस कदर असफल थे कि उन्हें अपनी किताबें प्रकाशित करवाने के लिए ख़ुद ख़र्च करना पड़ता था, और इसके बावजूद उनकी बहुतेरी किताबों की दोबारा कागज़ बनाने के लिए लुगदी बना डाली गई, क्योंकि उन्हें खरीदने वाला कोई नहीं था। आख़िरकार जब उनकी किताबों को पाठकों की प्रशंसा मिलनी शुरू हुई तब तक उनमें मानसिक अस्थिरता के लक्षण दिखाई देने लगे थे। पैंतालीस साल की उम्र में वह पूरी तरह मानसिक विकार के शिकार हो चुके थे और फिर वह मानसिक और शारीरिक रूप से पूरी तरह अक्षम होकर अपने जीवन के आख़िरी दस साल अपनी माँ के साथ रहे।

नीत्शे में गजब का लचीलापन था, और वह हमेशां यही सोचा करते थे कि कष्ट उनके लिए फ़ायदेमन्द होंगे। वह अपनी पीड़ा को अपनी भावनाओं का सबसे ज़्यादा भला करने वाला मानते थे जो कि उनके दर्शन के लिए ज़रूरी थी, क्योंकि वही 'हम दार्शनिकों को अपने अन्दर की सबसे गहरी गर्तों

फ्रेडरिक नीत्शे

में उतरने को मजबूर करती है'... मुझे शक है कि ऐसा कष्ट मनुष्य को बेहतर बनाता होगा, लेकिन मुझे इतना ज़रूर पता है कि गहरा ज़रूर बनाता है। उनका अपना अनुभव यह था कि जब इंसान बीमारी, अकेलेपन या अपमान के दौर से निकलकर आता है, तो 'जैसे उसका नया जन्म होता है, नई चमड़ी आ जाती है,' और उसके साथ 'आनन्द का रस लेने की बेहतर समझ' आ जाती है। ख़लील जिब्रान ने भी

अपनी किताब *दि प्रॉफ़िट* में इससे मिलती-जुलती बात कुछ यूँ कही है—'गम आपके वजूद को जितना गहरा कुरेद देता है, उतना ही आनन्द आपके अन्दर ठहर पाता है।'

मैं नहीं कहता कि हमें कष्टों का स्वागत करना चाहिए, या फिर जानबूझ कर उन्हें पाने की कोशिश करनी चाहिए। लेकिन जब कभी जीवन में हमारा उनसे सामना हो तो हमें साफ़ तौर पर यह ध्यान रखना चाहिए कि कष्टों के ऊपर से नकारात्मक लगने वाले स्तर के नीचे विकास और गहराई तक उतरने की सम्भावना भी छुपी है। हम में से कोई भी नाकाम नहीं हो सकता। अगर हमारा अस्तित्व कोई चमत्कार नहीं है, या यह कि हम ज़िन्दा हैं, हमारी सेहत ठीक है, सोच समझ सकते हैं और जहाँ चाहें जा सकते हैं, और कितना कुछ और भी कर सकते हैं।

स्टीव टेलर की पुस्तक, *आउट ऑफ़ द डार्कनेस : फ़्रॉम टरमॉयल टू ट्रांस.फ़ॉर्मेशन* में ज़िन्दगी की बेहद ख़राब परिस्थितियों में ज्ञान का उजाला फैलने की, ताज्जुब में डाल देने वाली कहानियाँ हैं। उसे पढ़कर यह समझने में मदद मिलती है कि ज़िन्दगी हमारे सामने जो कभी-कभी बेहद बुरा लाकर रख देती है, उसमें से भी हम कुछ अच्छा बनाने का मन बना सकते हैं, जिससे हमारे डर कम

> *जब कभी जीवन में कष्टों से हमारा सामना हो तो हमें यह ध्यान रखना चाहिए कि कष्ट के नकारात्मक लगने वाले ऊपरी स्तर के नीचे विकास और गहराई तक उतरने की सम्भावनाएँ छुपी रहती हैं।*

हो जाते हैं और ज़िन्दगी ख़ुशियों को बाहों में भर लेने के लिए बेचैन हो जाती है। इसलिए कभी ख़ुद को असफल मत मानो। ऐसा क्यों होता है कि कुछ लोग कठिनाइयों के दौर से गुज़रने के बाद ज़्यादा हिम्मतवाले, समझदार हो जाते हैं और हर बात के लिए ख़ुद को धन्य मानने लगते हैं, जबकि कुछ अवसाद और कड़वाहट में डूब जाते हैं और निराशा को अपना लेते हैं? मैं सिर्फ़ इतना कह सकता हूँ कि मनोवैज्ञानिक उथल-पुथल आध्यात्मिक रूपान्तरण की कीमियागिरी के लिए उत्प्रेरक की तरह काम करती है, और कष्टों की मूल धातु को सुख और मुक्ति के खरे सोने

में बदलने का काम करती है। आध्यात्मिक दृष्टि से देखा जाए तो उथल-पुथल एक तरह से जागृति पैदा करने वाला काम करती है, और मनुष्य की कष्ट से पार पाने की लगभग असीम क्षमता को व्यक्त करती है।

जब तक हमारे पास नकारात्मक परिस्थितियों का सामना करने और उन्हें स्वीकार करने का साहस है, तब तक हमें किसी बात से डरने की ज़रूरत नहीं है। लेकिन, उससे बढ़कर, इससे यह पता चलता है कि मनुष्य के लिए आध्यात्मिक जागृति कितनी स्वाभाविक है, और हम सब इससे कितने गहरे जुड़े हैं। जिस कठिन परिस्थिति का आप सामना कर रहे हैं, उसे अपनी आध्यात्मिकता का रस लेने और जीवन में कुछ सार्थक करने की नींव के तौर पर इस्तेमाल करें।

जिस कठिन परिस्थिति का आप सामना कर रहे हैं, उसे अपनी आध्यात्मिकता का रस लेने और जीवन में कुछ सार्थक कर पाने की नींव के तौर पर इस्तेमाल करें।

साहस की पहचान

प्र. सर, मैंने साहस पर आपके विचारों को सुना है। साहस ऐसा गुण है जो हम सब हासिल करना चाहते हैं। इसमें कोई शक नहीं कि साहस अच्छे चरित्र का एक लक्षण है, जो हमें इज़्ज़त का हक़दार बना देता है। पौराणिक कथाओं से लेकर परी कथाओं तक, प्राचीन मिथकों से लेकर सिनेमा तक, साहस और आत्म-बलिदान का रास्ता दिखाने वाली कितनी ही कहानियाँ हैं। फिल्म *द लाइफ़ ऑफ़ पाई* में अटलांटिक महासागर के बीच अपनी नाव में एक बाघ के साथ रहने की हिम्मत करने वाले उस छोटे से बच्चे से लेकर *बाइबिल* में डेविड की गॉलिएथ से लड़ाई तक, प्रहलाद के निडर होकर जलती चिता में बैठ जाने और हैरी पॉटर की जांबाज़ी की प्रेरणाप्रद कहानियों की ख़ुराक पर हमें पाल-पोस कर बड़ा किया गया है।

इतिहास की किताबें हमें महात्मा गाँधी और नेल्सन मंडेला जैसे साहसी लोगों के बारे में बताती हैं जिन्होंने व्यक्तिगत रूप से भारी जोखिम उठाकर अन्याय के ख़िलाफ़ आवाज़ उठाई। स्टीव जॉब्ज़ और वॉल्ट डिज़्नी जैसे उद्यमियों ने अपने सपने पूरे करने के लिए, कुछ नया करने की ख़ातिर वित्तीय जोखिम उठाए। यह सभी आधुनिक दुनिया के सूरमा हैं, जो इस बात की मिसाल हैं कि साहस से काम करने के नतीजे अच्छे होते हैं, और लोगों से सराहना मिलती है।

लेकिन सर, हमें अपने नेताओं में कहीं साहस देखने को नहीं मिलता। जिन आतंकवादियों ने हमारे हज़ारों लोगों की जानें ली हैं, वे खुल्लम-खुल्ला दूसरे देशों में शरण लिए हुए हैं। कितने ही लोगों ने हमारे राष्ट्रीयकृत बैंकों से अपने जाली कारोबार के नाम पर कर्ज़ लिये और उस धन को अपने व्यक्तिगत लाभ के लिए इस्तेमाल किया और बैंक का धन वापस नहीं लौटाया। ऐसे लोग हैं जिन्होंने अवैध तरीकों से हासिल किया धन विदेशी बैंकों में जमा कर रखा है, जो टैक्स भी नहीं देते, लेकिन उनके ख़िलाफ़ कोई कार्यवाही नहीं होती। एक राष्ट्र के रूप में हम इतने लाचार क्यों हैं? हमारे पास सही क़दम उठाने का साहस क्यों नहीं है? कहाँ है साहस?

जो उचित है वह करने से कतराना साहस की कमी दर्शाता है।

—कन्फ्यूशियस

आपने एक बेहद महत्त्वपूर्ण सवाल पूछा है। हालाँकि हम सभी साहसी लोगों के जीवन की ऐतिहासिक और पौराणिक गाथाओं से परिचित हैं, लेकिन ऐसा लगता है कि वास्तविक जीवन में ज्यादा लोग साहस के साथ कोई क़दम नहीं उठा पाते, साहस के साथ नहीं जी पाते। मैं इस कमज़ोरी को हमारे यहाँ व्याप्त सभी सामाजिक बुराइयों की जड़ मानता हूँ। लिंगभेद, सामाजिक असमानता, आय में अवांछनीय अन्तर, कार्यकुशलता और कर्तव्यपरायणता की कमी इतनी ज़्यादा देखने को मिलती है, फिर भी लोग इन बुराइयों के ख़िलाफ़ खड़े नहीं होते। मैं सैद्धान्तिक बातों का बोझ आपके ऊपर न लाद कर, आपके साथ साहस की वह व्यावहारिक पहचान साझा करूँगा जिनका मैंने विभिन्न परिस्थितियों से निपटने में पालन किया है।

साहस की पहली और सबसे महत्त्वपूर्ण पहचान यह है कि डर का अनुभव होने के बावजूद व्यक्ति वह करता है जो उचित है। डर और साहस वास्तव में दो भाई हैं जो साथ रहते हैं। साहस का अर्थ डर का न होना नहीं, बल्कि डर पर जीत

हासिल करना है। बहादुर वह नहीं होता जो डर से डर जाए, बल्कि वह होता है जो उस डर पर जीत दर्ज करता है। कोई भी ऐसा प्राणी नहीं है जो ख़तरे से सामना होने पर डरता न हो। सच्चा साहस इसमें है कि डर लगने पर भी ख़तरे का सामना किया जाए। आतंकित होते हुए भी आगे बढ़कर जो करना चाहिए वह कर डालना ही साहस है। जिसे डर ही नहीं लगता वह मूर्ख है, और जो डर को ख़ुद पर हावी हो जाने देता है वह निस्संदेह कायर है। साहस का अर्थ है वह करना जो करने से आपको डर लगता है। अगर आप डरे नहीं हैं, तो फिर साहस का सवाल ही नहीं पैदा होता। प्रतिक्रिया करने के बजाय हमारे पास कुछ कर डालने का साहस होना चाहिए। बचपन से ही, मैंने मन में हवा में उड़ान भरने का सपना पाल रखा था। इसी वजह से मैंने ऐरोनॉटिकल इंजीनियरिंग पढ़ी। अपना कोर्स ख़त्म करने के बाद मैंने वायु सेना में 'शॉर्ट सर्विस कमिशन' के लिए आवेदन किया, ताकि मैं अपना सपना पूरा कर सकूँ। लेकिन इंटरव्यू में मैं कामयाब नहीं हो सका। एक पल में बरसों का संजोया हुआ सपना चकनाचूर हो गया, जैसे किसी ने काँच की खिड़की पर पत्थर मार दिया हो! सपना टूटने के बाद हिमालय में ऋषिकेश तक मैंने पैदल यात्रा की, और जो कुछ हुआ उसे स्वीकार करने की कोशिश करने लगा। बाद में मैंने मेंटिनेंस इंजीनियर के तौर पर हिन्दुस्तान ऐरोनॉटिक्स लिमिटेड में नौकरी की। हम में से कई लोग जिन चीज़ों की उम्मीदें संजोते हैं, जब वह नहीं मिल पातीं, (चाहे वह कोई रिश्ते हों, या नौकरी) तो वह ज़िन्दगी से हार मान लेते हैं। जिसे हम पूरी शिद्दत से चाहते हों, जिसे हमने लगातार चाहा हो, उसके न मिलने पर भी ज़िन्दगी में आगे बढ़ते जाना ही साहस है।

साहस की दूसरी पहचान है अपने दिल की सुनना। हमारी सृजनशीलता के

> डर लगने पर भी आगे बढ़कर वही करना जो करना उचित है— यही साहस है। जिसे डर ही नहीं लगता वह मूर्ख है, और जो डर को ख़ुद पर हावी हो जाने देता है वह निस्संदेह कायर है। साहस का अर्थ है वह करना जो करने में आपको डर लगता है।

पीछे होता है हमारा जुनून, जो कि हमें सामान्य से आगे बढ़कर कुछ करने को प्रेरित करता है। जब आप अपने दिल और अन्तर्दृष्टि के मुताबिक चलते हैं, तो आप महसूस करते हैं कि आपको पहले से ही पता है कि आप वाकई में क्या बनना चाहते है। बाकी सब बातें इसके बाद आती हैं। जोखिम उठाकर काम

करने का फ़ैसला करके कभी-कभी आपको कुछ देर के लिए ऐसा महसूस हो सकता है कि आपके पाँव तले से ज़मीन निकल गई हो, लेकिन जोखिम न उठाने पर आपके सामने खुद अपना ही वजूद खोने का ख़तरा हो सकता है। 2006 में राष्ट्रपति पद पर रहते हुए मैंने 'लाभ के पद' से सम्बन्धित बिल पर हस्ताक्षर करने से पूर्व अट्ठारह दिनों तक अपने पास रोके रखा। नेताओं के निजी हित मुझे स्वीकार नहीं थे। मेरे पास विकल्प थे कि या तो मैं इस बिल को एक बार रोक दूँ और बाद में अपने हस्ताक्षर कर दूँ या लम्बे समय तक टाल दूँ या अपने पद से इस्तीफा देकर राजनीतिक अस्थिरता पैदा कर दूँ जो मैं नहीं चाहता था। काफ़ी आत्म-चिन्तन करने के बाद मैंने बिल संसद में दोबारा विचार-विमर्श के लिए लौटा दिया। जब एक संयुक्त संसदीय समिति बनाई गई है जो कि 'लाभ के पद' बिल के सारे पहलुओं को मेरे सुझावों के अनुरूप लागू करेगी, तब मैंने बिल पर हस्ताक्षर कर दिए। मैंने यह महसूस किया कि अगर लोकसभा में बहुमत वाली पार्टी कोई ऐसा कानून लाना चाहे जो संविधान के विरुद्ध जाता है पर उनके निजी हित में हो तो राष्ट्रपति के लिए अपनी ज़िम्मेदारी का निर्वाह करना कठिन हो जाता है। यह महसूस करते हुए मैंने निश्चय किया कि मैं राष्ट्रपति पद के दूसरे कार्यकाल को स्वीकार नहीं करूँगा और इसके बजाय डेवलेप्ड इंडिया विज़न 2020 के लिए लोगों, ख़ासकर युवाओं के मन

में उत्साह भरने में अपना समय लगाऊँगा।

बाक़ी की सारी ज़िन्दगी जानबूझ कर अनजान बने रहने के मीठे दर्द को झेलने के मुक़ाबले ख़ुद को जानने की गहरी टीस बर्दाश्त करने के लिए हिम्मत चाहिए।

साहस की तीसरी पहचान है मुश्किलों का सामना होने पर भी डटे रहना, जुटे रहना। जब हम डर रहे होते हैं या जब ख़तरे से हमारा सामना होता है, हमें अपने आप को यह नहीं समझाना चाहिए कि कहीं कोई ख़तरा नहीं है, बल्कि अपना समय और ऊर्जा ख़तरे के बावजूद आगे बढ़ते रहने के लिए ख़ुद को तैयार करने पर ख़र्च करनी चाहिए। जब मैं छोटा बच्चा था और रामेश्वरम् में रहता था, मुझे याद है कि एक बार बड़ा भारी तूफ़ान आया और मेरे पिता की नाव लापता हो गई जबकि वही उनके रोज़गार का ज़रिया थी। नाव सवारियों को ले जाने के काम आती थी, और उसके बिना मेरे पिता के पास पैसे कमाकर हमारे बड़े से कुनबे का ख़र्च निकालने का और कोई ज़रिया नहीं था। तब हमारे यहाँ अंग्रेज़ों का शासन था, और ऐसी प्राकृतिक आपदाओं से राहत के लिए सरकारी सहायता की कोई अवधारणा ही नहीं थी। कोई मेरे पिता को कर्ज़ भी देने को तैयार नहीं था। तब मेरे पिता ने नई नाव बनाने का फ़ैसला किया। दिन पर दिन, उन्हें मेहनत के साथ जुटकर नई नाव बनाते देख कर मैंने जाना कि मुसीबतों के आगे झुके बिना अगर हम बेख़ौफ़ होकर उनके बीच से रास्ता बनाने का फ़ैसला कर लें, तो तमाम रुकावटें ख़ुद ब ख़ुद गायब हो जाती हैं। मैंने अपने पिता से सीखा कि साहस 'जीत का सिंहनाद' नहीं है, बल्कि वह धीमी सी आवाज़ है जो कहती है कि कल मैं फिर कोशिश करूँगा। अगर ऐसा विचार आता कि 'छोड़ें नाव को? टूटी नाव की लकड़ी बेचकर कुछ और करते हैं?' पर उन्होंने ऐसा नहीं किया। कई हफ्तों तक कड़ी मेहनत से काम करते-करते अपनी नाव पूरी तरह ख़ुद ही बना डाली।

> *साहस दूसरी तमाम अच्छाइयों से ज़्यादा महत्त्वपूर्ण है, क्योंकि बिना साहस के आप दूसरी अच्छाइयों पर लगातार अमल नहीं कर सकते।*

1973 में मुझे भारत के पहले सैटेलाइट लॉन्च व्हीकल कार्यक्रम का प्रोजेक्ट डायरेक्टर नियुक्त किया गया। हमने उसे तैयार करने में छह साल जम कर मेहनत की। 10 अगस्त, 1979 को जब उसे प्रक्षेपित किया गया, तब उपग्रह को उसकी कक्षा में भेजने के बजाय रॉकेट बंगाल की खाड़ी में गिर गया। बरसों की कड़ी मेहनत और कोशिशों पर पानी फिर गया। लेकिन यह हादसा हमें गलतियों को

सुधारने से नहीं रोक सका, और आख़िरकार 18 जुलाई, 1980 को हमने रोहिणी उपग्रह को कक्षा में स्थापित करने में कामयाबी हासिल की। क्षणिक असफलताओं को उन पत्थरों की तरह समझना चाहिए जिनपर पैर जमाते हुए सँभल कर आगे का रास्ता तय किया जाता है, पर उन्हें ऐसी दुरूह बाधा नहीं समझ लेना चाहिए कि उनकी वजह से लक्ष्य ही बदल जाएँ।

जो सही है उसका साथ देना साहस की चौथी पहचान है। सबसे बड़े नायक वे होते हैं जो अपनी जान की परवाह न करते हुए उसी बात का साथ देते हैं जो उन्हें ठीक लगती है। ऐसा निस्वार्थ साहस अपने आप में किसी जीत से कम नहीं है। 1960 के दशक में मैं तिरुअनंतपुरम् के स्पेस साइंस एंड टेक्नोलॉजी सेंटर में रॉकेट इंजीनियर के तौर पर काम कर रहा था, जिसे अब विक्रम साराभाई स्पेस सेंटर के नाम से जाना जाता है। हम अनुसंधान के लिए 150 किलोमीटर की ऊँचाई तक जाने वाले साउंडिंग रॉकेट में ईंधन के तौर पर इस्तेमाल के लिए सोडियम की वाष्प के साथ प्रयोग कर रहे थे। ईंधन के तौर पर रॉकेट में सोडियम को इस्तेमाल के लिए एक 200 मिलीमीटर के व्यास वाले 500 मिलीमीटर लम्बे स्टील के चैम्बर में सोडियम और थर्माइट की एक के बाद एक पर्तें लगाकर तैयार किया जाता है। हरेक पर्त लगाने के बाद उसे 500 टन

के हाइड्रॉलिक प्रेस से दबाया जाता है। हमने ऐसे करीब दस सोडियम पेलोड तैयार किए। साउंडिंग रॉकेट के ज़रिये वायुमंडल में हवाओं की स्थिति का पता लगाने के लिए इनका प्रक्षेपण किया जाना था। 60 किलोमीटर की ऊँचाई पर इससे निकलने वाले सोडियम की वाष्प की पड़ताल करने पर इसका पता चलता है। सोडियम पेलोड प्रयोगशाला के विशेष, हर तरफ़ से अच्छी तरह बन्द हो जाने वाले कमरे में, जिसका तापमान 25 डिग्री सेल्सियस और आर्द्रता दस फ़ीसदी पर

रखते हुए ग्यारहवाँ रॉकेट तैयार किया जा रहा था। जब पेलोड बनाने की प्रक्रिया शुरू हुई और आधा चैंबर भरा जा चुका था तभी कुछ सेकेंड के लिए बिजली चली गई, और कुछ ही पलों में वैकल्पिक व्यवस्था के तहत तैयार रखा गया जेनेरेटर चालू होने से पहले कुछ पल के लिए सब कुछ ठहर गया। उस समय मैं अपनी टीम के सदस्य वी. सुधाकर के साथ था। क्योंकि सब कुछ ठीकठाक ढंग से चल रहा था और कुल पन्द्रह मिनट की ईंधन भरने की प्रक्रिया बाक़ी थी, इसलिए मैंने प्रयोगशाला के कंट्रोल रूम में जाने का फ़ैसला किया। जैसे ही मैं ईंधन भरने वाले सीलबन्द कमरे से बाहर निकला, मुझे ज़ोरदार धमाका सुनाई दिया! मैंने पीछे मुड़कर कमरे की ओर देखा तो मुझे लपटें दिखाई दीं। पहली बार हम सब सोडियम की आग की प्रचंडता के गवाह बने थे। क्योंकि सोडियम सीलबन्द कमरे में था, इसलिए उसकी आग से बच निकलने के लिए कमरे की काँच की खिड़की ही एकमात्र रास्ता थी। सुधाकर ने काँच की खिड़की तोड़कर रास्ता बनाया और अपने साथ काम कर रहे तीनों सहकर्मियों को बाहर

धकेल दिया और उनके बाद ख़ुद बाहर कूद गए। सुधाकर ने अपनी सुरक्षा की परवाह किए बिना वह किया जो अपने सहकर्मियों की जान बचाने के लिए करना ज़रूरी था।

साहस की पाँचवीं पहचान है, दुनिया को युवाओं वाले गुण चाहिए—यौवन यानी जीवन का काल खंड विशेष नहीं, बल्कि वैसी मन:स्थिति, कड़क इच्छा-शक्ति, कल्पनाशीलता की ख़ूबी, डर के मुक़ाबले साहस की प्रधानता, आराम की ज़िन्दगी से बढ़कर जोखिम उठाने की भूख। जितना साहस होता है, उसी के अनुपात में ज़िन्दगी सिकुड़ती या फैलती है। अगर मैं रामेश्वरम् में घर के सुरक्षा के माहौल को छोड़कर कॉलेज की पढ़ाई के लिए तिरुचिरापल्ली और उसके बाद चेन्नई में इंजीनियरिंग पढ़ने नहीं गया होता, और फिर तमिलनाडु को छोड़ काम करने के लिए उत्तर प्रदेश, कर्नाटक और केरल नहीं गया होता, तो मेरी कहानी भी वैसी नहीं बनती जैसी बन पड़ी है और आज मैं इसे आपके साथ साझा नहीं कर रहा होता।

आख़िर में, गरिमा और आस्था के साथ कष्ट झेलना ही साहस है। साहसी व्यक्ति के अन्दर ही आस्था होती है। साहसी व्यक्ति ही गरिमा और सभ्यता के साथ जीवन की दुर्घटनाओं को बर्दाश्त करते हुए हालात का पूरा फ़ायदा उठाता है। साहस दूसरी तमाम अच्छाइयों से ज्यादा महत्त्वपूर्ण है, क्योंकि बिना साहस के आप दूसरी अच्छाइयों पर लगातार अमल नहीं कर सकते। आप किसी भी अच्छाई पर यदा-कदा अमल कर सकते हैं, लेकिन साहस के बिना लगातार कुछ भी नहीं कर सकते। एक बार मैंने अपने दोस्त नेल्सन मंडेला से पूछा, ''वह कौन सी चीज़ थी जिसने उन सत्ताइस सालों के दौरान आपके अन्दर जीने की ललक बनाए रखी जो आपने कैदखाने में बिताए?'' वह बोले—''कलाम, मैंने जाना है कि साहस डर की गैरमौजूदगी नहीं है, बल्कि उसपर दर्ज की गई जीत है। निडर वह नहीं है जो डर महसूस नहीं करता, बल्कि वह है जो अपने डर पर विजय प्राप्त कर लेता है।''

आपके सवाल—कहाँ है साहस? का जवाब है—नि:संदेह साहस आपके दिल में है, साहस आपके चरित्र

नेल्सन मंडेला

में है। एक राष्ट्र के तौर पर, हमारे लिए यह बहुत ज़रूरी है कि हम सही किस्म के नेताओं को चुनें और जो कुछ बुरा हो रहा है और अपने चारों ओर हम जो अन्याय होते देखते हैं, उसके ख़िलाफ़ आवाज़ उठाएँ। अपनी पुस्तक *स्कवैरिंग द सर्कल,* में मैंने कार्ल जंग की कही बात का उल्लेख किया है—'आपका नज़रिया तभी साफ़ हो सकता है जब आप अपने दिल में झाँक कर देखेंगे। जो बाहर देखता है, उसे सपने मिलते हैं; और जो भीतर झाँकता है, वह जाग जाता है।' बुरे से बुरे समय में बेहतर ज़िन्दगी का सपना देखना और बेहद निराशाजनक स्थितियों में भी अपने अन्दर छुपी सम्भावनाओं के प्रति जागरूक हो जाना साहस है।

अदम्य साहस

प्र. हम ऐसे दौर में जी रहे हैं जब हर दिन असंख्य समस्याएँ सिर उठा रही हैं। अगर हमें इन समस्याओं को हल करना है, तो हमें ऐसे नेताओं की ज़रूरत होगी जिनके पास निडर होकर नई बातें सोचने का साहस हो और आलोचनाओं को बर्दाश्त करने का हौसला हो। अफ़सोस की बात है, आज के दौर में ऐसा नेता मिलना मुश्किल है क्योंकि हर नेता जनता के सम्मुख अपनी पाक-साफ़ छवि प्रस्तुत करना चाहता है। वह ऐसी कोई भी बात नहीं करना चाहता जिससे उसे विवादों में फँसना पड़े।

हमारे देश के अच्छे लोग चाहे वह शिक्षक हों, विचारक हों, आध्यात्मिक पथ प्रदर्शक हों, कलाकार हों या बुद्धिजीवी हों, सभी ने ख़ुद को अपनी छोटी सी दुनिया के सुरक्षित दायरे में समेट रखा है। अगर उनके पास कोई साहसिक और नया विचार होता भी है, तो वह उसे व्यक्त करने से कतराते हैं, क्योंकि उन्हें डर होता है कि कहीं उन्हें दूसरों की चिढ़ और उपहास का सामना न करना पड़े। उन्हें इस बात का डर होता है कि दूसरे उनके विचारों को लेकर क्या सोचेंगे।

लेकिन सर, आप ऐसे नहीं हैं। आप अपनी मर्यादा और उसूलों पर डटे रहे, चाहे ऐसा करना आपके लिए सुविधाजनक नहीं था, और यहाँ तक कि ऐसा करने में आपका नुकसान था। अगर आप चाहते तो राष्ट्रपति के रूप में दूसरा कार्यकाल आपके हाथ में था,

लेकिन उसके साथ जुड़ी शर्तों के कारण आपने उसके लिए इनकार कर दिया। आप मेरे जैसे असंख्य भावहीन, डरपोक और बुज़दिल लोगों को क्या संदेश देना चाहेंगे, जिन्होंने न तो जीत का स्वाद चखा है और न ये जानते हैं कि हार क्या होती है?

मैंने राष्ट्रपति के पद पर दूसरे कार्यकाल के प्रस्ताव को इसलिए स्वीकार नहीं किया क्योंकि मैंने भारत के राष्ट्रपति के रूप में किसी राजनैतिक मोल-भाव में पड़ना उचित नहीं समझा। मेरा मानना है कि देश के सर्वोच्च पद के लिए सत्ताधारी दल और विपक्षी दलों को साथ मिलकर सर्वसम्मति से राष्ट्रपति का चुनाव करना चाहिए। हालाँकि लोकतन्त्र में चुनाव में खड़े होने और चुनाव जीतने को टाला नहीं जा सकता, लेकिन मोटे तौर पर, राष्ट्रपति का चुनाव सर्वसम्मति से ही होना चाहिए क्योंकि यह देश के सर्वोच्च पद के प्रति लोगों की आस्था रखने का प्रतीक है। मैं राजनैतिक माहौल में किसी तरह की अस्थिरता नहीं चाहता था और इसलिए मैंने दूसरे कार्यकाल की पेशकश को स्वीकार न करके उसके बजाय अपनी ऊर्जा इंडिया विज़न 2020 को साकार करने की दिशा में लगाने का फ़ैसला किया।

आपकी ई-मेल वाकई में एक आम समस्या को सामने रखती है—हम सभी के अन्दर जो एक जीवात्मा या अन्तरात्मा रहती है उससे जुड़ाव न रहना। हम अपनी आध्यात्मिक प्रकृति की शक्ति का उपयोग नहीं करते क्योंकि हमें उसके चरित्र की समझ नहीं है और न ही हम अपने मन के साथ उसके सम्बन्ध को समझ पाते हैं। यह समझना ज़रूरी है कि हर चीज़ की शुरुआत मानव के

असन्तोष और निराशा किसी चीज़ की कमी की वजह से नहीं होते, बल्कि दूरदर्शी न होने से होते हैं।

मस्तिष्क से होती है। और मस्तिष्क की शक्ति हमारी जीवात्मा है। इंसान अपनी अन्तरात्मा के ज़रिये अपने मन की शक्तियों को अपने अधिकार में ले सकता है, बल्कि सच तो यह है कि सारे विचारों पर अपनी सत्ता क़ायम कर सकता है। इस ताक़त को ही मैं अदम्य साहस कहता हूँ।

अदम्य साहस की काया दो पैरों पर टिकी है—एक, ऊँचे लक्ष्यों पर टिकी नज़र जिसे मैं विज़न (vision) कहता हूँ, और दूसरी, पक्का इरादा।

अपनी आध्यात्मिक प्रकृति से जुड़ने के लिए यह ज़रूरी है कि जीवन में आपके पास विज़न हो। अपने जीवन का विज़न बनाने के लिए आपको अपने मन को टटोलना होगा। विश्वप्रसिद्ध मनोवैज्ञानिक कार्ल जंग ने कहा था, ''आपका विज़न तभी स्पष्ट होगा जब आप अपने दिल में तलाशेंगे। जो बाहर खोजता है, वह सपना पाता है; जो अपने अन्दर खोजता है, वह जागता है।'' अजीब बात है कि हममें से ज़्यादातर, दृष्टि या नज़रिये पर अमल करने से कतराते हैं, शायद इसलिए क्योंकि हम दूरदर्शी होने को अव्यावहारिकता से जोड़ कर देखते हैं। जो भी हो, मेरी ज़िद यही है कि दृष्टि पूरी तरह से व्यावहारिक होती है, और जहाँ उसमें हमारे मूल्यों और आकांक्षाओं की छवि होनी चाहिए, वहीं उसे तथ्यों पर आधारित होना चाहिए।

दृष्टि के दो अवयव होते हैं। उसका एक हिस्सा भावात्मक होता है (कल्पना, अन्तर्दृष्टि और मूल्यों से उत्पन्न) जबकि दूसरा हिस्सा तार्किक होता है (विवेचना से उत्पन्न)। दृष्टि शब्द का मैं बेहद बारीक और विस्तृत मायने में प्रयोग करता हूँ। इस बारीकी के बिना, दृष्टि वास्तव में भटक कर कोरी

कल्पना के लोक में पहुँच सकती है और तब उसमें व्यावहारिक शक्ति नहीं रहेगी जो कि उसमें होनी ही चाहिए, परिभाषित और निष्पादित। यह ऐसी किसी चीज़ को मानसिक पैनेपन और सूक्ष्म दूरदर्शिता के साथ देख पाने की क्षमता है जो फिलहाल नज़रों की पहुँच से दूर है। जब मैं युवाओं से बहुत बड़े-बड़े सपने देखने के लिए कहता हूँ तो मैं उनके अन्दर एक दृष्टि का आह्वान कर रहा होता हूँ। आप जैसे सपने देखोगे, एक दिन वैसे ही बन जाओगे! आपके अपने नज़रिये में ही वह बनने की सम्भावना छुपी है जो एक दिन आप बनोगे। आपके आदर्श में उस सच की भविष्यवाणी छुपी होती है जिसपर से एक दिन पर्दा उठेगा। जब आपके पास अपने जीवन के लिए कोई विज़न नहीं है तब यह स्पष्ट नहीं कि आप किस लक्ष्य की ओर चल रहे हैं या फिर आप जीवित भी किसलिए हैं। इस स्थिति में आपका जीवन उस जहाज की तरह है जिसे बिना कप्तान और बिना लक्ष्य के समुद्र में छोड़ा गया है। समुद्र की लहरें ऐसे जहाज़ को जहाँ मर्ज़ी इधर से उधर

अदम्य साहस की काया दो पैरों पर टिकी है

करती रहती हैं। लेकिन यदि आप अपने जीवन का विज़न निर्धारित कर लेते हैं तब कम से कम आपके जीवन को दिशा तो मिल जाती है और अपनी ज़िन्दगी का जहाज़ उस दिशा में ले जा सकते हैं। असन्तोष और निराशा किसी चीज़ की कमी की वजह से नहीं होते, बल्कि दूरदर्शी न होने से होते हैं।

अदम्य साहस का दूसरा घटक है पक्का इरादा। *भगवद्गीता* (अध्याय द्वितीय, श्लोक 68) में 'स्थितप्रज्ञ' की अवधारणा है, जिसमें सफलता की कुंजी निहित है—'वह व्यक्ति जिसका अपनी इन्द्रियों पर नियन्त्रण है, जिसका मन स्थिर

है और जिसके अन्तर में शान्ति व्याप्त है।' सफलता प्राप्त करने के लिए पहले आपको अपनी इन्द्रियों को अपने वश में करने में कामयाब होना ज़रूरी होता है। इन्द्रियों को वश में कर लेने पर, और अपनी दूरदर्शिता को साथ लेकर आप जो भी लक्ष्य प्राप्त करना चाहते हैं, वह प्राप्त कर सकते हैं। दो हज़ार साल पहले सन्त कवि तिरुवल्लुवर ने कुरल (पद 595) में कहा है—'पानी का स्तर बढ़ने पर कमल का तना बढ़ कर लम्बा हो जाता है। व्यक्ति की गरिमा को उसके मन से मापा जाता है।' इसका अर्थ यह हुआ कि जिस तरह कमल के तने की लम्बाई पानी की गहराई के अनुरूप हो जाती है, उसी तरह व्यक्ति की

महानता उसके मन के अनुरूप होती है। यदि किसी लक्ष्य की प्राप्ति के लिए पक्का इरादा कर लिया है, तो वह लक्ष्य कितना भी कठिन क्यों न हो, आप उसे प्राप्त करने में सफल हो ही जाएँगे।

अपने जीवन में, बड़े-बड़े कार्यक्रम और परियोजनाओं के प्रबन्धन की ज़िम्मेदारी मेरे ऊपर रही। मैंने कठिन परिस्थितियों से गुज़रने के अनुभव किए जब सफलता का दूर-दूर तक नामोनिशां नज़र नहीं आता था और रास्ते में अड़चनें बहुत थीं—आदमी की पैदा की हुई अड़चनें, कार्यक्रम की रूपरेखा से जुड़ी अड़चनें, प्रौद्योगिकी से पैदा होने वाली अड़चनें। बहुतेरे कारण होते थे मेरे पास निराश होकर हार मान लेने के लिए, लेकिन मैंने हार नहीं मानी। जैसा कि सन्त तिरुवल्लुवर ने कुरल (पद 622) में कहा है—'शून्य हो भाव-विह्वल करने वाली पीर, जो करे सामना डटकर धीर-गम्भीर।' इससे समझ में आता है कि कठिन दौर से गुज़र रहे व्यक्ति के लिए आत्मिक बल का सहारा ही सबसे बड़ा सहारा होता है। अगर हम अपने भीतर की गहराइयों में उतर कर गहन छानबीन करें, तो चाहे रास्ता कितना भी कठिन क्यों न लगे, हम अपने लक्ष्य की ओर बढ़ते रहने के लिए वह आन्तरिक शक्ति ढूँढ सकते हैं।

नवम्बर 2004 में जब मैं कार-निकोबार द्वीप के आसपास सुनामी से
प्रभावित इलाके के हवाई दौरे पर था, तब मैंने यह कविता लिखी थी—

तैर रहा था मैं, वह था सागर
आती रही लहरें एक-एक कर
तैरता जा रहा था मंज़िल की ओर
पर एक तेज़ लहर, गई झकझोर।
बहा ले चली जिधर था उसे जाना
ले चली दूर, देर तक मेरा ज़ोर चला न
तेज़ लहरों में गुम होने को था छन में
हाँ, तभी हौसले की बात कौंधी मन में
हर ताक़त को दे मात ललक मंज़िल पाने की
अदम्य साहस से जागी शक्ति जीत जाने की
बदली सोच, हिम्मत से पल में, बदली चाल
खोया विश्वास लौटा, भरोसा हुआ बहाल
जीत सकता हूँ मैं, जीत होगी मेरे नाम
लहरों से लड़ने में खोया बल फिर आया काम
यूँ मिली मुझे मंज़िल,
हुआ मक़सद हासिल।

प्र. सर, मैंने आपकी पुस्तक *स्क्वैरिंग द सर्कल : सेवेन स्टेप्स टू इंडियन रेनेसांस* पढ़ी। भारत के 'रेनेसांस' यानी पुनर्जागरण का विचार दिलचस्प भी है और प्रेरणाप्रद भी। क्योंकि मेरे दोस्त और मैं किताब के शीर्षक से कुछ भी नहीं समझ पाए थे, इसलिए हमने अपने शिक्षकों से पूछा। गणित के टीचर ने कहा कि वृत्त का वर्ग बनाने के लिए वर्ग की भुजा की लम्बाई के लिए π का वर्गमूल निकालना होगा क्योंकि r त्रिज्या वाले वृत्त का क्षेत्रफल होता है πr^2। इसलिए वृत्त के क्षेत्रफल के बराबर के वर्ग की भुजा की लम्बाई होगी $r\sqrt{\pi}$। और यह संख्या बन नहीं सकती, क्योंकि π कोई सही संख्या ही नहीं है। निश्चित रूप से ऐसी कोई परिमेय संख्या नहीं है जिससे π का मान निकाला जा सके। यूक्लिडियन समष्टि में $\sqrt{\pi}$ की रचना करना असम्भव है। अंग्रेज़ी के टीचर ने कहा कि 'स्क्वैर द सर्कल' एक मुहावरा है जिसका मतलब है किसी असम्भव से सवाल का समुचित हल ढूँढ निकालना, ख़ासतौर से इसलिए क्योंकि उसके बारे में उससे जुड़े लोगों के नज़रिये और राय बहुत ही अलग-अलग तरह के हैं।

इन दोनों जवाबों से मुझे यह समझ में आया कि आपने 'स्क्वैरिंग द सर्कल' को जो असम्भव है वह करने के प्रयास के एक रूपक के तौर पर इस्तेमाल किया है। तो क्या भारत का 'रेनेसांस' यानी पुनर्जागरण की शुरुआत करना असम्भव है? या फिर आप

दोनों ओर के, सत्ताधारी और विपक्षी दलों के राजनेताओं को अपने देश के विकास के कार्यभार को वृत्त का वर्ग बनाने वाली बात के लिए राज़ी करने की कोशिश कर रहे हैं। कृपया स्पष्ट कीजिए।

जो बाहर को नज़र दौड़ाता है, वह सपने देखता है। जो अपने अन्दर झाँकता है, वह जाग जाता है।
—कार्ल गुस्ताफ़ जंग

ब मैं पुनर्जागरण की बात करता हूँ तो मेरा तात्पर्य उन लोगों से होता है जो अपनी (अपने सपने के प्रति) प्रतिबद्धता, लगन (डर के बावजूद) और भरोसे (अपने आप पर) की बदौलत कामयाबी हासिल करते हैं। आज़ादी के लगभग सात दशक होने को हैं, लेकिन एक राष्ट्र के रूप में हम गोल-गोल घूमते जा रहे हैं, यानी वहीं के वहीं हैं। एक स्तर तक विकास हुआ है, दौलत पैदा की गई है, लेकिन ज़्यादातर भारतीयों की ज़िन्दगी में अभी सुधार आना बाक़ी है। हमें अपने तौर-तरीके ठीक करने हैं, और पक्के इरादे के साथ आगे बढ़ना है ताकि हम एक विकसित और शान्तिप्रिय राष्ट्र की अपनी नियति को प्राप्त हों।

राष्ट्र परिवारों से मिलकर बना होता है, और परिवार बने होते हैं व्यक्तियों से। व्यक्ति से राष्ट्र के बीच एक सीढ़ियों जैसा सिलसिला है जो दोनों तरह से काम करता है—एक दुष्चक्र के रूप में और सद्चक्र के रूप में भी—एक जटिल शृंखला है, एक दूसरे से जुड़ी घटनाओं की। लोगों के साथ उसके प्रभावों की जानकारी देने का सिलसिला भी चलता रहता है। ये चक्र अपनी गति की दिशा में तब तक चलते रहते हैं जब तक कि कोई बाहरी कारक इनमें दखल देकर इस चक्र को तोड़ नहीं देता। वर्तमान में हम जिस दुष्चक्र में फँसे हैं, उन चक्करों को रोकने के लिए क्या करना होगा? कौन इस चक्र को तोड़ेगा? इस पुस्तक में इन दोनों सवालों के जवाब पाने की कोशिश की गई है। क्योंकि आपने इसे पढ़ा है, इसलिए मैं इस विषय पर यहाँ चर्चा नहीं करूँगा। उसके बजाय मैं आपसे अनवरत चलने वाले व्यक्ति के बारे में बात करूँगा जिसे रोका न जा सके। न रुकने वाले व्यक्ति में छह ख़ूबियाँ होती हैं।

पहली है सपने देखना, समर्पित होना और क्रियाशील होना। हम सभी के अन्दर कोई जुनून, कोई सपना, कोई लक्ष्य तो होता ही है। चाहे वह पुस्तक लिखने के लिए हो, भूखों को भोजन कराने के लिए हो, पेड़ लगाने के लिए हो, मंदिर, मसजिद या सामुदायिक भवन बनवाने के लिए हो, व्यक्ति के अन्दर कोई भी इच्छा हो, एक बार हम उसके प्रति ख़ुद को समर्पित कर देते हैं, तो अब तक विचार के रूप में रही बात मन में ही कर्म का रूप ले लेती है। उसी पल

हमें एक लक्ष्य और एक दिशा मिल जाती है। फिर हम अपना जीवन परिस्थितियों के इशारे पर नहीं चलने देते, बल्कि पतवार पर अपनी पकड़ मज़बूत करके अपने जीवन की नौका का रुख मनचाही मंज़िल की ओर कर आगे बढ़ने लगते हैं।

अपनी मंज़िल की ओर बढ़ते हुए रास्ते में आने वाले तूफ़ानों से हम कैसे लड़ते हैं, उससे पता चलता है कि हमारे समर्पण में कितनी ईमानदारी है। सिर्फ़ किसी लक्ष्य के प्रति ख़ुद को समर्पित कर देना ही काफ़ी नहीं है, क्योंकि हो सकता है बाद में ख़ुद पर भरोसा न रहे, आलोचनाओं से डर लगने लगे, निराशाएँ और कुंठाएँ घेर लें। और जब भी कुछ महत्त्वपूर्ण हासिल करने की कोशिश की जाती है, तब इनसे वास्ता पड़ता ही है। लेकिन अगर हम वास्तव में अपने लक्ष्य के प्रति समर्पित होते हैं तो फिर हमारे अन्दर लक्ष्य को हासिल करने का पिट बुल नस्ल के शिकारी कुत्तों जैसा पक्का इरादा होना चाहिए। लेकिन दूसरी किसी भी चीज़ के मुक़ाबले अपने लक्ष्य को वरीयता देते हुए उसके प्रति समर्पित होना वास्तव में सफलता की कुंजी है और उसके लिए कुरबानियाँ देने के लिए भी तैयार रहना चाहिए।

दूसरी ख़ूबी है अपने आप पर भरोसा। अगर आपको सचमुच लगता है कि आप कुछ कर सकते हैं, तब तो आप वाकई में उसे अंजाम तक पहुँचा सकते हैं, लेकिन अगर आपको किसी काम के लिए लगता है कि आप नहीं कर सकते, तो सचमुच आप उसे नहीं कर सकेंगे। हेनरी फ़ोर्ड ने सच ही कहा था—'अगर आपको लगता है कि आप कोई काम कर सकते हैं तो भी और अगर आपको किसी काम के लिए लगता है कि आप वह नहीं कर सकते, तो भी आप सही हैं।'

अपने आप पर विश्वास, और जिस काम के लिए ख़ुद को समर्पित किया है, उसके प्रति विश्वास, इसमें कोई शक नहीं कि इन दोनों बातों से अपने लक्ष्य तक पहुँचने की सम्भावना बढ़ जाती है। मन में यह ठान लेना कि विकल्प के रूप में भी असफलता का कहीं नामोनिशां नहीं है चमत्कारी साबित होता है।

तीसरी ख़ूबी है आस्था। हम जो भी कुछ करते हैं उसका आख़िरकार अंजाम क्या होगा, उसपर ध्यान लगाने में आस्था हमारी मदद करती है। आस्था का अर्थ है कि कोई सबूत न होने पर भी मन ही मन हमारा इस बात पर विश्वास बना रहता है कि आख़िरकार सब कुछ ठीक हो जाएगा। दिल की गहराई में यह विश्वास बना रहना कि अगर हम अपने लक्ष्य पर नज़रें टिकाए रखकर लगातार उसे सम्भव बनाने के लिए अपने काम में जुटे रहे, तो हम जैसा चाहते है वैसा नतीजा हमें ज़रूर मिलेगा, यही आस्था है।

चौथी ख़ूबी है हर हाल में सफल होने का साहस। हमें आलोचनाओं को अपने सपने की राह में आड़े नहीं आने देना चाहिए। जब लोग दूसरों को कुछ ऐसा करते देखते हैं जिसे सामान्य व्यवहार से अलग माना जाता है, तो वह रूखेपन से पेश आ सकते हैं। कभी-कभी लोग निराशाजनक और नकारात्मक बातें करने लगते हैं। किसी का बदला हुआ व्यवहार कई बार लोगों में असुरक्षा की भावना पैदा कर देता है। लेकिन, अगर यह सब हमारे संकल्पों की राह में अड़चन बन जाए तो सब बेकार, सब कुछ हाथ से निकल गया। आलोचनाओं को पीछे छोड़ आप जो हैं और जो होना चाहते हैं लगातार इसी सोच के साथ जीने के लिए भी बड़ा साहस चाहिए।

पाँचवीं ख़ूबी है अपने काम में जुटे रहकर रास्ते में आने वाली अड़चनों से डटकर मुकाबला करना। मैं अब्राहम लिंकन के जीवन से बहुत प्रभावित हूँ। वह कई

बार नाकाम रहे और उनके विरोधियों ने ही नहीं, उनके मित्रों, और यहाँ तक कि परिवार के सदस्यों ने भी उनकी जमकर आलोचना की। अगर वह इस सारी आलोचना का असर अपने ऊपर होने देते तो अपने देश के लिए उनका असाधारण सपना बेकार चला जाता। आज संयुक्त राज्य अमरीका जो भी कुछ है, उसमें बहुत बड़ा हाथ लिंकन की सोच का भी है। बिना डिगे जुटे रहने की बदौलत ही, वह आलोचना, असफलता, डर और अपने आप पर शक के बावजूद आगे बढ़ते रहे। यही है डटे रहने की ताक़त। अपने सपने के प्रति समर्पित रहने के लिए हमारे अन्दर एक आत्मिक बल और अन्दरूनी ताक़त होनी चाहिए।

छठी खूबी है उद्देश्यपरक और धुन का पक्का होना। कई लोगों को इस बात का सही अन्दाज़ा नहीं

कभी न रुकने वाले व्यक्ति के गुण

- सपने देखें, तय करें, और क़दम बढ़ाएँ
- आत्मविश्वास जगाएँ
- हौसला रखें
- जब तक कामयाबी न मिले साहस बनाए रखें
- जुटे रहकर अड़चनों को दूर करें
- मंज़िल को पाने का जुनून

होता कि सच्ची ख़ुशी क्या होती है। ख़ुशी अपनी इच्छाओं को पूरा करने से नहीं, बल्कि किसी बड़े और अच्छे उद्देश्य के प्रति ख़ुद को समर्पित कर देने से हासिल होती है। और हम जो चाहते हैं उस दिशा में सच्चे मन से काम करना ही ख़ुद से प्यार करना है, जो हमारी ज़िन्दगी को मक़सद और मायने देती है। एक बार हम जो ख़ुद को किसी बड़े उद्देश्य के प्रति समर्पित कर देते हैं, तो हमारा जीवन अर्थपूर्ण हो जाता है, और जब इसमें जुनून के साथ अपनी धुन के पक्के होकर काम करना भी जुड़ जाए, तो समझिए महान बनने की विधि हमारे हाथ लग गई है। हमें यह सुनिश्चित करना है कि रोज़मर्रा के काम का भार और ज़िन्दगी के उतार-चढ़ाव हमें अपने लक्ष्य से भटका न दें ताकि हम अपने चुने हुए मार्ग से डिगे बिना आगे बढ़ते चले जाएँ।

इंशाल्लाह

प्र. सर, जब देखो तब मुझे ऐसा महसूस होता है कि हालाँकि मेरी ज़िन्दगी की गाड़ी के पहिये तो घूम रहे हैं, लेकिन मैं किसी मंज़िल की ओर नहीं बढ़ रहा हूँ। मुझे मालूम है कि मैं अपनी तरफ़ से जितना अच्छा हो सकता है, कर रहा हूँ, फिर भी ऐसा लगता है जैसे सब कुछ सिर्फ़ एक मशीन की तरह चल रहा है। मुझे दरअसल ऐसा लगता है जैसे मैं वह नहीं कर रहा हूँ जो मेरी ज़िन्दगी का मक़सद है। मैं कोई तरक्की नहीं कर रहा हूँ। जैसे एक ऊँचाई पर पहुँचने के बाद अब और ऊपर जाने का रास्ता नहीं है और बस मैं एक सपाट सी जगह बेवजह चला जा रहा हूँ। बड़ी निराशा होती है इससे, क्योंकि अपने अन्दर कहीं मुझे इस बात का एहसास होता है कि मैं और बुलन्दियों तक पहुँच सकता था। मैं और बेहतर करने के लिए बना हूँ। इसी एहसास ने मुझे तब भी आगे बढ़ते रहने के लिए मजबूर किया जब मुझे लग रहा था कि सब कुछ खो चुका है, मेरा समय निकल गया है और कोशिश करते रहने की कोई वजह नहीं बची है। लेकिन मैंने अपने प्रयास जारी रखे, इसलिए नहीं क्योंकि किसी ने मुझसे ऐसा करने के लिए कहा, बल्कि इसलिए क्योंकि मैं ऐसा किए बिना नहीं रह सकता था। कोई फ़र्क नहीं पड़ता कि मैं कितनी बार पीछे हट गया, कोई फ़र्क नहीं पड़ता कि मैंने कितनी बार अपनी हार मान ली, लेकिन कुछ ऐसा था जिसने मुझे फिर से उठ खड़े होने और फिर कोशिश करने को मजबूर कर दिया।

लेकिन सर, अब यही एहसास मुझे डराने लगा है। मुझे यकीन होने लगा है कि जितना कुछ मैं करने के क़ाबिल हूँ, उतना कर नहीं रहा हूँ, और हरेक दिन जो गुज़रता है वह उन दिनों की गिनती में जुड़ जाता है जो हमेशा के लिए हाथ से निकल गए, और इस तरह मैं उस ओर नहीं बढ़ रहा हूँ जहाँ मेरी किस्मत ले जाना चाहती है। किस्मत पर भरोसा करना ख़तरनाक नहीं है? क्या यह किस्मत या नियति काल्पनिक मंज़िल तो नहीं, जो दूर, बहुत दूर कहीं होती है, जहाँ तक जाने वाले रास्ते किसी नक्शे में नहीं होते?

सर, आपके प्रयासों से भारत का पहला उपग्रह कक्षा में भेजा गया, आपने पाँच मिसाइल सिस्टम बनाए, और नाभिकीय बम और उसके प्रयोग के लिए ज़रूरी तन्त्र आपने विकसित किए। आप मामूली से रामेश्वरम् द्वीप से गौरवशाली राष्ट्रपति भवन तक पहुँचे। वह कौन सी चीज़ थी जिससे आपको प्रेरणा मिलती रही? आपको कभी डर नहीं लगा? क्या आपको अपनी मंज़िल पता थी? क्या आप सफलता के पीछे पड़े रहे या सफलता आपको अपने आप ही मिलती चली गई? क्या एक सृजनशील व्यक्ति के रूप में इस दुनिया को हिला कर रख देना और महानता को प्राप्त करना सम्भव है?

ईश्वर के संसार में 'अगर' के लिए कोई जगह नहीं है। और कोई भी जगह पूरी तरह सुरक्षित नहीं है। उसकी इच्छ के घेरे में बने रहना ही हमारे सुरक्षित रहने का अकेला रास्ता है— आइए प्रार्थना करें कि हमें हमेशा ईश्वर की इच्छ का ध्यान रहे!
—कौरी टेन बूम

नियति बनाम इच्छ-शक्ति का जो मुद्दा आपने उठाया उस पर मैं और मेरे स्वर्गीय मित्र आर. स्वामीनाथन कभी-कभी चर्चा किया करते थे। क्या हम अपनी इच्छ के कर्त्ता हैं, या फिर हम नियति के हाथ में कठपुतलियों की तरह हैं? क्या हम अपनी नियति को बदल सकते हैं? एक नज़रिया यह है कि हम नियति के बन्धक

हैं, और हम जो चाहे कर लें, हम किसी सूरत में उसे बदल नहीं सकते। दूसरा नज़रिया यह है कि हम पूरी तरह से मुक्त हैं और हम सही और गलत में से चुनने के लिए पूरी तरह स्वतन्त्र हैं। क्या हम अपने हालात सुधारने के लिए कोशिश कर सकते हैं? क्या अपने कर्म और प्रयासों से नियति को बदला जा सकता है? आपके सवाल से मुझे फिर वही बातें याद आ जाती हैं जो मैं स्वामीनाथन के साथ किया करता था। और आपके सवाल के जवाब में मैं वही बातें साझा करना चाहूँगा जो मेरे दोस्त मेरे पास छोड़ गए हैं।

तीन तरह की शक्तियाँ हम सभी अपने अन्दर लेकर चलते हैं। पहली, हमारी प्रेरणा और आवेग, जिनके पीछे के कारणों का हमें पता नहीं होता। दूसरी, हमारी प्रवृत्तियाँ। हममें से हरेक का रुझान किसी न किसी चीज़ की तरफ़ होता है—कुछ लोगों का झुकाव संगीत की ओर होता है, कुछ का मेहनत-मशक्कत की ओर, कुछ किसी दिमाग़ी काम की ओर आकर्षित होते हैं, कुछ आध्यात्मिक क्रियाकलाप की ओर, जबकि कुछ लोगों की वैज्ञानिक विषयों में दिलचस्पी होती है। और तीसरी चीज़ है इच्छा-शक्ति। हर पल यह तीनों ताक़तें मिलजुल कर हमारी ज़िन्दगी को आगे बढ़ाती हैं।

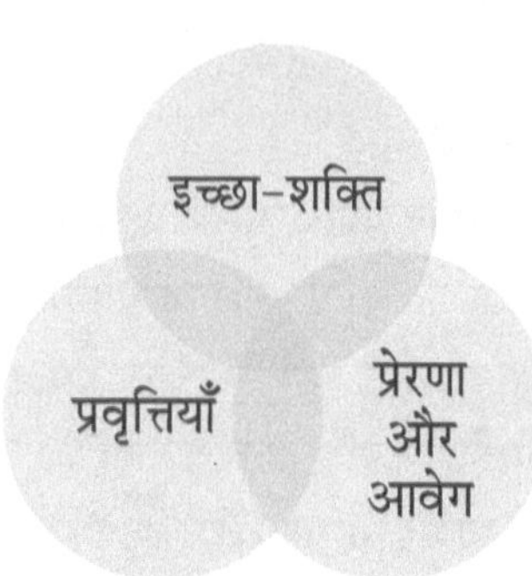

तीन ताकतें जो हमारे अन्दर समायी हैं

तीरंदाज़ी में इस्तेमाल होने वाले धनुष और बाण की मिसाल के ज़रिये मैं आपके सामने इसकी तस्वीर पेश करने की इजाज़त चाहता हूँ। तीरंदाज़ के कंधे पर टंगे तरकश में जो तीर होते हैं, वह हमारे अन्दर की प्रेरणा और आवेग का प्रतिनिधित्व करते हैं। वह तीर जो तीरंदाज़ ने अभी-अभी अपने धनुष से छोड़ा, वह तीरंदाज़ की प्रवृत्ति का प्रतिनिधित्व करता है, और फ़िलहाल तीरंदाज़ के हाथ में जो तीर है, वह तीरंदाज़ की इच्छा-शक्ति से कुछ करने की आज़ादी का प्रतीक है। वह इस तीर को न चलाने का भी फ़ैसला कर सकता है, और वह चाहे तो उसे कमज़ोर

की रक्षा के लिए भी इस्तेमाल कर सकता है और उन्हें परेशान करने के लिए भी। इस तरह, प्रवृत्ति यानी फ़ितरत वह चीज़ है जिसे न बदला जा सकता है और न उसके असर को ख़त्म किया जा सकता है, लेकिन अपनी इच्छा-शक्ति से कुछ करने की आज़ादी हमारे पास हमेशा रहती है।

लेकिन हमें यह कैसे पता चलेगा कि वह कौन सी ताक़त है जो हमारी नियति या किस्मत का हिस्सा है? क्या मौत या कोई भयानक बीमारी या फिर दौलत नियति के अधीन है? अगर हर किसी के मरने की तारीख़ पहले से तय है, तो चिकित्सा विज्ञान की क्या भूमिका है? वगैरह, वगैरह। अपने आख़िरी दिनों में स्वामीनाथन के मन में ऐसे सवाल बहुत आते थे। उनके सवालों ने मुझे यह एहसास कराया कि मैं उन्हें नियति बनाम अपनी इच्छा-शक्ति से किए गए काम को समझने की दुविधा से निकालने की स्थिति में नहीं था, लेकिन अब आपके सवाल ने मुझे बैठकर इस काम को पूरा करने के लिए मजबूर कर दिया है।

हमारी प्रेरणाएँ, प्रवृत्तियाँ और अपनी इच्छा-शक्ति से कुछ करने की आज़ादी की जीवन के हरेक पक्ष में भूमिका अवश्य होती है, चाहे वह किसी को मौत के मुँह से बचाने के लिए की गई कार्यवाही जैसा बेहद कठिन काम ही क्यों न हो। कार्यवाही के समय हमें अपनी नियति के बारे में नहीं सोचना चाहिए, क्योंकि कोई भी उसके बारे में भविष्यवाणी नहीं कर सकता। प्रेरणाओं और प्रवृत्तियों का सिद्धान्त सिर्फ़ कार्यवाही यानी कर्म के फल की व्याख्या करने के काम आता है। अच्छे से अच्छे प्रयास के बावजूद अगर अच्छे परिणाम न मिलें, तो इसके लिए नियति को ज़िम्मेदार ठहराया जा सकता है। नियति का सिद्धान्त इसलिए काम का है क्योंकि यह व्यक्ति को बिना हताश हुए परिणामों को स्वीकार करने में मददगार बनता है। इसी के साथ, अगर उस सफलता में नियति की भूमिका का एहसास हो, तो यह सिद्धान्त सफल व्यक्ति को अहंकारी बनने से रोकता है।

यह सम्भव है कि किसी व्यक्ति की कुछ करने की इच्छा-शक्ति यानी कुछ प्राप्त करने के लिए प्रयास करने का उसका रुझान भी नियति से प्रभावित हो? इस सवाल के जवाब के लिए मैं पौराणिक ग्रन्थों की ओर रुख़ करता हूँ, और पौराणिक ज्ञान मुझे बताता है—'हाँ, लेकिन कभी-कभार ही ऐसा होता है।' जब नियति में जो होना लिखा हो वही किसी की मर्ज़ी से काम करने की सोच को भी प्रभावित कर दे, ऐसी दुर्लभ

परिस्थिति की व्याख्या करने के लिए राम के सुनहरे हिरन का पीछा करने का निर्णय उदाहरण के तौर पर दिया जाता है। 'लाउह अल-महू व अल-इथबात!' इस अरबी वाक्य में वह इस्लाम दर्शन निहित है कि अल्लाह ने हर किसी के जीवन की पूरी अवधि, उनके हिस्से का सौभाग्य और दुर्भाग्य और उनके प्रयासों का फल पहले से तय किया हुआ है। भविष्य में जो भी कुछ हो सकता है उसकी सम्भावना की बात करते हुए मुसलमान अकसर 'इंशाल्लाह' कहते हैं जिसका अर्थ होता है—'अल्लाह ने चाहा तो।'

अब सवाल यह पैदा होता है कि अगर मेरी प्रेरणा और प्रवृत्ति मुझमें पहले से है, तो मैं अपनी इच्छा-शक्ति से क्या कर सकता हूँ? मैं यही कहूँगा कि व्यक्ति की स्थिति के यह दो पक्ष, हमारी प्रवृत्ति और हमारी इच्छा-शक्ति, किसी कैंची के दो फलों की तरह हैं। एक फल इच्छा-शक्ति से कार्य करने की आज़ादी है और दूसरा फल प्रेरणा और प्रवृत्ति। जब दोनों फल मिलकर चलते हैं तब कैंची अपना काम करती है। आप कैंची के सिर्फ़ एक फल से कपड़ा नहीं काट सकते। इसी तरह, किसी क़ार्यवाही के लिए प्रेरणा और प्रवृत्ति और इच्छा-शक्ति से करने की आज़ादी दोनों ही ज़रूरी हैं।

हमारी प्रेरणा और प्रवृत्ति से कई चीजें तय होती हैं जिन्हें हम बदल नहीं सकते। हम किस तरह के परिवार में जन्म लेते हैं, अपनी नस्ल, और अपने शरीर की बनावट कैसी है इस पर हमारा कोई वश नहीं। हो सकता है मैं चाहूँ कि मेरी नाक की बनावट बदल जाए या मेरा क़द कुछ इंच बढ़ जाए, और हालाँकि प्रौद्योगिकी यह सब करने के तरीके लगातार विकसित कर रही है, लेकिन हम में से ज्यादातर के लिए यह न बदलने वाली सच्चाइयाँ हैं। यह भी सच है कि सब बराबर नहीं बने हैं। एक ही परिवार में सभी बच्चों की क्षमता और बुद्धि एक जैसी नहीं होती। क्या इस असमानता के पीछे भी ईश्वर की मर्ज़ी है? अगर ऐसा है,

तो क्या यह न्यायसंगत है? दोनों सवालों का जवाब है—'हाँ।' फिर भी, जहाँ बदलाव असम्भव लगता है, वहाँ भी स्वतन्त्र इच्छा-शक्ति के लिए सम्भावनाएँ होती हैं। अपनी परिस्थितियों, आन्तरिक प्रेरणाओं, प्रवृत्तियों और अपने भाग्य पर, सकारात्मक या नकारात्मक, कैसी प्रतिक्रिया की जाए यह मेरे ही हाथ में रहता है। यह हमेशा मेरे वश में होता है! आख़िरकार आप ख़ुद ही अपनी किस्मत के निर्माता हैं। प्रत्येक विचार, भाव, इच्छा

और कर्म एक शक्ति पैदा करता है। अच्छा और बुरा दोनों ही हमें प्रभावित करते हैं, और तब तक हमारे साथ ही रहते हैं जब तक हम उनके बीच सन्तुलन नहीं पैदा कर देते हैं।

क्या इसका अर्थ यह है कि कभी-कभी नियति के आगे सारी कोशिशें बेअसर साबित हो जाती हैं? धार्मिक पुस्तकों में इस सवाल का जवाब दिया गया है—'नहीं।' अन्दरूनी ताक़तें कभी नाकाम नहीं होतीं, हालाँकि तात्कालिक रूप से सांसारिक दृष्टि से वह नाकाम होती लग सकती हैं। यह कुछ ऐसा है जैसे कोई तंदुरुस्त रहने के लिए किसी खेल में हिस्सा ले। वह खेल में तो हार जाए, लेकिन इसके बावजूद तंदुरुस्ती हासिल कर ले। इसी तरह से आप जो भी कुछ करते हैं, वह सब आपके हुनर और ताक़त में जुड़कर उसका हिस्सा बन जाता है जिससे कि भविष्य में बेहतर परिणाम हासिल करने में मदद मिल सकती है।

मेरे दोस्त दादा जे. पी. वासवानी ने एक बार मुझे एक कहानी सुनाई जो मैं आपके साथ साझा करना चाहता हूँ। दूसरे विश्व-युद्ध के दौरान पोलैंड की वायु सेना का एक पायलट था रोमन तुरस्की जिसे जर्मनी के ऊपर से उड़ान भरते समय किसी वजह से न चाहते हुए भी अपना विमान उतारना पड़ा। उसने अपने जहाज़ को मरम्मत के लिए छोड़ दिया और रात बिताने के लिए एक होटल में चला गया। अगली सुबह जैसे ही उसने अपने कमरे से निकलकर गलियारे में क़दम रखा, एक व्यक्ति दौड़ता हुआ आया और उससे टकरा गया। डर के मारे उसका चेहरा पीला पड़ा हुआ था क्योंकि जर्मन ख़ुफ़िया पुलिस का दल उसके पीछे पड़ा था। बिना कुछ सोचे-विचारे अनायास

ही रोमन तुरस्की ने उस व्यक्ति को अपने कमरे में बुला लिया। पूरी तरह आवेग में काम करते हुए रोमन तुरस्की ने उस व्यक्ति की जान बचा ली थी।

बाद में पोलैंड पर जर्मनी ने कब्ज़ा कर लिया। रोमन तुरस्की इंग्लैंड जा बसा और रॉयल एअर फ़ोर्स में शामिल हो गया और आगे चलकर उसे जंग के एक सूरमा के तौर पर जाना गया। एक दिन उड़ान भरते हुए उसका विमान दुर्घटनाग्रस्त हो गया। बुरी तरह घायल रोमन तुरस्की को पास के अस्पताल ले जाया गया जहाँ वह कोमा में चला गया। जब कई दिनों बाद उसे होश आया तो उसने देखा कि एक अजनबी उसके पलंग के बगल में खड़ा टकटकी लगाए उसी को देख रहा है। उस अजनबी ने पूछा—''क्या आप मुझे जानते हैं?'' ''नहीं,'' रोमन तुरस्की ने जवाब दिया। तब अजनबी बोला—''कई साल पहले आपने मेरी जान बचाई थी, और कल सुबह जब मैंने अख़बार में आपके विमान के दुर्घटनाग्रस्त होने और आपके कोमा में होने की ख़बर पढ़ी तो मैं यहाँ चला आया।'' ''लेकिन किस लिए?'' रोमन तुरस्की ने पूछा।

> *हमारी प्रवृत्ति और*
> *हमारी इच्छा-शक्ति कैंची*
> *के दो फलों की तरह हैं।*
> *एक फल अपनी मर्ज़ी करने की*
> *आज़ादी है और दूसरा फल प्रेरणा*
> *और प्रवृत्ति। जब दोनों फल मिलकर*
> *चलते हैं तब कैंची अपना*
> *काम करती है।*

''क्योंकि,'' अजनबी ने जवाब दिया, ''लोग कहते हैं कि मैं देश के सबसे अच्छे मस्तिष्क के शल्यचिकित्सकों में से एक हूँ। मैंने आपका ऑपरेशन किया है, और अब आप ठीक हैं।'' इस कहानी से यह सबक मिलता है कि अपनी तरफ से जितना अच्छा कर सकते हो वह करो, और बाकी ईश्वर पर छोड़ दो।

सृजनशील व्यक्ति कुछ न कुछ कर गुज़रने की अपनी ही इच्छा से प्रेरित रहता है, न कि दूसरों को पीछे छोड़ने की चाह से। ईश्वर चाहता है कि आप अपने जीवन पर ध्यान दें और अपने हालात सुधारें। वह इसीलिए समस्याओं से आपका सामना कराता है और आपको मुश्किल में डालता है ताकि आप समस्याओं को हरा दें, उनसे निपटें और इस प्रक्रिया में आपका कुछ और विकास हो जाए, आप और बेहतर हो जाएँ।

किस पर है सारा दारोमदार

प्र. आपकी पुस्तक *टर्निंग प्वाइंट्स* पढ़कर मुझे अच्छा लगा, जिसमें आपने राष्ट्रपति भवन में रहते हुए अपनी ज़िन्दगी के कई महत्त्वपूर्ण मोड़ों का वर्णन किया है। इसमें बताया गया है कि किन महत्त्वपूर्ण स्थितियों यानी अपने जीवन के निर्णायक मोड़ों पर आपने सही निर्णय लिये, जिसके कारण आप राष्ट्रपति भवन तक पहुँच सके। आपकी कहानी से मुझे यह समझ में आया कि आज ज़िन्दगी जैसी है वह गुज़रे वक्त में हमने अपने लिये जो कुछ चुना उसी का नतीजा है।

मैं आपसे यह पूछना चाहता हूँ कि आपने ऐसे महत्त्वपूर्ण निर्णय, जिनके इतने दूरगामी परिणाम रहे, कैसे लिये ? मुझे स्पष्ट नहीं है कि ऐसे निर्णय कैसे लिये जाते हैं ? मैं यह समझना चाहता हूँ कि ऐसे निर्णय हमें कैसे लेने चाहिए। विशेषकर यह जानते हुए कि आज जो मैं निर्णय लेता हूँ, वह भविष्य में जाकर कितना निर्णायक सिद्ध होगा। जब हमारा किसी स्थिति विशेष से सामना होता है तो हमारे मन की प्रवृत्तियाँ हमारे मन को किस तरह प्रभावित करती हैं ?

क्या यह कहा जा सकता है कि वह चुनने की स्वतन्त्रता के सिवा और कुछ नहीं है जो व्यक्ति की नियति या भाग्य को रूप देने में सबसे महत्त्वपूर्ण भूमिका निभाती है? या फिर वह प्रवृत्तियाँ जो पीढ़ी दर पीढ़ी अनुवांशिक गुण आगे ले जाने वाले 'जीन्स' के ज़रिये

हमारे पूर्वजों से हमें वंशानुक्रम में मिलती हैं, और हमें इस तरह सोचने को मजबूर करती हैं कि किन्हीं परिस्थितियों में किस ख़ास तरह से कदम उठाते हैं? मैं जो सवाल पूछना चाहता हूँ, वह है—किस पर है सारा दारोमदार?

मस्तिष्क, शरीर और जीन्स तीनों आपस में एक किस्म का नृत्य करने में जुटे हुए हैं।
—मैट रिडली

हमारी दुनिया स्पेस (space), समय, स्थूल परिमाण (mass) ऊर्जा और चेतना के आपसी सम्बन्धों का एक जटिल नेटवर्क है। भौतिकशास्त्री और चेतना का गहराई से अध्ययन करने वाले विद्वान थॉमस कैम्पबेल ने अपनी पुस्तक *माई बिग थ्योरी ऑफ़ एवरीथिंग* में अपने इस विचार को प्रस्तुत किया है कि हम ब्रह्मांड को एक 'विशालकाय मस्तिष्क' मान सकते हैं। उनके अनुसार, लम्बे समय में किसी व्यवस्था के बनने की प्रक्रिया विकास की एक प्राकृतिक गति से प्रभावित होती है, और वह सभी तरह के नेटवर्क के लिए एक ही होती है, चाहे वह इंटरनेट हो, मानव मस्तिष्क हो या सम्पूर्ण ब्रह्मांड हो। इसलिए हम मान लें कि एक व्यक्ति के रूप में हम अन्दर ही अन्दर एक दूसरे से जुड़ी अति विस्तृत जीवसत्ता से निकले चेतना के अंश हैं जिसमें मन-शरीर, परिवार, समुदाय, पर्यावरण, संस्कृति आदि सभी कुछ समाहित है। सच यह है कि ऐसा एक कोई भी नहीं है जिस पर सारा दारोमदार हो। यह संसार अनेक जटिल और बौद्धिक प्रणालियों से भरा है, जो एक-दूसरे से जुड़ी हैं और एक-दूसरे को प्रभावित करती हैं और इनका कोई एक संचालन केन्द्र नहीं है।

मैं आपको अर्थव्यवस्था का एक

यह संसार जटिल, बौद्धिक और आपस में एक दूसरे से जुड़े तन्त्रों से भरा है, जो सभी एक दूसरे को प्रभावित करते हैं, और उनके संचालन का कोई एक केन्द्र नहीं है।

उदाहरण देता हूँ। अर्थव्यवस्थाएँ आवश्यकता और आपूर्ति की बेहद जटिल व्यवस्थाएँ होती हैं जिनका नियन्त्रण किसी एक बिन्दु पर केन्द्रित नहीं होता। हालाँकि इनके भी कुछ सामान्य से नियम होते हैं, फिर भी अर्थव्यवस्थाओं में उछाल और गिरावट के बारे में पहले से कुछ भी बता पाना बहुत मुश्किल होता है। यह एक भ्रम है कि अगर किसी को यह तय करने की ज़िम्मेदारी सौंप दी जाए कि किसी चीज़ का कब, कहाँ, कैसे, कितना और किसके द्वारा उत्पादन किया जाए और उसे किस भाव में बेचा जाए तो अर्थव्यवस्थाएँ बेहतर चलती हैं, और इस भ्रम ने सारी दुनिया में लोगों की सेहत और दौलत को तबाही की हद तक नुकसान पहुँचाया है।

अपने मानव शरीर को एक उदाहरण के रूप में लेकर इस बात को समझें। आप कोई ऐसा दिमाग नहीं हैं जो शरीर को चला रहा है और न ही आप कोई शरीर हैं जो हॉरमोन रिसेप्टर्स यानी अभिग्राहकों को सक्रिय करके जीन समूह को संचालित कर रहे हैं। न ही आप शरीर में हॉरमोन के स्राव को प्रेरित करने वाले जीन को सक्रिय करके मस्तिष्क को संचालित करने वाले जीन समूह हैं। हालाँकि आप इनमें से कोई भी नहीं हैं लेकिन आप इनमें से सभी कुछ हैं। मस्तिष्क और शरीर एक ही व्यवस्था के हिस्से हैं। अनुवांशिक सूत्रों के वाहक डीएनए के दसवें क्रोमोसोम पर स्थित एक जीन CYP17 कॉर्टिसॉल नाम का एक हारमोन बनाती है जो वस्तुत: मस्तिष्क के रवैये में बदलाव लाकर शरीर और मस्तिष्क का एकीकरण करके रखता है। कॉर्टिसॉल शरीर के प्रतिरक्षा तन्त्र में दखल देकर आँख, कान और नाक की संवेदनशीलता में बदलाव लाता है जिससे कई शारीरिक क्रियाओं में परिवर्तन आता है। मनोवैज्ञानिक तनाव पर प्रतिक्रिया करते हुए मस्तिष्क कॉर्टिसॉल के स्राव को प्रेरित करता है। ख़ून में मिलकर रगों में बहते हुए कॉर्टिसॉल प्रतिरक्षा तन्त्र की प्रतिक्रिया करने की क्षमता को दबा देता है जिससे सुषुप्त अवस्था में पड़ा वायरस का संक्रमण भड़क उठता है या फिर कोई नया संक्रमण शरीर को अपनी चपेट में ले लेता है। इसके भौतिक लक्षण ज़रूर हो सकते हैं, लेकिन कारण मनोवैज्ञानिक होता है। मस्तिष्क किसी बीमारी का शिकार होता है या फिर अल्कोहल या मस्तिष्क के गुणधर्म बदल कर मन:स्थिति में बदलाव लाने वाले ऐसे ही किसी पदार्थ के सेवन से प्रभावित होता है तो इसके कारण भौतिक होते हैं और लक्षण मनोवैज्ञानिक।

मैंने इस मुद्दे पर अपने दोस्त, अहमदाबाद स्थित इन्स्टिट्यूट ऑफ़ ह्यूमन

जेनेटिक्स के संस्थापक-अध्यक्ष जयेष शेठ से चर्चा की तो उन्होंने बताया कि बाहरी क्रियाकलापों को पूरी तरह सचेत होकर या चैतन्य अवस्था के प्रति लापरवाह होकर इंसान के जीन्स को बिजली के स्विच की तरह 'खोला' और 'बन्द' किया जा सकता है। कॉर्टिसॉल के असर से जो जीन्स 'खुल' जाते हैं, वे फिर दूसरे जीन्स को भी जागृत कर देते हैं, और ये जीन्स और दूसरे जीन्स को, इस तरह जीन्स के जागृत होने का सिलसिला आगे बढ़ता जाता है। दरअसल, यह एक जटिल और पेंचदार व्यवस्था है।

बहुत सारे जीन्स जीवन भर सुषुप्त रह सकते हैं, क्योंकि उनमें से बहुतों को जगाने के लिए बाहरी कारकों और अपनी इच्छा-शक्ति से काम करने की ज़रूरत होती है। इस तरह, हम अपनी सर्वशक्तिमान समझी जाने वाली जीन्स की दया के मोहताज नहीं हैं, बल्कि अकसर देखने में यही आता है कि हमारी जीन्स ही हमारी मेहरबानी की मोहताज होती हैं। अगर आप लापरवाही से जीते हैं या फिर आपका काम तनावपूर्ण है, या आपका घर-परिवार ठीक ढंग से नहीं चल रहा है, या फिर आप बार-बार ख़ुद के साथ कुछ डरावना या बुरा होने की कल्पना करते रहते हैं, तो आप अपने शरीर में कॉर्टिसॉल का स्तर बढ़ा लेंगे, और कॉर्टिसॉल जीन्स को हालात का मुकाबला करने या भाग कर बच निकलने के लिए जागृत करता फिरता है। इस तथ्य पर किसी विवाद की गुंजाइश ही नहीं है कि हम जानबूझ कर बिखेरी गई मुस्कराहट से अपने मस्तिष्क के 'आनन्द केन्द्रों' को ठीक वैसे ही सक्रिय कर सकते हैं जैसे ख़ुशी देने वाले ख़यालों से होठों पर मुस्कराहट ला सकते हैं।

हालाँकि मनुष्य मात्र के लिए ईश्वरीय इच्छा सार्वभौमिक है, फिर भी पवित्र क़ुरान (76:3) में इंसान की भी अलग और सक्रिय भूमिका बताई गई है— 'हमने इंसान को सही रास्ता दिखा दिया है, और वह सही रास्ता चुनकर उसके लिए शुक्रगुज़ार होने या शुक्रगुज़ार न होने के रास्ते को अपनाने के लिए आज़ाद है।'

इसका अर्थ यह हुआ कि इंसान अच्छे और बुरे, भद्दे और सुन्दर के भेद की समझ और उनमें से एक को चुनने की क्षमता के दम पर अपनी नियति को समझ-बूझ कर एक रूप देने में ख़ुद सक्षम है। मैं अपने ख़ुद के अनुभव के आधार पर आपको बता सकता हूँ कि ईश्वर ने मेरे प्रति प्रेम और दया का भाव रखा है, लेकिन मैंने भी ज़्यादा से ज़्यादा काम करके और कम से कम खर्च में अपना काम चलाकर साधारण जीवन जीया है। हालाँकि मानव की इच्छा-शक्ति का दायरा जितने भी दूसरे जीव-जन्तुओं के बारे में पता है उन सब के मुक़ाबले कहीं ज़्यादा बड़ा और व्यापक है और उसकी भूमिका भी ज़्यादा सृजनात्मक है, लेकिन उसका प्रभाव ईश्वर द्वारा उसके क्रियाकलापों और कर्मों के लिए निर्धारित क्षेत्रों में सीमित है। इसलिए इंसान जीवन में जो कुछ करना चाहता है वह सारा कुछ नहीं कर सकता, बल्कि उसे ईश्वर की मर्ज़ी के अनुसार चलना पड़ता है, जो अपने आप में सब कुछ समेटे हुए है।

अकसर ऐसा होता है कि कोई व्यक्ति कुछ करना चाहता है, लेकिन वह जितनी भी कोशिश कर ले, कर नहीं पाता। इसका कारण यह नहीं है कि ईश्वर की इच्छा-शक्ति उस व्यक्ति की अपनी इच्छा-शक्ति का विरोध करती है और उसे वह करने से रोकती है जो वह करना चाहता है, बल्कि व्यक्ति के ज्ञान और उसकी क्षमता से परे कोई अज्ञात बाहरी कारक होता है, जो उसके काम में बाधाएँ पैदा करता है और उसे अपने लक्ष्य तक पहुँचने से रोकता है। इसके विपरीत, हमें बिना किसी स्पष्ट कारण या योग्यता के आधार पर ख़ास काम और उद्देश्यों के लिए चुना गया है।

व्यक्ति और समाज दोनों ही का लगातार ऐसी बाधाओं और सम्भावनाओं से आमना-सामना होता रहता है। इस तथ्य के मद्देनज़र कि प्रकृति के अधिकार क्षेत्र में कुछ भी बेवजह नहीं होता, और जो भी कुछ होता है, उसके पीछे कोई न कोई वजह ज़रूर होती है, और यह भी कि हम सिर्फ़ संसार में वहीं तक देख पाते हैं जहाँ तक मनुष्य की नज़रें पहुँचती हैं, इसलिए हमें यह

स्वीकार करने में परेशानी नहीं होनी चाहिए कि हर बार हमारी सभी आकांक्षाएँ पूरी नहीं हो सकतीं। लेकिन अपनी चाहतों का हमारा अनुभव हमें हर बार किसी न किसी तरह ज़रूर बदल डालता है।

वह प्रक्रिया जिसके तहत बड़ी चीज़ें, भव्य स्वरूप और विशाल व्यवस्थाएँ उन छोटी और अपेक्षाकृत सरल चीज़ों के बीच आपस में क्रियाएँ होने से उत्पन्न होती हैं, जिनमें ख़ुद में भव्य स्वरूप और विशाल व्यवस्था के गुण नहीं नज़र आते, उद्भव या 'एमर्जेंस' कहलाती है। मानव समूहों को अगर अपने आप में पूरी तरह आज़ाद छोड़ दिया जाए तो वह निरर्थक अव्यवस्था के बजाय सहज ही एक व्यवस्था बनाने के लिए ख़ुद ही नियम-क़ायदों में ढल जाएँगे। शेयर बाज़ार, या कोई भी दूसरा बाज़ार, बड़े विशाल पैमाने पर उद्भव का उदाहरण है। अपने वृहद स्वरूप में वह दुनिया भर में फैली कम्पनियों के स्टॉक और शेयर के दामों के नियमन करता है, फिर भी उसमें पथ-प्रदर्शक या अगुआई करने वाला कोई नहीं होता। जहाँ कोई केन्द्रीय योजना नहीं होती, वहाँ सारे बाज़ार के कामकाज पर क़ाबू रखने वाली कोई एक हस्ती नहीं होती।

इसलिए, ख़ुद को अपने इर्द-गिर्द मौजूद लोगों का एक हिस्सा ही समझो, ख़ुद को बड़ी तस्वीर का हिस्सा समझो, और तुम्हें ज़िन्दगी में अपना आगे बढ़ने का रास्ता मिल जाएगा। स्वार्थ के लिए किए गए काम, अपनी सनक और मनमर्जी से की गई हरकतें, प्यार और नफ़रत के नाम पर भावनात्मकता को लेकर जूझने से कोई ज्यादा आगे नहीं पहुँचता। इसके बजाय, अगर हम आपसी मेलजोल के साथ रहने की कोशिश करें और अपनी ऊर्जा सिर्फ़ अपने ही नहीं, अपने आसपास वालों के भी हालात सुधारने में लगाएँ, तो ज़रूर एक सुन्दर भविष्य निकलकर सामने आएगा। ज़िन्दगी के सभी मोड़ दरअसल ऐसे मुक़ाम होते हैं जहाँ ईश्वर की इच्छा इंसान की इच्छा को पीछे छोड़ देती है। कभी हमें रोक दिया जाता है, तो कभी हमें आगे बढ़ने के लिए चुन लिया जाता है। ईश्वर पर है सारा दारोमदार!

अद्वितीय हैं आप

प्र. आप अक्सर यह बात कहते हैं कि अगर हम अपने दिमाग का समुचित उपयोग करें तो हम कुछ भी हासिल कर सकते हैं। लेकिन क्या यह वाकई सच है? क्या औसत क्षमता वाले मेरे बच्चे के लिए यह सम्भव है कि वह सचिन तेंदुलकर के समान खेले अथवा धन कमाने में अंबानी बन्धुओं की बराबरी कर सके? मुझे इस पर विश्वास नहीं होता। मैं सोचती हूँ कि महानता, जो कि योग्यता, प्रतिभा और कौशल का एक मिला-जुला स्वरूप है, वह कुछ लोगों में जन्मजात होती है और यह भी कि उत्तम अनुवांशिकी विरासत और संवेदनशील गुणों वाले कुछेक चुनिंदा व्यक्ति ही महानता की ऊँचाइयों तक पहुँच सकते हैं। इसका अर्थ यही हुआ कि सभी व्यक्ति गाँधी जी जैसे भले या विक्रम साराभाई जैसे प्रतिभाशाली नहीं हो सकते। महान व्यक्तियों में जन्मजात ही ऐसा कुछ 'विशेष' होता है जो अन्य लोगों में नहीं होता। यह उनका एक आकर्षण अथवा करिश्मा है, यह उनके देखने का ढंग या प्रभावशाली व्याख्यान देने की योग्यता हो सकती है, लेकिन चाहे जो हो, ऐसा लगता है कि यह कोई ऐसी चीज़ है, जिसे कोई व्यक्ति अपने अन्दर विकसित नहीं कर सकता। या तो यह आपमें होगी या नहीं होगी। हाँ, यदि आपका भी परिवार होता तो हम देख पाते कि आपके बच्चों को आपके समान प्रतिभा विरासत में मिली है या नहीं।

लेकिन चूँकि ऐसा है नहीं, इसीलिए मैं आपसे यह प्रश्न पूछ रही हूँ।

अब आप ही बताएँ, कि क्यों कुछ व्यक्तियों में प्राकृतिक ख़ूबियाँ होती हैं और दूसरों में नहीं ? क्या जीन्स में ही ऐसा कुछ होता है जो माता-पिता से बच्चों को मिलता है ? क्या इसका हमारे कर्मों और इस बात से कुछ लेना-देना है कि कोई व्यक्ति अपने पूर्वजन्म में कैसा था ? या क्या इसका बचपन में उनकी परवरिश के साथ कोई सम्बन्ध है ? या फिर इसमें से कोई भी चीज़ मायने नहीं रखती ? मेरे विचार से तो महान बनना तब तक निरर्थक और खोखला है जब तक इससे किसी का फ़ायदा न हो। मैं ख़ुद बहुत तनाव में हूँ क्योंकि मुझे नहीं लगता कि मेरा जीवन जहाँ और जैसा होना चाहिए था, वहाँ और वैसा है। क्या आपने कभी अपने आपसे प्रश्न किया है कि आप आज जो कुछ हैं, आपने इस से अलग कभी कुछ होने की इच्छा की थी ?

जहाँ सादगी, भलाई और सच्चाई नहीं है, वहाँ महानता हो ही नहीं सकती।
—लियो तोल्स्तॉय

यह जानकारी तो बहुत पुरानी है कि हमारा क़द, हमारी आँखों और बालों का रंग, हमारी त्वचा की रंगत जैसे शारीरिक गुण और कुछ ख़ास बीमारियों की वजह विरासत में मिले जीन्स होते हैं। जो दूसरे शारीरिक लक्षण, अगर उनकी वजह साफ़ न हो तो वह भी हमारे जैविक माता-पिता की अनुवांशिक बनावट से प्रभावित लगते हैं। इससे कई लोग अन्दाज़ा लगाने लगते हैं कि क्या हमारे मनोवैज्ञानिक लक्षण और हमारे व्यवहार की प्रवृत्तियाँ, हमारे व्यक्तित्व की विशेषताएँ अथवा हमारी मानसिक क्षमताएँ हमारे जन्म से पूर्व ही हमारे साथ जुड़ जाती हैं।

जो लोग अनुवांशिकता का अत्यधिक पक्ष लेते हैं, उन्हें 'प्रकृतिविद्' कहा जाता है यानी वह व्यक्ति जिसकी यह धारणा हो कि मनुष्य में कुछ विशेष कौशल

या क्षमताएँ जन्मजात ही होती हैं। उनकी बुनियादी धारणा यह होती है कि समग्र रूप से मनुष्य जाति के गुण मनुष्य की विकास प्रक्रिया का परिणाम हैं और इंसानों में व्यक्तिगत भिन्नता प्रत्येक व्यक्ति के विशिष्ट अनुवांशिक सूत्र के कारण होती है। ऐसे गुण और भिन्नताएँ, जो किसी मनुष्य के जन्म के समय नमूदार नहीं होते, किन्तु जो जीवन में बाद में उभर कर सामने आते हैं, उनका कारण परिपक्वता को माना गया है। कहने का अर्थ है कि हम सब मनुष्यों में एक आन्तरिक जैविक घड़ी (प्रकृति) होती है जो पहले से तय ढंग से हमारे तरह-तरह के व्यवहार को किसी बिजली के स्विच की तरह 'सक्रिय' या 'निष्क्रिय' करती है।

प्रकृति / परवरिश

<table>
<tr>
<td>

इंसानों में व्यक्तिगत भिन्नता प्रत्येक व्यक्ति के विशिष्ट अनुवांशिक सूत्र के कारण होती है।

</td>
<td>

शैशवकाल व बचपन के दौरान उभरने वाले मनोवैज्ञानिक गुण और व्यवहार सम्बन्धी भिन्नताएँ हमारे जीवन में सीखी गई चीज़ों का परिणाम हैं।

</td>
</tr>
</table>

इस श्रेणी में दूसरे सिरे पर आते हैं पर्यावरणविद्। उनकी मूल धारणा यह है कि किसी व्यक्ति के जन्म के समय मानवीय मस्तिष्क एक खाली स्लेट की तरह होता है, जो धीरे-धीरे उस व्यक्ति के जीवन में होने वाले अनुभवों से भर जाती है। इस दृष्टिकोण से, शैशवकाल व बचपन के दौरान उभरने वाले मनोवैज्ञानिक गुण और व्यवहार सम्बन्धी भिन्नताएँ हमारे जीवन में सीखी गई चीज़ों का परिणाम हैं। इस तरह आपकी परवरिश कैसी हुई है, इसका सम्बन्ध बचपन में आपके विकास के मनोवैज्ञानिक पहलुओं पर निर्भर करता है जबकि परिपक्वता की अवधारणा केवल विकास के जैविक या शारीरिक पहलुओं पर लागू होती है। इसलिए, जब शिशु में मोहभाव उत्पन्न होता है, तो इसका अर्थ है कि वह अपने परिवार वालों से पाए गए स्नेह व ध्यान का उत्तर दे रहा होता है। उसे भाषा का ज्ञान दूसरों को बोलते हुए सुन

सच्चाई यह है कि 'प्रकृति' और 'परवरिश' अलग-अलग और जटिल तरीकों से एक-दूसरे पर असर डालते हैं जिसका नतीजा यह है कि हम सब अपनी किस्म के अकेले होते हैं, दूसरे किसी से भी बिलकुल अलग।

कर उनकी नकल करने पर होता है और उसका संज्ञानात्मक विकास उसके आसपास के वातावरण में होने वाले उत्प्रेरण की मात्रा पर, और मोटे तौर पर देखा जाए तो यह उस सभ्यता पर निर्भर करता है जिसमें शिशु का लालन-पालन होता है।

आज शायद ही किसी व्यक्ति को प्रकृति या पालन-पोषण में से कोई एक चरम अवधारणा स्वीकार्य होगी। तर्क के दोनों ओर कई तथ्य होते हैं जो 'सब कुछ या कुछ भी नहीं' के विचार के साथ मेल नहीं खाते। इसलिए, यह सवाल पूछने के बजाय कि किसी शिशु का विकास प्रकृति से जुड़ा हुआ है या उसके पालन-पोषण से, इसे इस तरह बदल कर पूछा जा सकता है कि वह प्रकृति या पालन-पोषण से 'कितना' जुड़ा हुआ है? यानी कि, अगर मान लिया जाए कि हमारे व्यक्तित्व को गढ़ने में अनुवांशिकता और वातावरण दोनों की ही भूमिका होती है, तो इनमें ज्यादा महत्त्व किसका है?

किन्तु मेरे विचार में 'कितने' का सवाल भी एक गलत सवाल है। उदाहरण के लिए बुद्धि को ही लें। मानवीय व्यवहार की अधिकांश किस्मों की तरह बुद्धि एक जटिल, बहुआयामी तथ्य है, जो कई प्रकार से अपने आपको प्रदर्शित करती है। प्रश्न 'कितना' में यह मान लिया जाता है कि परिवर्तनशीलता को संख्यात्मक रूप से व्यक्त किया जा सकता है और विवादास्पद विषयों को परिमाणात्मक तरीके से हल किया जा सकता है। सच्चाई यह है कि 'प्रकृति' और 'परवरिश' अलग-अलग और जटिल तरीकों से एक-दूसरे पर असर डालते हैं जिसका नतीजा यह है कि हम सब अपने किस्म के अकेले होते हैं, दूसरे किसी से भी बिलकुल अलग। अगर ऐसा नहीं होता तो यह कैसे सम्भव है कि एक ही माता-पिता के बच्चे अलग-अलग शक्ल-सूरत और फ़ितरत के हों। अनुवांशिक विज्ञान में हुई हालिया उन्नति को देखते हुए

यह बात विशेष रूप से महत्त्वपूर्ण है। मानव जीन समूह परियोजना (ह्यूमन जेनोम प्रोजेक्ट) ने विशिष्ट गुण-सूत्रों पर स्थित व्यवहार की किस्मों से लेकर डी एन ए की विशेष किस्मों की खोज करने में भारी दिलचस्पी उत्पन्न कर दी है। ऐसा माना जाता है कि वैज्ञानिक अपराध, मद्यपान के व्यसन और ऐसी ही अन्य प्रवृत्तियों के जीन को खोज पाने की कगार पर हैं। इन वैज्ञानिक खोजों का दुरुपयोग न हो, यह सुनिश्चित करने के लिए इस तत्व को समझने की बड़ी आवश्यकता है कि जीवविज्ञान सांस्कृतिक संदर्भों और लोगों द्वारा अपने जीवन को जीने के तरीकों जैसे व्यक्तिगत विकल्पों को भी प्रभावित करता है। व्यक्तिगत गुणों से सम्बन्धित इन भिन्नताओं और मानव व्यवहार पर पारस्परिक प्रभावों को सामने लाने का कोई सरल व स्पष्ट तरीका नहीं है।

अब आपके इस प्रश्न को लें कि आज मैं जो कुछ हूँ, क्या मैंने कभी इससे अलग कुछ बनने की इच्छा की थी, तो मेरा जवाब यही है कि नहीं, मैंने ऐसी इच्छा कभी नहीं की। हममें से प्रत्येक व्यक्ति अपने आप में अलग है, विशिष्ट है, ख़ास है। मैं आज जो भी हूँ सिर्फ़ अपने जीवन की परिस्थितियों और अपने उन प्रयासों के कारण हूँ जो मैंने ऐसा बनने की प्रक्रिया में किए हैं। आपको अपनी इस विशिष्टता का आनन्द लेना चाहिए, उसके लिए ख़ुशी मनानी चाहिए। आपको कभी भी वैसा दिखने की कोशिश नहीं करनी चाहिए, जो आप नहीं हैं या आपको किसी अन्य व्यक्ति की तरह होने का दिखावा नहीं करना चाहिए। आप औरों से भिन्न होने के लिए ही पैदा हुए हैं। आप केवल 'आप' बनने के लिए ही हैं। समूची दुनिया में कहीं भी और कभी भी किसी व्यक्ति के मस्तिष्क, मन या आत्मा

में ठीक वैसे ही विचार नहीं आ रहे होंगे, जैसे अभी आपको आ रहे हैं और न ही किसी व्यक्ति की स्थितियाँ वैसी होंगी, जैसी आपके जीवन की हैं। यदि आपका अस्तित्व समाप्त हो जाता है, तो इस सृष्टि में एक छिद्र रह जाएगा, इतिहास में एक खालीपन रह जाएगा, मानव जाति की उत्पत्ति के लिए बनाई गई योजना में किसी चीज़ का अभाव रह जाएगा। इसलिए, अपनी विशिष्टता को संजो कर रखें। यह एक ऐसा उपहार है जो प्रकृति ने केवल आपको दिया है।

> *दूसरों से अलग होने की ख़ूबी आपको उपहार में मिली है, ताकि आप उसका आनन्द ले सकें, और अपने अनोखेपन का आनन्द दूसरों के साथ साझा कर सकें। दूसरों के काम आएँ। अधिक से अधिक लोगों से जुड़ें।*

कोई भी व्यक्ति दूसरों से उस ख़ास तरीके से सम्पर्क नहीं कर सकता, जैसे आप कर सकते हैं। कोई भी व्यक्ति उस तरीके से सुख नहीं पा सकता जैसे आप पाते हैं। कोई भी व्यक्ति आपके अभिप्राय को आपके समान सम्प्रेषित नहीं कर सकता। कोई भी व्यक्ति अन्य व्यक्ति के साथ आप जैसी समझ नहीं बना सकता। कोई भी व्यक्ति वैसे हँसमुख, प्रसन्नचित्त और ख़ुश नहीं हो सकता जैसे आप होते हैं। कोई व्यक्ति आपकी हँसी नहीं हँस सकता। कोई भी अन्य व्यक्ति दूसरे व्यक्ति पर आप जैसा प्रभाव नहीं छोड़ सकता। इसलिए, अपनी विशिष्टता को दूसरों के साथ साझा करें। इसे अपने परिवार, अपने मित्रों और उन लोगों में उन्मुक्त भाव से प्रसारित होने दें, जिन्हें आप जीवन की भागदौड़ और भीड़भाड़ में मिलते हैं, बेशक आप कोई भी हों और कहीं भी हों। दूसरों के काम आएँ! अपने जीवन को जितना विस्तार दे सकें, दे डालें!

अग्नि की उड़ान

प्र. भारत युवाशक्ति से भरपूर राष्ट्र है। समकालीन भारत का सबसे महत्त्वपूर्ण परिवर्तन है युवाओं का बुद्धिजीवियों के रूप में उदय और कैसे इसने भारत को एक सूचना प्रौद्योगिकी शक्ति के रूप में स्थापित करने में एक अहम भूमिका निभाई है ?

हालाँकि, 1991 के बाद, भारत में आर्थिक उदारीकरण के चलते उच्च कार्यकुशलता वाले उम्मीदवारों के लिए रोज़गार के कई अवसर पैदा हुए हैं, लेकिन इसकी तुलना में कम कुशल लोगों को काम मिलने की सम्भावनाएँ नहीं बढ़ी हैं। जो लोग ज्यादा शिक्षित नहीं हैं, उन अकुशल कर्मियों के लिए रोज़गार के बहुत कम रास्ते बचे हैं। ऐसे कम शिक्षित युवा रोज़गार की तलाश में यहाँ-वहाँ भटकते हैं। हर तरफ से नाउम्मीद होने पर या तो हताश होकर बैठ जाते हैं या जीवनयापन के लिए उनके पास अकसर रिक्शा चलाने या फेरी लगाकर सामान बेच कर कम आमदनी वाले काम करने के सिवा कोई विकल्प नहीं होता। इनमें से कई के पास तो यह विकल्प भी नहीं होता। उनके माता-पिता के पास जो कुछ थोड़ा-बहुत होता है, वह उसी से काम चलाते हैं, और अपना समय बेकार के कामों में बर्बाद करते हैं।

ऐसे युवाओं के लिए, जिनके पास न अवसर होते हैं और न संसाधन, ज़ाहिर है उन्हें ज़िन्दगी में आगे बढ़ना, शादी करना और

परिवार बसाना कठिन होता है। समाज की इस गम्भीर समस्या को आप किस तरह सुलझाएँगे ?

बेकार की बातों और विनाशकारी कामों जैसी सामाजिक समस्या का समाधान है शिक्षा। शिक्षा से युवाओं को समाज में उड़ान भरने के लिए पंख मिल जाते हैं। युवाओं को चाहिए कि अपनी ज़िन्दगी के ये बेहतरीन साल अच्छी शिक्षा हासिल करने और काम के कुछ हुनर सीखने में लगाएँ। अगर एक बार मन किसी हुनर या अच्छी सोच में लगने लगता है, तो कामयाबी तय है। लेकिन ज़िन्दगी में मुश्किलों और रुकावटों का सामना करने के लिए सिर्फ़ शिक्षा ही काफ़ी नहीं है। इसके लिए आपको अपनी मंज़िल तक पहुँचने के पक्के इरादे के साथ प्रतिबद्धता की भी ज़रूरत होती है।

युवा ऊर्जा का मूर्त रूप होते हैं। इंसानी सभ्यता में नई ऊर्जा, नए विचारों और युवाओं के साहस के बिना तरक्की मुमकिन नहीं है। इसी बात को घुमाकर कहें, तो हम कह सकते हैं कि जब तक दुनिया में युवा हैं, सभ्यता की धारा उलटी नहीं बह सकती। स्कॉटलैंड के नाटककार और उपन्यासकार जेम्स एम. बैरी (1860-1937) ने बड़े ही सुन्दर शब्दों में कहा है—'युवा और आनन्द पर्यायवाची हैं। वह नन्हा सा चूज़ा जो अभी-अभी अंडे से निकला है, और आज़ादी व आशा के खुले आकाश में उड़ान भरने को आतुर है।' कितना सच कहा है उन्होंने ! युवा लड़के-लड़कियों के सपने पत्तों की तरह बेसब्री की हवा में उड़ते हैं, एक ऐसी हवा में, जो सब कुछ बदल डालना चाहती है। एक नई व्यवस्था

> *बेकार की बातों और विनाशकारी कामों जैसी सामाजिक समस्या का समाधान है शिक्षा। शिक्षा से युवाओं को समाज में उड़ान भरने के लिए पंख मिल जाते हैं।*

कायम करना चाहती है, जिसमें ताकत का बोलबाला हो और हो आग सी ऊर्जा।

वह भी समय था जब मैं जवान था, जोश और उत्साह से भरा था और मन में कुछ कर गुज़रने की धुन थी। इसके लिए ज़रूरी था कि मैं रामेश्वरम् की छोटी-सी दुनिया से बाहर निकलूँ। रामेश्वरम् दक्षिण भारत में एक छोटा-सा द्वीप है, जहाँ मैं जन्मा। मेरे पिता ने मेरे युवा मन की उड़ान को समझा और मुझे उन्होंने पूरा प्रोत्साहन दिया। तब रामेश्वरम् में प्राइमरी स्तर से आगे का कोई स्कूल नहीं था। इसलिए बारह साल की उम्र में ही मैं रामनाथपुरम के श्वार्त्ज़ हाई स्कूल में पढ़ने चला गया था।

क्योंकि मेरे पास पैसे भी बहुत कम हुआ करते थे, इसलिए मुझे कम पैसों में गुज़ारा करना सीखना पड़ा। हालाँकि घर पर हम मांसाहारी भोजन खाने के आदी थे, लेकिन मेरे पास ख़र्चे के लिए बहुत कम रक़म होती थी, इसलिए मुझे शाकाहारी भोजन चुनना पड़ा। शाकाहारी भोजन करने का मतलब था, हर हफ्ते तीन रुपये की बचत। हफ्ते के तीन रुपये आज भले ही बहुत कम लगते हैं, किन्तु उन दिनों यह एक शानदार रक़म होती थी। पैसे

बचाने और परिवार पर ख़र्चे का बोझ कम करने के लिए मैं किसी भी तरह की दिक्कतें झेलने को तैयार था। शाकाहारी भोजन खाते-खाते मुझे वह अच्छ लगने लगा और तब से मैं शाकाहारी भोजन ही करता चला आ रहा हूँ।

हालाँकि, मैं एक छोटी जगह का हूँ, लेकिन मैंने ख़ुद को कभी किसी भी तरह से छोटा महसूस नहीं किया क्योंकि मेरे सपने हमेशा से बड़े थे। अपनी हाई स्कूल की पढ़ाई पूरी करने के बाद मैं तिरुचिरापल्ली चला गया, जहाँ मुझे सेंट जोसेफ'स कॉलेज में दाखिला मिल गया। मेरे पास उन दिनों कपड़ों और जूतों का एक ही जोड़ा होता था। मेरी कोशिश यही रहती थी कि मैं ज़्यादा से ज़्यादा दिनों तक उन्हें चलाऊँ। कपड़ों और जूतों का पहला जोड़ा फटने के बाद ही मैं नया जोड़ा लेता था। वर्ष 1954 में जब मैंने चेन्नई के मद्रास इन्स्टीट्यूट ऑफ टेक्नोलॉजी में

एयरोनॉटिकल इंजीनियरिंग के लिए अपना नाम लिखाया, तो मेरा प्रवेश शुल्क चुकाने के लिए मेरी बहन को अपनी सोने की दो चूड़ियाँ बेचनी पड़ी थीं। यहाँ भी अपने भरण-पोषण के लिए मैं छात्रवृत्ति पर निर्भर था। अपने पूरे छात्र जीवन में जिस बात ने मुझे पढ़ाई जारी रखने को लगातार प्रेरित किया, वह था कुछ बड़ा हासिल करने का जज़्बा, एक बेहतर ज़िन्दगी जीने की चाह और अनुशासित जीवन शैली के लिए मेरी प्रतिबद्धता। वाकई में, अनुशासन से रहना ज़िन्दगी में लक्ष्य तय करने और उस तक पहुँचने के बीच किसी पुल की तरह काम करता है।

अपने जीवन के अनुभवों के आधार पर मैं आपको बता सकता हूँ कि चार पक्के तरीके हैं जिनसे आपको सफलता पाने में मदद मिल सकती है। पहले, बीस वर्ष की उम्र तक अपने जीवन का लक्ष्य तय कर लेना। दूसरे, अहम किताबों, गुरुजनों और महान हस्तियों से इल्म हासिल करने का जुनून होना। तीसरे, कड़ी मेहनत और अनुशासित जीवन शैली का पालन करते हुए अपने लक्ष्य की ओर बढ़ना। और चौथे, अपने चुने हुए रास्ते पर पक्के इरादे के साथ बिना ठहरे चलते रहना।

मैं अमरीका में अफ्रीकी मूल के नागरिकों के अधिकारों के आन्दोलन के नेता, मार्टिन लूथर किंग, जूनियर के जीवन से बहुत प्रभावित हूँ। उन्होंने अपने मशहूर भाषण, 'मेरा एक सपना है' में अपने सपने, अपने दृष्टिकोण को पूरी दुनिया के साथ साझा किया। और उन्होंने अपने सपने को सच में बदलने के लिए कड़ी मेहनत की, संघर्ष किया और व्यक्तिगत स्तर पर बहुत कुर्बानियाँ दीं। अगर उन्होंने वह सपना नहीं देखा होता, तो वह अपने जीवन में कदापि वह सब नहीं कर सकते थे, जो उन्होंने कर दिखाया।

युवा भी अपने मन में एक सपना पाले हुए हैं, वे उम्मीद करते हैं कि दुनिया में गरीबी, बेरोज़गारी, असमानता और शोषण न रहे। वे जाति, रंग, भाषा और लिंग के आधार पर भेदभाव से मुक्त एक दुनिया की उम्मीद करते हैं। युवाओं के लिए

दुनिया सदैव रचनात्मक चुनौतियों और अवसरों से भरी रही है। हमारे लिए सबसे महत्त्वपूर्ण यह है कि हम निराशाओं और शंकाओं को किसी भी कीमत पर इस आशा पर हावी न होने दें। युवाओं की सकारात्मक उम्मीदें और सपने ज़रूर सच होने चाहिए। काफ़ी हद तक इसकी ज़िम्मेदारी सरकार पर है कि वह युवाओं के लिए शिक्षा और रोज़गार के अवसर उपलब्ध कराए ताकि उनकी व्यक्तिगत उन्नति और विकास के रास्ते खुल सकें।

लेकिन तीन ऐसी भूमिकाएँ हैं जो भारतीय युवाओं को निभानी हैं, और जो मुझे लगता है वह नहीं निभा रहे हैं। पहली तो यह कि वे राजनीति के क्षेत्र में कोई ख़ास दिलचस्पी नहीं ले रहे हैं, वे राजनीति को लेकर उदासीन से हैं। राजनीति में युवाओं की भागीदारी बहुत महत्त्वपूर्ण है क्योंकि युवा ही देश के भविष्य और उसकी ताकत का प्रतिनिधित्व करते हैं। युवाओं के पास जो सबसे बड़ी ताकत है, वह है समस्याओं को पहचानने और उनके समाधान सुझाने की उनकी क्षमता। सामाजिक आन्दोलनों में यह क्षमता एक बहुत मजबूत ताकत सिद्ध हो सकती है। मेरे फ़ेसबुक पेज पर नब्बे प्रतिशत लोग युवा हैं और उनमें भी अधिकांश हाई स्कूल के विद्यार्थी और कॉलेज जाने वाले छात्र हैं। वे अपने आस-पास के लोगों को शिक्षित करके उन्हें उच्च स्तर की बौद्धिक क्षमता हासिल करने और उन्हें ज़्यादा उपयोगी बनाने में मदद कर सकते हैं।

दूसरे, मैं समझता हूँ कि भारतीय युवा देश की बेरोज़गारी की समस्या का समाधान करने में भी एक महत्त्वपूर्ण भूमिका अदा कर सकते हैं। उन्हें उद्यमी बनने के लिए प्रोत्साहन दिया जाना चाहिए ताकि वे अपने उद्यम स्थापित करके अन्य युवाओं को रोज़गार उपलब्ध कराएँ, न कि ख़ुद नौकरी की तलाश में भटकें।

युवाओं की तीसरी समस्या है चीज़ों, स्थितियों व राजनीति के प्रति उनका उदासीन रवैया। उनका यह रवैया कि 'जैसा है वैसा ही रहने दो' या जिसे आम बोलचाल में 'चलता है' का रवैया कहते हैं,

> 'जैसा है वैसा ही रहने दो'
> या जिसे आम बोलचाल में
> 'चलता है' का रवैया कहते हैं,
> भारत के विकास के लिए
> काफ़ी घातक सिद्ध
> हो रहा है।

भारत के विकास के लिए काफ़ी घातक सिद्ध हो रहा है। लोगों में बदलाव लाने की भावना का न होना हमारे देश के विकास के मार्ग में सबसे बड़ी बाधा है। अब यही समय है कि युवा अपनी भूमिका, अपने कर्तव्यों और अपने उत्तरदायित्वों को समझें और अपने अधिकारों के लिए खड़े हों। युवा मानवशक्ति और आकांक्षाओं के चरम का प्रतीक हैं। इन युवाओं को कभी भी समझौते की स्थिति को या अपनी आशाओं से कमतर किसी चीज़ को स्वीकार नहीं करना चाहिए। वह समाज, जो युवाओं को ऐसी स्थितियों को स्वीकार करने पर मजबूर करता है और उनकी आकांक्षाओं पर अपने सिद्धान्तों का बोझ लाद देता है, कभी पनप नहीं सकता। युवाओं को अपनी मजबूती और अपनी ताकत को महसूस करना चाहिए और उसे समाज व देश की बेहतरी के लिए पूरी समझदारी से उपयोग करना चाहिए।

भारत केवल तभी एक विकसित देश बन सकता है, जब देश का प्रत्येक नागरिक, विशेष रूप से युवा वर्ग अपनी क्षमता व योग्यता का भरपूर योगदान दे। प्रकृति में यूँ ही समय गुज़ारने जैसी कोई अवधारणा नहीं है। यहाँ कोई चीज़ या तो उत्पन्न होगी या फिर नष्ट हो जाएगी। या तो बढ़ेगी या फिर सड़-गल कर ख़त्म हो जाएगी, या तैरेगी या फिर डूब जाएगी। भारत अपनी युवा शक्ति का भरपूर उपयोग करके ही सही अर्थों में एक महान देश बन सकता है।

हममें से हरेक के अन्दर इच्छा-शक्ति की आग होती है, जो पंखों का, डैनों का काम करती है। शिक्षा, कौशल और हमारे नज़रिये से हमें ये आध्यात्मिक पंख मिलते हैं जो निश्चित रूप से हमको अपने करियर में और अपने जीवन में ऊँची उड़ान भरने में मदद करते हैं।

जलालुद्दीन मोहम्मद रूमी (1207-1273) तेरहवीं सदी के सूफ़ी फ़ारसी कवि थे, जिन्हें अधिकतर रूमी के नाम से जाना जाता है । प्रेरणा के रूप में रूमी की इन पंक्तियों को युवा अपना सकते हैं—

बेहतर समाज की ओर

सोशल मीडिया का बढ़ता प्रभाव

प्र. सर, मैं आपके फेसबुक पेज को इसकी शुरुआत से ही देख रहा हूँ। आप सोशल मीडिया के माध्यम से युवा पीढ़ी को अपने साथ जोड़ने वाले देश के सबसे पहले नेताओं में से एक हैं। यदि हम देश में नये-नये उभरे सोशल मीडिया के वातावरण को देखें, तो हमारी राजनीतिक प्रणाली में हाल ही में एक परिवर्तन दिखाई दिया है। हमारी चुनावी राजनीति पर पड़ने वाले सोशल मीडिया के प्रभाव के सम्बन्ध में आपके क्या विचार हैं और क्या हमारे आगामी लोकसभा चुनावों के परिणामों पर इसका कोई प्रभाव पड़ेगा? और दूसरे, क्या सोशल मीडिया भारतीय राजनीति में बदलाव लाने वाला एक महत्त्वपूर्ण घटक सिद्ध होगा?

हम अपनी संस्कृति में होने वाले नित नये परिवर्तनों से निरन्तर चुनौतियों का सामना करते आ रहे हैं और इसी प्रक्रिया में, मानवता का विकास होता है।
—ए पी जे अब्दुल कलाम

सोशल मीडिया सूचना के एक महत्त्वपूर्ण माध्यम के रूप में उभर कर सामने आया है और इसने जनता के विचारों को प्रचारित-प्रसारित करने और लोगों को, विशेष रूप से युवाओं को, राजनीतिक और सामाजिक गतिविधियों में भाग

लेने हेतु प्रोत्साहित करने के नये तरीकों को जन्म दिया है। एक राजनीतिक उपकरण के रूप में सोशल नेटवर्किंग के सम्बन्ध में हमारे यहाँ एक अतिशय आनन्द का सा माहौल दिखाई पड़ रहा है। ख़ासतौर से शहरी इलाकों में टेलीफोन उपभोक्ताओं का घनत्व बहुत अधिक बढ़ने से ऑनलाइन रहने वालों की तादाद में बहुत ज़्यादा उछाल आया है। जैसे-जैसे मध्यम वर्ग में बढ़ोत्तरी होगी, और ज़्यादा भारतीयों के इंटरनेट से जुड़ने की उम्मीद की जा सकती है। भारत में फ़ेसबुक का उपयोग करने वाले लगभग आठ करोड़ लोग राजनीति से बेख़बर नहीं हैं। आमतौर पर सभी महसूस कर रहे हैं कि राजनीति को समाज के इस तेज़ी से उभरते हुए वर्ग की नई आदतों व जीवनशैली के अनुरूप ढलने की ज़रूरत है, जो सोशल मीडिया में बहुत सक्रिय है और शायद इसी अतिउत्साह की स्थिति के चलते इसमें छिपी वास्तविक सम्भावनाओं और इसकी भूमिका को अक्सर मीडिया में बढ़ा-चढ़ा कर पेश किया जाता है।

वर्ष 2013 को देखें, तो यह इंटरनेट का वर्ष था। इंटरनेट का उपयोग करने वालों की संख्या इस तथ्य की पुष्टि करती है कि भारतीय समाज में इंटरनेट की भागीदारी बड़े पैमाने पर बढ़ती जा रही है। आज इंटरनेट का उपभोग करने वालों की संख्या 21.30 करोड़ तक पहुँच चुकी है यानी 2012 में 15 करोड़ उपभोक्ताओं की तुलना में देखें तो इसमें 42 प्रतिशत की वृद्धि हुई है। इंटरनेट के कुल उपभोगकर्ताओं में से मोबाइल फोन पर इंटरनेट का लाभ उठाने वाले लोगों की संख्या 13 करोड़ है। 2014 के आम चुनावों से पूर्व यह अनुमान लगाया गया था कि भारत के 543 संसदीय चुनाव क्षेत्रों में से 160 चुनाव क्षेत्रों के परिणामों पर फ़ेसबुक का उपयोग करने वालों की संख्या का महत्त्वपूर्ण प्रभाव पड़ेगा और चुनावों के नतीजों से यह बात सही साबित हुई।

मैं समझता हूँ इन आम चुनावों में कुल सीटों की 30 से 40 प्रतिशत सीटों के नतीजों पर सोशल मीडिया का असर ज़रूर पड़ा है। वर्ष 2019 के आम चुनावों तक यह आँकड़ा बढ़ कर 60 प्रतिशत तक जा सकता है। कई चुनाव क्षेत्रों में सोशल मीडिया का स्थान चुनाव प्रचार और विज्ञापन के पारम्परिक तरीकों को पीछे छोड़ संचार माध्यमों में शीर्ष तीन स्थानों में से एक रहा।

अपनी पुस्तक कनेक्टेड : द सरप्राइज़िंग पावर ऑफ़ सोशल नेटवर्क्स एंड

हाउ दे शेप अवर लाइव्ज़ के लेखकों निकोलस क्रिस्टाकिस और जेम्स फाउलर ने परस्पर जुड़े आधुनिक विश्व के चार प्रमुख नियमों को रेखांकित किया है। इनमें सबसे पहला है 'रूल ऑफ़ ट्रांज़िटिविटी' (Rule of Transitivity) जिसके मुताबिक जितने ज़्यादा लोगों के संपर्क में हम होते हैं उन सब का हमारे जीवन पर असर पड़ता है। हमारे तमाम संपर्क हमारी आशाओं, आकांक्षाओं, भावनाओं व हमारे स्वास्थ्य को प्रभावित करते हैं। दूसरा है, दूसरों का अनुकरण का नियम (Rule of Imitation) जो यह कहता है कि हमारे अन्दर अपने मित्रों की नकल करने की

परस्पर जुड़े विश्व के नियम

1
संक्रामिता का नियम
हमारे सम्पर्क में रहने वालों का हमारे जीवन पर असर पड़ता है।

2
अनुकरण का नियम
हम अपने मित्रों की नकल करते हैं।

3
अनुनाद का नियम
हम अपने मित्रों के मित्रों, और उनके मित्रों तक से प्रभावित होते हैं।

4
अस्थायित्व का नियम
किसी नेटवर्क की एक उम्र होती है।

प्रवृत्ति होती है। मित्रों से हमें 'स्वीकृति' और 'सुरक्षा' मिलती है। यदि एक मित्र कुछ करता है, कोई चीज़ ख़रीदता है या फिर कहीं जाता है, तो उसकी देखा-देखी हम भी वही काम करते हैं, वही चीज़ ख़रीदते हैं और उसी स्थान पर जाते हैं, जहाँ हमारे मित्र गए थे। तीसरा नियम है अनुनाद का नियम (Rule of Echo) जिसके मुताबिक हम सिर्फ़ अपने मित्रों से ही प्रभावित नहीं होते, बल्कि अपने मित्रों के मित्रों, और उनके मित्रों तक से प्रभावित होते हैं। इस तरह हम जो भी कुछ करते हैं,

उसकी प्रतिध्वनि या अनुनाद अपनी ऊर्जा और असर ख़त्म होने से मित्रों के तीन स्तरों के बीच गूँजती है। इस सिलसिले में चौथा नियम है अस्थायित्व का नियम (Rule of Transience) जिसके अनुसार प्रत्येक नेटवर्क का अपना एक जीवनकाल होता है। नेटवर्क को कोई एक व्यक्ति नियन्त्रित नहीं करता, और न ही उसे अपने कब्ज़े में ले सकता है। नेटवर्क यानी संजाल बेहद पेचीदा व गत्यात्मक होते हैं, और विकसित होते रहने के साथ अपना स्वरूप बदलते रहते हैं। इसका कोई केन्द्रीय नियन्त्रण बिन्दु नहीं होता बल्कि यह 'सूचना में सहभागिता' के सिद्धान्त पर काम करते हैं। उदाहरण के लिए, विकिपीडिया एक ऐसी ही खुली सूचना व्यवस्था है, जिसमें उपलब्ध सूचनाओं को कोई भी व्यक्ति सम्पादित कर सकता है। सबसे दिलचस्प बात तो यह है कि इसमें कोई भी केन्द्रीकृत नियन्त्रण नहीं है, और कई स्वनियोजित समूहों की तरह इनमें औपचारिक रूप से किसी के पास कोई अधिकार नहीं होता, बल्कि किसी तरह का दुरुपयोग रोकने के लिए इसमें स्वयं पर नियन्त्रण और आपस में एक दूसरे पर दबाव बनाए रखते हुए निगरानी रखी जाती है।

सोशल मीडिया ने भारतीय राजनीति के क्षेत्र में खेल ही बदल कर रख दिया है, और इसका असर भविष्य में और भी ज्यादा बढ़ने वाला है। राजनेता भी अब ऑनलाइन माध्यमों में छिपी सम्भावनाओं को समझने लगे हैं, जो कि उनके संदेशों को जनता तक पहुँचाने की गति बढ़ाने वाले तन्त्र के रूप में काम करते हैं। अमरीका जैसे देशों में चुनाव अभियानों में इनकी महत्त्वपूर्ण भूमिका रहती है और वही स्थिति अब भारत में भी होती जा रही है। लेकिन सोशल मीडिया एक दुधारी तलवार है, क्योंकि यदि समाज में आपका एक भी गलत संदेश चला गया, तो आपको निकालकर बाहर फेंक दिया जाएगा, और इसमें समय भी नहीं लगेगा।

दुनिया के इतिहास में पहली बार किसी राष्ट्र का भविष्य उसकी जनता के

हाथों में आ गया है। लोग भी इतने सक्षम हो गए हैं जितने पहले कभी नहीं थे— देश के नेताओं पर, चाहे वह सरकारी अधिकारी हों या विधानमंडल पहुँचे जनप्रतिनिधि, लोग अपनी बात रखने के लिए दबाव डालने के गुर जान गए हैं। ज़ाहिर है, सोशल मीडिया की वजह से ही लोगों को यह समझ में आ गया है कि उनकी आवाज़ में भी दम है, और अपनी बात, अपने विचारों को लोकतान्त्रिक

स्वरूप में रखा जाए, तो हम एक बार फिर साझा उद्देश्यों के लिए एक मंच पर संगठित हो सकते हैं, आन्दोलन छेड़ सकते हैं और बदलाव की चिंगारी सुलगा सकते हैं।

नेकी की राह

प्र. सर, मैंने आपको अपने व्याख्यानों में अक्सर यह बात लोगों को समझाते सुना है कि बच्चे किस प्रकार अपने प्रेम से, अपने स्नेह से अपने माता-पिता को भ्रष्ट आचरण से रोक सकते हैं। लेकिन सच्चाई तो यह है कि हमारे जीवन के हर पहलू में इतना भ्रष्टाचार हो गया है कि हम चाह कर भी इससे बच नहीं सकते। अधिकांश लोग एक सीधा-सादा और साफ़ जीवन जीना चाहते हैं और किसी तरह के भ्रष्टाचार में हिस्सेदार नहीं होना चाहते लेकिन हमारे समाज की व्यवस्था ऐसी हो गई है कि एक ईमानदार आदमी भी भ्रष्ट होने पर मजबूर हो जाता है। यदि वह ऐसा न करे, तो उसके रोज़मर्रा के सब काम अटक जाते हैं।

मेरे पिता ईमानदार हैं, लेकिन मुझे लगता है कि वे कुछ ऐसे काम करते हैं जिनमें व्यक्तिगत रूप से उनका विश्वास नहीं है या जो उनके विचारों के अनुरूप नहीं होते, लेकिन एक व्यवस्था का अंग होने के कारण उन्हें अपने अस्तित्व को बचाए रखने के लिए वे काम करने पड़ते हैं। जिन परिस्थितियों का सामना मेरे पिता को करना पड़ रहा है, अगर भविष्य में वैसे ही हालात मेरे सामने हों, तो मैं किस तरह का इंसान बनूँगा यह मैं निश्चित रूप से नहीं कह सकता? आप, मेहरबानी करके मुझे यह बताएँ सर, कि क्या कोई ऐसा तरीका है

जिससे मैं अपने घर में और इस समूची व्यवस्था में थोड़ा अलग हटकर, अपनी इच्छा से कुछ कार्य कर सकूँ।

कोई भी एहसास आपकी आत्मा को इतना आनन्द और इतनी ख़ुशी प्रदान नहीं कर सकता, जितना इस बात को जान लेना कि नेक जीवन जीने के लिए आप जितना प्रयास कर सकते हैं, आप वह कर रहे हैं।
—विलियम आर. ब्रैडफोर्ड

देखिए, हम एक ऐसे युग में जी रहे हैं, जहाँ कई लोग मानते ही नहीं कि वे जो कुछ करते हैं, उसका कोई नैतिक पहलू भी होता है। उन्हें लगता है कि उनके किए हुए किसी काम से सिर्फ़ सामाजिक या आर्थिक नतीजे सामने आ सकते हैं। लोगों की सामान्य सोच यह है कि दुनिया में सही या गलत जैसी कोई चीज़ नहीं होती और हम परिस्थितियों के गुलाम हैं, इसलिए हमें वही करना चाहिए जो परिस्थितियों के अनुकूल हो। हम सबने, कभी न कभी, यह बात अवश्य सुनी होगी, 'ठीक है, आप अपने ढंग से काम करें।' हम में से कई लोग ऐसे हैं, जो इसी तरीके से जी रहे हैं, अपनी इच्छा से काम करते हुए। इसलिए मुझे आपके प्रश्न से कोई हैरानी नहीं हुई है, लेकिन एक बात मैं आपको अवश्य बता दूँ कि इससे बेहतर भी एक तरीका आपके पास मौजूद है। और वह तरीका है एक नेक जीवन जीने का।

नेकी में बहुत सादगी होती है, बहुत सरलता। ज़िन्दगी में हम जिस किसी भी स्थिति का सामना करते हैं, उसमें हम सही क़दम उठा सकते हैं, या गलत क़दम उठा सकते हैं। अगर हम सही क़दम उठाते हैं तो हम दरअसल नेकी के सिद्धान्तों के अनुसार अपने काम को अंजाम देते हैं, जिसमें ईश्वर की दी हुई शक्ति भी शामिल होती है और यदि हम गलत क़दम उठाते हैं, तो उस स्थिति में हम पूर्णतया अकेले होते हैं, कोई हमारे साथ नहीं होता और ऐसे में असफलता हमारी नियति बन जाती है।

अब प्रश्न उठता है कि हम यह कैसे जानें कि क्या सही है और क्या गलत? ऐसे में हम प्रार्थना का सहारा लेते हैं जिसकी रचना एक ऐसी प्रणाली के रूप में की

गई है, जिसकी सहायता से हम इंसान के मन में सच्चाई की अवधारणा पहुँचाते हैं। ईश्वर, हमारे अन्त:करण, रूह या आत्मा के माध्यम से हमारे मन को ज्ञान का प्रकाश प्रदान करता है। वह हमें ऐसी स्पष्टता देता है, जिससे हम सत्य की अवधारणाओं को समझने की शक्ति प्राप्त करते हैं। इस तरीके से ईश्वर हमें गलत कार्यों के उदाहरण से सही कार्य करने की शिक्षा देता है। यदि हम ईश्वर के तरीकों को सीखने और उन तरीकों का पालन करने के इच्छुक होते हैं, तो हमें गलत और सही के बीच के अन्तर को जानने के लिए अनुमानों का सहारा नहीं लेना पड़ेगा, बल्कि तब हमें निश्चित रूप से इनके अन्तर का स्वत: ही ज्ञान हो जाएगा।

हम में से प्रत्येक व्यक्ति के जीवन की अपनी विशिष्ट स्थितियाँ होती हैं, जिनके साथ वह जीता है। हमारे जीवन में स्वास्थ्य, धन, शिक्षा, कुँवारेपन, अकेलेपन, उत्पीड़न, दुर्व्यवहार, स्थापित नैतिक मूल्यों के उल्लंघन जैसी कई चुनौतियाँ हैं और ऐसी परिस्थितियों का एक अन्तहीन सिलसिला है, जिनका सामना हमें करना पड़ रहा है। इन सभी चुनौतियों का केवल एक ही समाधान है—और वह है नेकी। नेकी में आस्था और आशा की पूर्ति निहित होती है। ईश्वर का प्रत्येक आशीर्वाद, जिसे ईश्वर अपने नियमों व आज्ञाओं का पालन करने पर अपने बच्चों को प्रदान करता है, अत्यन्त महत्त्व रखता है। यही आशीर्वाद हमें एक नेक इंसान बनाता है और इसी नेकी के बल पर हम ईश्वर के आशीर्वादों को प्राप्त करने के पात्र बन पाते हैं।

ईश्वर परोपकारी है और उसकी इसी कृपा से ही हमें पश्चात्ताप का सिद्धान्त मिला है, यानि एक अवसर। जब कभी हम ईश्वर के नियमों व उसकी आज्ञाओं का उल्लंघन करते हैं, तो हमारे सामने पश्चात्ताप का एक विकल्प खुला होता है। यदि हम इस अद्भुत नियम पर अमल करते हैं तो ईश्वर हमें हमारी अवज्ञाओं के लिए

क्षमा कर देता है और हम पहले से कहीं ज़्यादा नेक बन जाते हैं। इस प्रकार पश्चात्ताप हमें नेकी के मार्ग पर ले जाता है। दरअसल, नैतिकता के सम्बन्ध में जो चुनौतियाँ हमारे सामने आती हैं, उनका समाधान पश्चात्ताप में छिपा होता है, जिसकी परिणति होती है नेकी में। विश्व के सभी धर्म हमें इस बुनियादी सत्य की शिक्षा देते हैं।

नेकी के साथ जीवन जीने की कोशिश में बहुत आनन्द और सुख है। सरल शब्दों में कहें तो अपने बच्चों के लिए ईश्वर का यही यत्न होता है कि वे इस धरती पर आएँ और ईश्वर के नियमों का पालन करते हुए जीवन जीना सीखने के लिए जो कुछ कर सकते हैं वह सब करें। इससे आन्तरिक शान्ति व सुख मिलता है, यह जान कर कि हम जो कर सकते हैं, वह करने से हमारे द्वारा ईश्वर की इच्छा पूरी होगी। इस प्रकार हमारी ओर से ईश्वर का यह प्रयास पूर्ण हो जाता है। कोई भी एहसास आपकी आत्मा को इतना आनन्द और इतनी ख़ुशी नहीं दे सकता जितना यह एहसास कि नेकी के साथ जीने के लिए आप जितना कुछ कर सकते हैं, वह कर रहे हैं।

एक ऐसी दुनिया में, जहाँ स्थापित मूल्यों की अवहेलना, भ्रष्टाचार और आतंकवाद पुरुषों व महिलाओं में डर पैदा कर देते हैं, वहाँ हम अपने बचाव और अपनी सुरक्षा के लिए कहाँ जा सकते हैं, क्या कर सकते हैं? नेकी के अलावा और कहीं बचाव व सुरक्षा नहीं है। इनसे डर कर छिपने का कोई स्थान नहीं है। ऐसी कोई दीवार नहीं है, जो विरोधियों और विरोध में किए गए उनके कार्यों को बाहर रख सके। नेकी को छोड़ कर, कोई भी अन्य चीज़ अनिश्चित व अज्ञात से आपकी रक्षा नहीं कर सकती। जब हम यह समझ लेंगे कि सही और नेक कर्म करने से ही हम ईश्वर की संरचना के सही नियम के मुताबिक चल रहे हैं तभी हमारे मन में डर की जगह शान्ति का वास होगा क्योंकि सही और नेक काम करने से ही हम ईश्वर से अपने को जोड़ते हैं।

किसी गलत काम को करने का कोई सही तरीका नहीं होता। नेकी न केवल

अन्य सभी तरीकों से बेहतर है, बल्कि यही एकमात्र तरीका है। नेकी में इतनी शक्ति है कि वह हमें आनन्द और सुख देती है, और ऐसी सुरक्षा दे सकती है जिसकी मनुष्य जीवन भर इच्छा करता रहा है और उसे पीढ़ी दर पीढ़ी तलाशता रहा है। यह वास्तव में बहुत सीधा-सादा सा समाधान प्रतीत होता है, लेकिन सच्चाई यह है कि इसे पाना बहुत कठिन है क्योंकि शैतान इस धरती पर हर जगह मौजूद है और वह लोगों को हमेशा धोखा देता रहता है। नेकी के रास्ते का विरोध होता है। लेकिन सच यही है कि इस दुनिया में सही और गलत, दोनों का वजूद है। और हमारे किए हर काम के नैतिक परिणाम निश्चित रूप से सामने आते हैं।

नवीन जीव-विज्ञान विषय पर अपनी अभूतपूर्व पुस्तक, *द बायोलॉजी ऑफ बिलीफ,* में ब्रूस लिप्टन ने विस्तार से समझाया है कि विशाल स्तनधारी जीवों के मनुष्य के रूप में परिवर्तित होने की विकास प्रक्रिया में 'आत्म-चेतना' नाम की एक नई चेतना का जन्म हुआ। हालाँकि हमारा अवचेतन मन अपना रास्ता ख़ुद ही तलाशता है, लेकिन हमारी चेतना हमारे अपने ही नियन्त्रण में रहती है। अवचेतन मन बहुत ही शक्तिशाली सूचना संसाधक, यानी 'इन्फॉर्मेशन प्रोसेसर' है। यह अपने आसपास की दुनिया तथा शरीर की आन्तरिक चेतना दोनों पर गौर करता है। चैतन्य मन के साथ ताल-मेल बिठाता है। यह सब चैतन्य मन की मदद, देखरेख और यहाँ तक कि उसकी जानकारी के बिना कर लेता है। ज़रूरत है तो केवल अपने अवचेतन मन को मजबूत बनाने, उसके संपर्क में रहने और उसका अनुसरण करने की। प्रार्थना के ज़रिये ऐसा किया जा सकता है। आधुनिक परिचर्या के क्षेत्र की अग्रदूत फ्लोरेंस नाइटिंगेल ने लिखा है, 'अक्सर जब लोग चेतना विहीन लगते हैं, तब प्रार्थना के बोल उन तक पहुँच जाते हैं।' प्रार्थना में हमें हमारे अवचेतन मन से और अधिक गहराई से जोड़ने की शक्ति होती है और जब हम अवचेतन मन के दिखाए मार्ग का अनुसरण करते हैं, तब हम नेकी की राह पर होते हैं।

भ्रष्टाचार का साम्राज्य

प्र. सर, क्या आज भ्रष्टाचार भारत की सबसे बड़ी समस्या नहीं है, क्योंकि यह देश को कमज़ोर कर रहा है? महात्मा गाँधी जैसे नेताओं ने देश की स्वतन्त्रता के लिए अपना जीवन बलिदान कर दिया था किन्तु आज कई लोग अपनी ताकत का दुरुपयोग कर रहे हैं, जबकि आम व्यक्ति को अपने दैनिक कार्यों में भी भ्रष्टाचार का सामना करना पड़ रहा है। ऐसा लगता है कि भ्रष्टाचार ने नौकरशाही को बाहों में जकड़ लिया है, और हरेक स्तर के सरकारी अधिकारी ऐसी बड़ी कम्पनियों से अपने लिए कृपाभाव की आस लगाए रहते हैं, जो लाइसेंस प्राप्त करने और अपने प्रस्तावों के सम्बन्ध में अधिकारिक मंज़ूरी प्राप्त करने में किसी प्रकार की देरी होने से बचना चाहते हैं। जब कोई छोटा सा नौकरशाह, दूसरे राज्य में रह रहे अपने परिवार से मिलने जाने के लिए किसी से अपने लिए एक कार की व्यवस्था करने को कहता है, तो इसे व्यवसाय करने की अनुमति की कीमत के रूप में स्वीकार किया जाता है। लेकिन ऐसी किसी माँग को अमरीका में एक अनुचित हरकत के रूप में देखा जाएगा और उस प्रस्ताव को तुरन्त अस्वीकृत कर दिया जाएगा। भारतीय संसद में भ्रष्टाचार विरोधी आठ विधेयक अभी लम्बित पड़े हैं, लेकिन भारतीय संसद इन विधेयकों को पास करने के सिलसिले में सदस्यों के वैचारिक मतभेदों के कारण एकमत नहीं

हो पा रही है। क्या अपने काम को आगे बढ़ाने के लिए रिश्वत देने जैसा नैतिक पतन का रास्ता अपनाना वह कीमत है जो एक उद्यमी को चुकानी ही चाहिए?

भ्रष्टाचार की अपनी कई वजह हैं जिनका अच्छी तरह से अध्ययन किया जाना चाहिए और उस आधार को ही ख़त्म कर देना चाहिए जिस पर भ्रष्टाचार टिका होता है। भ्रष्टाचार का जन्म इस भावना से होता है कि 'आप मुझे क्या दे सकते हैं?' इस सोच को उचित शिक्षा और पारिवारिक परम्परा के ज़रिये 'मैं आपको क्या दे सकता हूँ?' में बदल दिया जाना चाहिए।
—ए पी जे अब्दुल कलाम

मैं आपकी इस बात से पूरी तरह सहमत हूँ कि जिस देश में महात्मा गाँधी, सरदार पटेल, लाल बहादुर शास्त्री और कामराज जैसी विभूतियों ने जन्म लिया और जीवन मूल्यों पर आधारित जीवन जिया, उसी देश को अब बड़े पैमाने पर भ्रष्टाचार की समस्या का सामना करना पड़ रहा है। आजकल भ्रष्टाचार जैसी बुराई को हर तरफ देखा जा सकता है, वह हर जगह मौजूद है। जब हम सार्वजनिक जीवन में भ्रष्टाचार की बात करते हैं तो हम दरअसल राजनीति, राज्य सरकारों, केन्द्रीय सरकार, व्यापार व उद्योग में व्याप्त भ्रष्टाचार की बात करते हैं। अधिकांश सरकारी कार्यालयों में जनता से जुड़े कार्यों के काउंटरों पर सबसे ज्यादा भ्रष्टाचार दिखाई देता है। यदि कोई व्यक्ति किसी कार्य के लिए घूस नहीं देता, तो निश्चित है कि उसका कार्य किसी कीमत पर नहीं होगा।

लोगों के अन्दर पैसे की कभी न ख़त्म होने वाली एक भूख पैदा हो चुकी है और इस भूख को मिटाने के लिए वे किसी भी स्तर पर जाने को तैयार हैं। इसमें कोई संदेह नहीं कि सैद्धान्तिक रूप से वे नैतिकता और मूल्यों पर आधारित जीवन के महत्त्व की बात करते हैं, लेकिन यह वास्तव में उनका एक दिखावटी रूप है। उनके अन्दर की आवाज़ कुछ और ही कहती है। हमेशा पैसे के लिए हाय-तौबा मची रहती है। अक्सर यह भी देखने में आया है कि जिन अधिकारियों को भ्रष्टाचार

के मामलों को देखने के लिए नियुक्त किया जाता है, वे स्वयं ही भ्रष्टाचार में लिप्त हो जाते हैं। हमारे नेता भी इस मामले में किसी से कम नहीं हैं। इस प्रकार भ्रष्टाचार का यह जाल फैलता चला जाता है और यह बेरोकटोक आगे बढ़ता रहता है।

यदि हम भ्रष्टाचार के कारणों पर नज़र डालें तो इनमें हमारे यहाँ लागू ज़रूरत से ज़्यादा नियम कानून, जटिल कर व लाइसेंसिंग प्रणालियाँ, सरकारी विभागों में पारदर्शितिविहीन नौकरशाही और स्वैच्छिक शक्तियाँ, कुछ चीज़ों व सेवाओं पर सरकार द्वारा नियन्त्रित संस्थानों का एकाधिकार और पारदर्शी कानूनों व प्रक्रियाओं की कमी शामिल है।

सभी जानते हैं कि अपराधियों में किसी प्रकार की नैतिकता नहीं होती, इसलिए उनसे किसी अच्छे काम की अपेक्षा करना व्यर्थ होगा। लेकिन पुलिस को कानून व व्यवस्था का एक प्रतीक माना जाता है, किन्तु उनमें से भी कुछ पुलिस वाले भ्रष्टाचार में लिप्त पाए जाते हैं। इसका कारण यह है कि उन्हें असीमित शक्तियाँ प्रदान की गई हैं और यदि उनके विरुद्ध कोई

शिकायत मिलती है और उनके द्वारा अपने पद का दुरुपयोग करने, नृशंसता बरतने के पर्याप्त प्रमाण होते भी हैं, फिर भी उनके विरुद्ध अक्सर कोई कार्रवाई नहीं की जाती।

भ्रष्टाचार पर आधारित धन अर्जित करने और सम्पत्ति के वितरण की व्यवस्था ऐसी किसी कोशिश को बढ़ावा नहीं देती जिससे सचमुच धन-दौलत पैदा की जा सके। इसके बजाय घूसखोरी और दूसरे तरीकों से उन भ्रष्ट लोगों को प्रभावित करने में सारी ताकत झोंक दी जाती है जिनके हाथ में फ़ैसले लेने का अधिकार होता है। इससे न सिर्फ़ सम्पत्ति में व्यक्तिगत निवेश करने के निर्णय पर विपरीत प्रभाव पड़ता है, बल्कि इसका असर इससे भी कहीं ज़्यादा होता है।

भ्रष्टाचार से (सम्भवत: भूमि, खनिज, टेलिकॉम स्पेक्ट्रम या किन्हीं अन्य परिसम्पत्तियों से सम्बन्धित) अधिकारों के अनुचित आवंटन को बढ़ावा मिलता है। ऐसी व्यवस्था में जिन व्यक्तियों को नियुक्त किया जाता है, वे आमतौर पर वही होते हैं जो सबसे ज़्यादा भ्रष्ट और घूस लेने में अत्यधिक सक्षम होते हैं, न कि इसलिए कि वह आवंटित परिसम्पत्तियों का उपयोग करने में सक्षम होते हैं। इस प्रकार संसाधनों का दुरुपयोग होता है और परिणाम जो होना चाहिए उससे कहीं कम होता है और इस प्रकार नुकसान पूरे देश को भुगतना पड़ता है।

भ्रष्टाचार का आधार ज़रूरत भी हो सकता है और लालच भी। बेहतर शासन व्यवस्था से, स्पष्ट नीतियों व प्रक्रियाओं से अपनी परियोजनाओं व व्यवसाय के लिए अनापत्ति और मंज़ूरी लेने व नवीकरण की प्रक्रिया पारदर्शी व सुव्यवस्थित हो जाएगी, जिससे कम से कम भ्रष्टाचार पर नियन्त्रण रखने में सहायता मिल सकती है। बेहतर शासन व्यवस्था से लालच पर आधारित भ्रष्टाचार को भी काबू में किया जा सकता है। इसका कारण यह है कि बेहतर शासन व्यवस्था वाले देश में भ्रष्ट लोगों को बहुत ही कारगर ढंग से व शीघ्र दण्ड दिया जा सकेगा।

> *भ्रष्टाचार में कमी लाकर न केवल देश का विकास सुनिश्चित किया जा सकता है, बल्कि यह निरन्तर विकास की एक अनिवार्य शर्त से कम नहीं है।*

इस समूची स्थिति में सुधार लाने के लिए तुरन्त प्रभावी कदम उठाए जाने ज़रूरी हैं। सरकारी कर्मचारियों के लिए अपनी सम्पत्ति की घोषणा करना अनिवार्य बनाया जाना चाहिए और भ्रष्टाचार पर नियन्त्रण रखने के लिए नियमित जाँच करने के साथ-साथ नियमित अन्तराल पर निरीक्षण किया जाना चाहिए और छापे मारे जाने चाहिए।

हालाँकि भ्रष्टाचार पर नियन्त्रण पाना बेहद कठिन प्रतीत होता है, लेकिन यह असम्भव नहीं। यह न केवल सरकार की ज़िम्मेदारी है बल्कि हमारा उत्तरदायित्व भी है। कई देशों ने व्यवस्था में हर ओर फैले भ्रष्टाचार को एक ऐसे समाज में बदल

डालने में सफलता पाई है, जहाँ ईमानदारी व मेहनत को बढ़ावा मिलता है।

यदि हम भ्रष्टाचार को जड़ से उखाड़ फेंकना चाहते हैं, तो हमें मिलकर प्रयास करने चाहिए। इसके लिए, हमें कुछ सिद्धान्तों का पालन करना चाहिए जिससे कि हम आने वाली पीढ़ियों के लिए एक आदर्श प्रस्तुत कर सकें। हमें भ्रष्टाचार से पूर्णतः मुक्त वातावरण उत्पन्न करने की प्रतिज्ञा लेनी चाहिए। एक मनुष्य के रूप में यह हमारी सबसे बड़ी उपलब्धि होगी।

भ्रष्टाचार को ख़त्म करने की ताक़त देश के युवा वर्ग के पास है। नौजवान समाज में अच्छी आदतों का पक्ष लेकर परिवर्तन ला सकते हैं। यदि प्रत्येक घर में बच्चे अपने माता-पिता को दूसरों को घूस देने अथवा घूस स्वीकार करने से रोक सकें, तो हमारा समाज शीघ्र ही भ्रष्टाचार से मुक्त समाज बन सकता है। भ्रष्टाचार की शुरुआत सबसे पहले परिवार से ही होती है। इसलिए, समाज को साफ करने के आन्दोलन की शुरुआत भी हमारे परिवार से ही होनी चाहिए। एक अच्छा पारिवारिक वातावरण और हाल ही में संसद में स्वीकृत लोकपाल विधेयक भ्रष्टाचार को जड़ से मिटाने में मददगार साबित होंगे।

संयुक्त परिवार का महत्त्व

प्र. सर, आचार्य महाप्रज्ञ के साथ मिल कर लिखी गई आपकी पुस्तक, *फैमिली एंड नेशन,* मैंने पढ़ी। यह पुस्तक संयुक्त परिवार के महत्त्व को बढ़ावा देती है। सर, मैंने देखा है कि महिलाओं व पुरुषों की भूमिका में आए बदलाव, रोज़गार के बेहतर अवसरों और प्रौद्योगिकी में उत्तरोत्तर विकास के चलते दूर देशों के बीच आवाजाही में बढ़ोत्तरी के साथ संयुक्त परिवार की अवधारणा में गिरावट आ रही है। ऐसा प्रतीत होता है कि बड़े परिवारों में एक-दूसरे पर निर्भरता की जगह लोगों में स्वतन्त्र रूप से अलग रहने और स्वावलम्बी बनने का रवैया ज़ोर पकड़ रहा है।

पहले जो एक ही छत के नीचे इकट्ठे रह कर जीवन बिताने का चलन था, वह साझा मूल्यों के साथ सामंजस्यपूर्ण सह-अस्तित्व के सिवा और कुछ नहीं था, लेकिन आज उसमें 'समायोजन' और 'समझौता' जैसे मुद्दे उठ रहे हैं। मैं एक डॉक्टर हूँ और चिकित्सा क्षेत्र में अपनी सफलता का सारा श्रेय अपने परिवार को देती हूँ। मैं एक दयाभाव के साथ लोकहित में काम करने वाली चिकित्सक बनने का सपना देखती हुई बड़ी हुई हूँ। मेरे व्यावसायिक प्रशिक्षण के दौरान, मेरे परिवार और मेरे ससुराल वाले अपनी मर्ज़ी से मेरे साथ रहे और उन्होंने मेरे बच्चे की देखभाल की, जिससे मैं अपना करियर वैसा बना सकी जैसा बनाना चाहती थी।

एक चिकित्सक के रूप में मैंने देखा है कि संयुक्त परिवार में रहने वाले रोगी पारिवारिक सहयोग विहीन रोगियों के मुकाबले अपने रोग से जूझने, निर्णय लेने की उधेड़बुन और अन्तरविरोध की स्थितियों का सामना बेहतर ढंग से कर पाते हैं। अपनी शादी को टूटने से बचाने के लिए मनोवैज्ञानिकों और चिकित्सकों के पास जाने वाले अधिकांश जोड़े एकल परिवारों से होते हैं। हमारे पास समाधान की तलाश में आने वाले एकल परिवार के लोगों के विपरीत, संयुक्त परिवारों में घर के बड़े-बुजुर्ग उनकी सहायता करने और उन्हें परामर्श देने के लिए मौजूद होते हैं।

सर, केवल आप ही पुरानी पीढ़ी के लोगों को समझा सकते हैं कि वे एकल परिवार में रहने वाले पति-पत्नी की स्वायत्तता का सम्मान करें और उन पर अपने कड़े निर्णय न थोपें, जिनके कारण उनके सम्बन्धों में दरार पैदा हो सकती है। तानाशाही और सलाह देने वाले बड़े-बुजुर्ग की भूमिका दो अलग-अलग बातें हैं और इन दोनों बातों को लेकर किसी प्रकार का भ्रम नहीं होना चाहिए। चिकित्सा क्षेत्र में हो रहे अनुसंधान दर्शाते हैं कि खान-पान, व्यायाम, जीन्स या स्थान के मुकाबले परिवारोन्मुख जीवन शैली से ही एक स्वस्थ जीवन सुनिश्चित हो सकता है। मेरा आपसे निवेदन है कि आप इस सम्बन्ध में एक सामाजिक आंदोलन शुरू करें।

अब तक के समूचे इतिहास में, हरेक संस्कृति में परिवार समाज की सबसे बुनियादी इकाई रहा है। लेकिन आज, कई मायनों में, यह इकाई संकट से घिरी लगती है।

विकसित देशों में बदलती आर्थिक स्थितियों और उपभोग के नये ढाँचों से ऐसे परिवारों की संख्या में बेतहाशा बढ़ोत्तरी हुई है जहाँ पति-पत्नी दोनों काम करते हैं, उनके पास अपने बच्चों की देखभाल करने के लिए और अपने पारिवारिक जीवन के लिए भी समय नहीं होता। समाज में तलाकों की बढ़ती प्रवृत्ति से लोगों में वैवाहिक असुरक्षा की भावना घर करने लगी है। अन्य सामाजिक ताकतों ने बड़े पैमाने पर विस्तृत परिवार, कार्यस्थल, आस-पड़ोस और समाज से मिलने वाली सहायता में भी कमी करने में अपनी भूमिका निभाई है। विकासशील देशों में, ऐसी प्रवृत्तियाँ गरीबी, पर्यावरणीय दुर्दशा, पुरुषों व स्त्रियों के बीच बढ़ती असमानताओं और वैश्विक महामारियों, विशेष रूप से एच.आई.वी./एड्स जैसी बीमारियों के उदय होने से समस्याएँ बहुत जटिल हो गई हैं।

अपनी पुस्तक में, आचार्य महाप्रज्ञजी ने और मैंने परिवार को एक राष्ट्र की बुनियाद के रूप में और व्यक्ति को एक कर्त्ता और विकास के लाभार्थी के रूप में पेश किया है। हमने पुस्तक में सशक्तिकरण, भागीदारी और किसी काम में सभी लोगों को सम्मिलित करने पर ज़ोर दिया है। परिवार समाज की एक बुनियादी इकाई है, और इसकी मजबूती अभिन्न है और समूचे विकास का केन्द्र है।

मजबूत परिवार सामाजिक व आर्थिक विकास में सुधार लाने के लिए किए गए समग्र प्रयास के केन्द्र में होता है। यह स्थाई समुदायों की उत्पत्ति करता है और वैश्विक समृद्धि में बढ़ोत्तरी करता है। किसी व्यक्ति के लिए निश्चित रूप से, मजबूत परिवार होने के कई लाभ हैं। एक परिवार इसके सदस्यों के लिए प्रत्येक स्थिति में सबसे बड़ा सहारा होता है और कठिन समय में उनके लिए एक सुरक्षा कवच का कार्य करता है। मजबूत परिवारों में लोग अपेक्षाकृत स्वस्थ व प्रसन्न रहते हैं और वे बेहतर ढंग से आपस में सामंजस्य बिठा लेते हैं।

सामाजिक विकास के संदर्भ में देखें, तो समूची सभ्यता की सामान्य व समग्र उन्नति में परिवार का महत्त्व सबसे अधिक है। क्योंकि यह परिवार ही होता है जिसमें नैतिकता के बुनियादी मूल्य जन्म लेते हैं। यह परिवार ही है जिसमें सीखने की क्षमता, आत्मविश्वास और सकारात्मक सामाजिक संवाद की आवश्यक क्षमताएँ प्राप्त होती हैं। और यह एक मजबूत परिवार का आधार ही होता है कि जिससे व्यक्ति समग्र रूप से समाज को अपना योगदान देने में सक्षम हो पाते हैं।

ऐतिहासिक रूप से, धर्म पारिवारिक सामंजस्य के सबसे महत्त्वपूर्ण कारकों में एक है। विवाह, तलाक, बच्चों के पालन-पोषण और उनमें डाले जाने वाले मूल्यों से सम्बन्धित सभी कानून पारम्परिक रूप से धर्म से ही बनते हैं। किन्तु, आज धर्म व परिवार के मध्य का सम्बन्ध संकट में है। सबसे पहले तो, अब परिवार के लिए पारम्परिक पुरुष-सत्तात्मक ढाँचे पर लोगों का विश्वास नहीं रहा और यह उचित भी है कि महिलाओं के उत्पीड़न, बच्चों के पालन-पोषण की कड़ी प्रथाओं और पुरुष शक्ति को बचा कर रखने के पारिवारिक जीवन के इस ढाँचे को अनुचित व अन्यायपूर्ण माना जाता है।

कई पश्चिमी देशों में, पुरुष सत्तात्मक व अधिकारवादी ढाँचे की असफलता ने एक विकल्प को बढ़ावा दिया है। अपने स्वरूप में अधिक उदार और धर्मनिरपेक्ष इस विकल्प ने महिलाओं को पारिवारिक निर्णयों में एक समान भूमिका निभाने का अवसर प्रदान किया है, और यह उचित भी है। लेकिन, इसके साथ-साथ, इस ढाँचे ने बच्चों के लालन-पालन में एक प्रकार की स्वतन्त्रता के दरवाज़े खोल कर, धार्मिक शिक्षाओं द्वारा प्रस्तुत की जाने वाली नैतिकता की मजबूत

परिवार का महत्व

परिवार में ही आधारभूत मूल्यों और नैतिकता के बीज पड़ते हैं

परिवार में ही सीखने की क्षमता, आत्मविश्वास और सकारात्मक सामाजिक मेलजोल के गुण मिलते हैं

सुदृढ़ परिवार का आधार पाकर ही लोग समाज को बेहतर योगदान दे पाते हैं

भावना को ख़ारिज कर दिया है। बच्चों के लालन-पालन में इस स्वतन्त्रता से अक्सर बच्चों में आत्म सन्तुष्टि के अलावा जीवन-मूल्यों अथवा नैतिक निर्णय की कोई भी मजबूत भावना पनप ही नहीं पाती।

ऐसे मूल्यों पर एक सफल विश्व का निर्माण करने की कल्पना करना भी

कठिन है। तो फिर आख़िर इसका विकल्प क्या है? अभी आपने मुझे एक सामाजिक आन्दोलन की पहल करने की सलाह दी है। मैं वास्तव में नहीं जानता कि मैं ऐसा कर पाऊँगा या नहीं, लेकिन एक बात तो मैं निश्चित रूप से कह सकता हूँ कि मैं पति-पत्नी के सम्बन्धों में और इसके साथ-साथ अभिभावकों और बच्चों के बीच उनके अधिकारों व ज़िम्मेदारियों के सम्बन्ध में आपसी समझ को रेखांकित करके, उनमें समानता और भावनात्मक पारस्परिकता को अवश्य स्थापित करने की कोशिश करूँगा।

और हमें यह भी महसूस करना होगा कि आज के समय में संयुक्त परिवार की परिभाषा लगातार बदल रही है क्योंकि आज एक संयुक्त परिवार के सदस्यों में मित्रों व पड़ोसियों को भी सम्मिलित किया जा सकता है क्योंकि वे मोबाइल फोन व अन्य इलैक्ट्रॉनिक उपकरणों की सहायता से आपस में जुड़े होते हैं। ऐसी स्थिति में एक संयुक्त परिवार प्रणाली में निश्चित रूप से यह स्वाभाविक क्षमता होती है कि वे कभी भी, किसी भी प्रकार की समस्या उत्पन्न होने पर उसका समाधान निकाल सकें, जबकि न्यूक्लियर परिवारों में, जहाँ समस्याओं का समाधान खोजने का तन्त्र नदारद होता है, समस्याएँ बहुत गम्भीर बन जाती हैं। इसलिए, मेरे विचार में संयुक्त परिवार प्रणाली, विशेष रूप से भारत के संदर्भ में, बहुत अनुकूल है।

गुणों की मल्लिका

प्र. सर, मैंने कहीं यह पढ़ा कि आप अपने शिक्षक, श्रद्धेय फ़ादर चिन्नादुरई से प्रति वर्ष मिलने जाते हैं, जिन्होंने आप को 1950 और 1954 के बीच, तिरुचिरापल्ली के सेंट जोज़फ'स कॉलेज में भौतिक विज्ञान की शिक्षा दी थी। एक छात्र के रूप में, आपके मन में अपने शिक्षक के लिए जो कृतज्ञता की गहरी भावना है, उसे व्यक्त करने के लिए मेरे पास शब्द नहीं हैं, और इस बारे में सोचकर मेरी आँखें भर आईं।

दुर्भाग्य से, आज कृतज्ञता के इस भाव की बेहद कमी दिखाई देती है। दो जगह इस भाव की कमी हमें बुरी तरह खलती है, एक तो घर पर और दूसरे वहाँ जहाँ हम काम करते हैं। मेरे पति अपने मन में यह मान कर चलते हैं कि मुझे मालूम है कि वह मेरे काम को सराहते हैं, और इसलिए वह मेरे किए कामों के लिए मेरी तारीफ़ करने या मुझे धन्यवाद देने की परवाह ही नहीं करते। इसी प्रकार, मेरे दोनों बच्चे भी यह सोचते हैं कि दिन-रात उनकी ज़रूरतों और माँगों के मुताबिक काम करना मेरा कर्तव्य है, इसलिए मुझे अपने कर्तव्य निभाने के लिए धन्यवाद की ज़रूरत क्यों होनी चाहिए? यही हाल वहाँ है जहाँ मैं काम करती हूँ। मैं अपने काम को और बेहतर ढंग से करने की कितनी भी बढ़-चढ़ कर कोशिश करूँ, फिर भी मेरे प्रबन्धक बमुश्किल ही कभी मुझे धन्यवाद देते हैं।

ज़ाहिर है, कि काम की अहमियत को सही तरह से न आँके जाने और उसके लिए सराहना न किए जाने से मुझे बहुत ठेस पहुँचती रही है और इससे मेरे अन्दर एक गुस्सा भर गया है। लेकिन जब आपने बताया कि कृतज्ञता किसी के शुक्रगुज़ार होने से कहीं बढ़कर है, तो मेरी समझ में आया कि हम किस प्रकार अपने भीतर का सर्वश्रेष्ठ प्रस्तुत करके और उसके फलस्वरूप, दूसरों का सर्वश्रेष्ठ पाकर एक-दूसरे को कृतज्ञता का मूल्य समझा सकते हैं।

अब मैं आपसे यह जानना चाहती हूँ कि जब हम अपने प्रयासों से अन्य लोगों में कृतज्ञता का भाव जगा नहीं पाते, तो उस स्थिति में हमें क्या करना चाहिए ?

कृतज्ञता हमें हमसे बाहर ले आती है, जहाँ हम ख़ुद को कहीं बड़े और जटिल इंटरनेट के एक हिस्से के रूप में देख पाते हैं।

—रॉबर्ट एमन्स

मैं आपकी इस बात से पूरी तरह सहमत हूँ कि इन दिनों कृतज्ञता नैतिक व्यवहार का हिस्सा नहीं रह गई है और इस कारण सामूहिक रूप से हम बहुत दुर्भाग्यपूर्ण स्थिति में पहुँच गए हैं। जब रोमन दार्शनिक सिसरो (106 ईसा पूर्व-43 ईसा पूर्व) ने यह कहा था कि कृतज्ञता सभी गुणों की देवी है, तो निश्चित रूप से उनके कहने का अर्थ यह कदापि नहीं था कि कृतज्ञता अपने निजी सुख की ओर किया गया एक प्रयास है। कृतज्ञता नैतिक रूप से एक जटिल प्रवृत्ति है और इस गुण को अपना 'मूड' सुधारने के लिए या 'ख़ुश होने' की भावना को महसूस करने के लिए एक तकनीक या एक रणनीति में परिवर्तित कर देना अन्याय होगा। इसी तरह, कृतज्ञता को केवल एक आन्तरिक भावना तक सीमित कर देना भी उचित नहीं होगा।

विचारों के इतिहास में, कृतज्ञता को एक क्रिया माना जाता है। उदाहरणार्थ, किसी की कृपा का उत्तर देना न केवल अपने आप में एक सद्गुण है, अपितु यह समाज के लिए भी बहुमूल्य है। किसी को प्रत्युत्तर देना एक अच्छी चीज़ है। रोमन

दार्शनिक मार्क्स ट्यूलियस सिसरो ने कहा था, 'दयालुता के बदले में दयालुता दिखाना आवश्यक है।' और रोमन वक्ता और लेखक, सेनेका (54 ईसा पूर्व-39 ईस्वी) का कहना था, 'जो व्यक्ति कोई लाभ प्राप्त करते हुए आभार जताता है, तो वह वास्तव में अपने ऋण की पहली किश्त का भुगतान करता है।' समय के साथ-साथ, कृतघ्नता को एक गम्भीर अवगुण के रूप में देखा जाने लगा। वास्तव में कृतज्ञता जितना बड़ा गुण है, कृतघ्नता

उससे कहीं ज्यादा बड़ा अवगुण है। जर्मन दार्शनिक इमैनुअल कैन्ट (1724-1804) ने लिखा था कि कृतघ्नता 'दुष्टता का मूल' है। स्कॉटिश दार्शनिक डेविड ह्यूम का विचार था कि कृतघ्नता 'किसी व्यक्ति द्वारा किया जाने वाला सबसे जघन्य और अप्राकृतिक अपराध है।'

कृतज्ञता ख़ुशी के लिए अत्यंत महत्त्व रखती है क्योंकि यह ख़ुशी प्रदान करती है। ब्रूस लिप्टन ने अपनी पुस्तक, *बॉयोलॉजी ऑफ बिलीफ़* में कृतज्ञता और ख़ुशी के बीच के सम्बन्ध को दर्शाया है। उन्होंने प्रमाणों के आधार पर लिखा कि बचपन से लेकर बुढ़ापे तक, मनोवैज्ञानिक, शारीरिक और सम्बन्धपरक लाभों की व्यापक श्रृंखला का सम्बन्ध कृतज्ञता से होता है। कृतज्ञता न केवल इसलिए महत्त्वपूर्ण है क्योंकि इसकी वजह से लोग अच्छा महसूस करते हैं, बल्कि इससे उन्हें अच्छे काम करने की प्रेरणा भी मिलती है। कृतज्ञता इंसान को स्वस्थ करती है, उसे ऊर्जा प्रदान करती है और कई मायनों में इस धारणा के साथ लोगों के जीवन को बदल कर रख देती है कि सद्गुण अपने आप में एक पुरस्कार है और इससे अन्य पुरस्कार भी पैदा होते हैं।

मेरा अनुभव तो यह कहता है कि किसी व्यक्ति के स्वभाव का अंग बन चुकी कृतज्ञता का सम्बन्ध सकारात्मक गुणों जैसे सहानुभूति, क्षमा और दूसरों की मदद

करने की इच्छ से है। उदाहरण के लिए, जिन लोगों के स्वभाव में कृतज्ञता है, वे अपने कार्यस्थल पर सौहार्दपूर्ण व्यवहार प्रदर्शित करते हैं और अपने मित्रों को भावनात्मक सहारा देते हैं। इस विषय पर कई अध्ययन किए गए हैं और यह पाया गया है कि जो लोग कृतज्ञता प्रकट करते हैं, उन्हें ज्यादा मददगार, ज्यादा मिलनसार, ज्यादा उम्मीदों से भरा माना जाता है।

मोटे तौर पर, कृतज्ञता एक ऐसा धागा है, जो सारे समाज को एक सूत्र में बाँधे रखता है। कोई व्यक्ति कृतज्ञता के बिना मानव सम्बन्धों की केवल कल्पना ही कर सकता है। समाज तभी फलता-फूलता है, जब कृतज्ञता को इसकी नैतिक पूंजी के मूलभूत घटक के तौर पर लिया जाता है। मेरे विचार में, कृतज्ञता सम्बन्धों में बिगाड़ पैदा होने से बचाने वाली एक सुरक्षा-दीवार है। मित्रता व शिष्टता में भी इसका सकारात्मक योगदान रहता है। कृतज्ञता ज़हर भरी भावनाओं को कम करती है और समाज विरोधी आवेगों और एक-दूसरे को नुकसान पहुँचाने वाले बर्ताव को रोकती है।

कृतज्ञता की भावना न होने से मानवीय सम्बन्धों का निरन्तर ह्रास हो रहा है और यह हमारी संस्कृति के भीतर एक महामारी का रूप ले रही है, जहाँ हम अपने कर्तव्यों व दायित्वों की तुलना में अपनी पात्रता और अधिकारों को अधिक महत्त्व दे रहे हैं।

कृतज्ञता के लिए कठिन प्रयास किए जाने की ज़रूरत होती है। यह भावना इतनी आसानी से अथवा अपने आप ही नहीं आती और इसीलिए कृतज्ञतापूर्ण होने की सोच और वैसा ही व्यवहार अक्सर सैद्धान्तिक अवधारणाएँ बनकर रह जाती हैं। इन सैद्धान्तिक अवधारणाओं को व्यावहारिक अमल में लाने के लिए पूरी इच्छा-शक्ति और सोच-विचार के साथ की गई कोशिश की ज़रूरत होती है। ऐसे सामाजिक टीकाकारों की संख्या बढ़ती जा रही है जिनका मानना है कि आधुनिक युग में लोगों में कृतज्ञता जैसे गुण की लगातार कमी होती जा रही है और इतिहास को देखें तो शायद पहले के दौर के मुकाबले अब हम कृतज्ञता के भाव से दूर होते जा रहे हैं।

आज मानवीय सम्बन्धों में कृतज्ञता की भावना का निरन्तर ह्रास हो रहा है और यह बात हमारी संस्कृति के भीतर एक महामारी का रूप ले रही है, जहाँ हम अपने कर्तव्यों व दायित्वों की तुलना में अपनी पात्रता और अधिकारों को प्राथमिकता दे रहे हैं। ऐसी स्थिति में तो आश्चर्य नहीं होना चाहिए कि यदि आज माता-पिता के मन में अपने बच्चों के लिए सबसे बड़ा डर है हताशा और असन्तोष का, जो बच्चों में तब उत्पन्न होते हैं जब वे समझते हैं कि ज़िन्दगी से उम्मीदें रखने का उन्हें हक़ है, लेकिन वे उम्मीदें पूरी नहीं हो पातीं।

सही मायनों में कृतज्ञता का वास्ता बातों को याद रखने से है, इसीलिए मेरे लिए जब भी सम्भव होता है, मैं श्रद्धेय फ़ादर लैडिसलॉस चिन्नादुरई से मिलने के लिए चला जाता हूँ। यदि वर्तमान जीवन में कृतज्ञता का कोई संकट है, तो वह केवल इसीलिए है क्योंकि आज हम सामूहिक रूप से चीज़ों को भूल गए हैं। हम अपने जीवन में जिस स्वतन्त्रता का आनन्द उठा रहे हैं, उसके प्रति हमारे अन्दर कृतज्ञता की भावना समाप्त हो चुकी है, जिन महान हस्तियों ने देश के स्वतन्त्रता संग्राम में अपने जीवन की आहुति दे दी, हमारे भीतर उनके प्रति भी कृतज्ञता का अभाव है। आज हम जितनी भी चीज़ों से भौतिक लाभ प्राप्त कर रहे हैं, उन सबके लिए हमारे हृदय में कृतज्ञता जैसी कोई भावना नहीं है। जबकि दूसरी ओर, कृतज्ञ व्यक्तियों ने अपने मन में दूसरों द्वारा उन पर दर्शायी गई दया की सकारात्मक स्मृतियाँ संजो रखी हैं, यह एक ऐसा उपहार है, जो न तो अर्जित किया गया है और न ही जिसके वे पात्र हैं। कृतज्ञता मन में संजो कर रखी इन स्मृतियों से ज़्यादा, हृदय में संजोई गई स्मृतियाँ हैं—एक ऐसा तरीका जिसे हृदय

याद रखता है। हृदय में संजोई स्मृति में उनकी स्मृति भी शामिल है, जिन पर हम निर्भर हैं, क्योंकि हम अपनी अनिच्छा के कारण अथवा दूसरों द्वारा हमें प्रदान किए गए लाभों को याद न रख पाने के कारण इस निर्भरता को भूल गए हैं।

हम इस दुनिया में एक विशिष्ट प्राणी के रूप में आए हैं, जिसे कल्पना करने की शक्ति प्रदान की गई है। हरेक इंसान से यह उम्मीद की जाती है कि वह इस ब्रह्मांड के सभी जीवों की एकात्मकता को समझे। संसार की प्रत्येक वस्तु एक-दूसरे से जुड़ी हुई है और एक-दूसरे को सम्बल प्रदान करती है। इस बात को महसूस किए बिना जीवन सार्थक हो ही नहीं सकता। हम सभी प्राणी जिस मार्ग पर चल रहे हैं, वह विकास का मार्ग है अर्थात् हम प्रतिदिन एक बेहतर इंसान बन रहे हैं। इसलिए, आप अपनी ओर से जितना कुछ दे सकते हैं, वह देना जारी रखें क्योंकि आगे केवल यही मार्ग है। अच्छे कार्यों के लिए अपना समय दें और जो लोग दुर्भाग्यपूर्ण स्थितियों के शिकंजे में जकड़े हुए हैं, उनकी मदद करें और अगर और कुछ भी नहीं है, तो अपने आसपास उनकी उपस्थिति को सम्मान दें, उन्हें अनदेखा करने की कोशिश न करें। शीघ्र ही आप महसूस करेंगे कि यदि आपके प्रयासों से अन्य लोगों में बदले में आपके प्रति कृतज्ञतापूर्ण भाव नहीं पैदा होगा, तो यह वास्तव में उनकी असफलता है और आप केवल उनकी परीक्षा लेने के एक माध्यम के रूप में कार्य कर रहे हैं।

भला है देना

प्र. सर, मैंने आपका 'मैं क्या दे सकता हूँ'; व्याख्यान पढ़ा। आपका व्याख्यान उच्च आदर्शों से भरा था और प्रेरणा देने वाला है। यदि आपके व्याख्यान में दिए गए आदर्शों को हम सब अपने जीवन में उतार लें तो वह बहुत बढ़िया होगा। पर मैं आपके सुझावों पर अमल करने में आने वाली व्यावहारिक दिक्कतों को आपके साथ साझा करना चाहता हूँ। आज की युवा पीढ़ी के लिए सब कुछ पूरी तरह से काला या पूरी तरह से सफ़ेद, यानी बिलकुल स्पष्ट नहीं, बल्कि अस्पष्ट है, धुंधला है। व्यावहारिकता पर ज़्यादा ज़ोर है न कि आदर्शों पर। सारा ज़ोर हासिल करने पर है, न कि देने पर। हम अपने चारों ओर लोगों को समाज से जो कुछ वह ले सकते हैं, 'लेते' देखते हैं। चाहे वह सड़क बनाने वाला ठेकेदार हो या राष्ट्रीय स्तर की एक बड़ी परियोजना में बड़ी भागीदारी हासिल करने वाला, इनका ज़ोर इसी बात पर रहता है कि परियोजना में कैसे कम से कम लागत आए, चाहे इसके लिए घटिया दर्जे का या कम कच्चा माल इस्तेमाल किया जाए। और उसके परिणामस्वरूप भले ही लाखों लोगों की जान पर बन आए इसकी उन्हें कतई चिन्ता नहीं रहती। उनका सारा ज़ोर इस बात पर रहता है कि कैसे वह कीमत में कटौती करके अपना मुनाफ़ा बढ़ा लें।

सर, मुझे यह बताएँ कि ऐसे स्वार्थी और लालच से भरे लोगों

के साथ रहते हुए जिनका रुझान ही इस ओर है कि जो मिले उसे ले लिया जाए, तो मैं हर समय 'देने' की कैसे सोच सकता हूँ ?

हालाँकि देना एक कठिन चुनौती है, लेकिन तरक्की का यही एक तरीका है। दो, ताकि तुम बढ़ सको।
—ए पी जे अब्दुल कलाम

मेरे बड़े भाई ए.पी.जे. मुथु मीरा लेबाई मरासयर इस समय ९८ साल के हैं, और रामेश्वरम् में हमारे पैतृक मकान में रहते हैं। हर शुक्रवार वह नोटों की एक छोटी सी गड्डी लेकर जाते हैं, यही कोई एक हज़ार रुपये के क़रीब, और ये रुपये मसजिद के आसपास गरीब लोगों में बाँट देते हैं। गरीब लोग चाहते हैं कि उनके हाथों से उन्हें कुछ रुपये मिल जाएँ, इसलिए नहीं कि उनसे उनकी ज़िन्दगी में कोई बहुत बड़ा फ़र्क पड़ जाएगा, बल्कि इसलिए क्योंकि लोगों को उनके हाथों से लेने में महज़ लेने और देने के ऊपरी काम से कुछ अलग महसूस होता है, कुछ गहरा कुछ गम्भीर।

मनोवैज्ञानिक प्रक्रियाओं का शरीर के तंत्रिका तन्त्र और प्रतिरक्षा तन्त्र पर जो पारस्परिक प्रभाव होता है, उसका अध्ययन साइको–न्यूरो–इम्यूनोलॉजी (Psycho-Neuro Immunology) के तहत किया जाता है। मेरे दोस्त विलियम सेल्वामूर्ति ने इस क्षेत्र में हो रहे ताज़ा शोधकार्य के बारे में मुझे संक्षेप में बताया। ऐसे भरोसेमन्द शोध जिनसे पुष्टि होती है कि देने से न सिर्फ़ लेने वाले को फ़ायदा पहुँचता है, बल्कि इससे देने वाले की सेहत पर अच्छा असर पड़ता है और इससे उसे ख़ुशी मिलती है, जिससे समूचे समुदाय को ताक़त मिलती है। सेल्वामूर्ति कहते हैं कि दान के धन पर चलने वाली संस्थाओं को दान देने से, सर्दियों में बेघर गरीबों को कम्बल दान करने से, या गर्मी के दिनों में आने-जाने वाले राहगीरों और जानवरों को पानी पिलाने या अपनी मर्ज़ी से भलाई के ऐसे ही किसी काम में अपना समय लगाने से भी वैसा ही फ़ायदा होता है। मैं आपको देने के पाँच ठोस कारण बताता हूँ, और साथ में उनसे होने वाले लाभ भी।

सबसे पहला और सबसे बड़ा कारण तो, यह है कि दे कर हम अच्छा महसूस

करते हैं। यह अच्छा एहसास हमारे शरीर पर अच्छा असर डालता है, जो दिखाई देता है। जब लोग किसी धर्मार्थ संस्था को दान देते हैं, तो उनके दिमाग का वह हिस्सा सक्रिय हो जाता है जो आनन्द, सामाजिक सम्पर्क और भरोसे से सम्बधित है जिससे 'तेज़पूर्ण आभा' पैदा होती है। वैज्ञानिकों का मानना है कि परोपकार भरे व्यवहार से मस्तिष्क में 'एंडॉर्फ़िन' (endorphin) नाम के रसायनों का स्राव होता है जिससे अच्छा एहसास होता है। 18 दिसम्बर 2005 को मैं केरल के कोल्लम जिले में माता अमृतानन्दमयी मठ गया, जहाँ अम्मा की मौजूदगी में मैंने सुनामी पीड़ित नागरिकों के लिए बने पाँच सौ नए मकान उन्हें सौंपने के लिए आयोजित कार्यक्रम में हिस्सा लिया। अम्मा के चेहरे पर तेज़पूर्ण आभामंडल साफ़ दिखाई दे रहा था।

दूसरे, देना हमारी सेहत के लिए अच्छा है। कई तरह के अध्ययनों के नतीजों से यह बात सामने आई है कि तमाम किस्म की उदारता का सेहत पर, यहाँ तक कि बीमार और बुजुर्ग लोगों पर भी अच्छा असर होता है। अपनी किताब, *वाय डू गुड थिंग्ज़ हैप्पेन टू गुड पीपल,* में स्टीफ़ेन पोस्ट ने लिखा है कि दूसरों को कुछ देने से लम्बी बीमारियों से जूझ रहे लोगों की सेहत पर भी अच्छा असर पड़ता है। जिन बुजुर्ग लोगों ने बिना किसी पारिश्रमिक के स्वेच्छा से काम किया, वह ऐसा न करने वालों के मुक़ाबले बेहतर स्वास्थ्य के साथ ज़्यादा लम्बी ज़िन्दगी जीये। देने से शारीरिक स्वास्थ्य में सुधार होने के साथ ज़िन्दगी के ज़्यादा लम्बे होने की सम्भावना बढ़ने की एक वजह यह है कि ऐसा करने से कई तरह की स्वास्थ्यगत समस्याओं की वजह बनने वाला तनाव घट जाता है। उन लोगों को सीधा-सीधा लाभ होता है जो ख़ुद देते हैं। मेरे भाई इसका अच्छा उदाहरण हैं।

तीसरे, देने से आपसी सहयोग और सामाजिक सम्बन्धों की भावना बढ़ती है। जब आप देते हैं, तो आपको भी मिलने की सम्भावना पहले से ज़्यादा बढ़ जाती है। जब आप किसी को देते हैं, तो आपकी उदारता के बदले में देने का यह सिलसिला

कोई दूसरा आगे बढ़ाता है, कभी वह जिसे आपने दिया है, और कभी कोई और। इस लेन-देन से एक दूसरे पर भरोसे और सहयोग की भावना को बढ़ावा मिलता है जिससे दूसरों के साथ हमारे रिश्तों में मजबूती आती है। शोध से भी यही पता चला है कि सकारात्मक सामाजिक आदान-प्रदान अच्छे मानसिक और शारीरिक स्वास्थ्य का मुख्य कारक है। इतना ही नहीं, जब हम किसी को कुछ देते हैं, तो सिर्फ़ वही हमें अपने नज़दीक नहीं पाते हैं, बल्कि हम भी ख़ुद को उनके ज़्यादा क़रीब महसूस करते हैं। दयालु और उदार होने से आप दूसरों को भी ज़्यादा सकारात्मक और भलाई के नज़रिये से देखते हैं और इससे आपके सामाजिक दायरे में एक दूसरे पर निर्भरता और आपसी सहयोग की भावना को बल मिलता है।

चौथे, देने से कृतज्ञता पैदा होती है। आप किसी को कोई उपहार दे रहे हैं, या उपहार आपको मिल रहा है, वह उपहार ख़ुद ही आभार की भावना से भर देता है। उपहार देना कृतज्ञता व्यक्त करने या उपहार पाने वाले में कृतज्ञता के भाव जगाने का तरीका हो सकता है। मैंने ख़ुद महसूस किया है कि कृतज्ञता ख़ुशी, सेहत और सामाजिक बन्धन बाँधने के लिए बेहद ज़रूरी है। 1990 के दशक में डीआरडीओ में मेरे सहकर्मी डॉक्टर हरद्वार सिंह की जान बचाने के लिए जिगर के प्रत्यारोपण की ज़रूरत थी। मैंने सारी शासन-प्रशासन व्यवस्था से लड़-झगड़ कर उन्हें इंग्लैंड भेजने का रास्ता बनाया और उनके जिगर का प्रत्यारोपण हो सका। आज वह स्वस्थ और सानन्द हैं। जब आप अपने मन में जागी कृतज्ञता के भाव को शब्दों के ज़रिये या कुछ कर के व्यक्त करते हैं, तो सिर्फ़ आपके अन्दर ही नहीं, बल्कि दूसरों के अन्दर भी सकारात्मक भाव पैदा होते हैं। रोज़मर्रा की ज़िन्दगी में कृतज्ञता पैदा करना अपनी व्यक्तिगत ख़ुशियों को बढ़ाने की कुंजी है।

और सबसे बढ़कर, देने की भावना हवा में सुगन्ध की तरह फैलती है। जब हम किसी को कुछ देते हैं, हम सिर्फ़ उसका ही भला नहीं कर रहे होते हैं जिसे हम

उपहार दे रहे हैं, बल्कि पानी में कंकड़ गिरने से पैदा होने वाली तरंगों की तरह इसका असर भी सारे समाज में फैलता है। जब एक व्यक्ति उदारता का बर्ताव करता है, तो दूसरों को अन्य लोगों के साथ उदारता का बर्ताव करने की प्रेरणा मिलती है। दरअसल, देने की नीयत तीन तरह से फैलती है, एक व्यक्ति से दूसरे में, और दूसरे से तीसरे में। नतीजतन, एक-दूसरे से आगे बढ़ता यह सिलसिला हरेक व्यक्ति के सम्पर्क में आने वाले दर्जनों और यहाँ तक कि सैकड़ों लोगों तक अपना असर कर सकता है, जिनमें से कई को वे लोग जानते भी नहीं होंगे जिनसे यह सिलसिला शुरू हुआ। सन् 2003 में मैंने जन्मजात दिल की बीमारी के शिकार उन गरीब बच्चों के इलाज के लिए एक फंड शुरू करने के लिए केअर फाउंडेशन को एक छोटी सी रक़म दी, जिनकी जान बचाने के लिए सर्जरी ज़रूरी होती है। आज वह फंड बढ़कर तीन करोड़ का हो गया है और उससे अब तक एक हज़ार से ज़्यादा बच्चों को मदद मिली है।

तो आप चाहे उपहार ख़रीदकर बांटें, कुछ हासिल करने की सोचे बिना अपना समय दें, या किसी धर्मार्थ संस्था को धन दें, यह देना सिर्फ़ कुछ पल अच्छा लगने के एहसास से कहीं ज़्यादा होता है। इससे आप को बेहतर सामाजिक सम्पर्क बनाने में मदद मिल सकती है और आप अपने लोगों के बीच उदारता का एक सिलसिला छेड़ सकते हैं। और अगर इस प्रक्रिया में आपको भी ख़ुशियों की एक बड़ी सी ख़ुराक मिल जाए, तो हैरत में मत पड़ जाइएगा। इसमें कोई शक नहीं कि सच बोलने से, गुस्सा न करने से, और माँगने पर देने से, चाहे वह कितना भी कम क्यों न हो, आप अपनी ज़िन्दगी को पूरी तरह बदल सकते हैं और अपने आसपास वालों को भी फ़ायदा पहुँचा सकते हैं।

कलाविहीन संसार जैसे हवा बिना गुब्बारा

प्र. हमारे कस्बे में माध्यमिक स्कूलों में कला की कक्षाओं की सुविधा उपलब्ध नहीं है। मुझे यह बात बहुत परेशान करने वाली लगती है क्योंकि मुझे मालूम है कि कला आनन्द व सफलता का एक बहुत बड़ा स्रोत हो सकती है, विशेष रूप से उन बच्चों के लिए जिनकी मानसिक व शारीरिक क्षमताएँ दूसरे बच्चों से अलग हैं। मैं अपने बेटे की ही बात करूँ, तो मेरा बेटा पढ़ाई-लिखाई में थोड़ा धीमा है और दूसरों की बातों को जल्दी से नहीं समझ पाता। चूँकि वह अपनी कक्षाओं में अपने आप को ठीक से अभिव्यक्त नहीं कर पाता, इसलिए उसके शिक्षक अक्सर अपना धैर्य खो बैठते हैं और उससे चिढ़ जाते हैं। वह अपनी ऊटपटांग टिप्पणियों, बेसिर-पैर के उत्तरों से और पढ़ाई में ध्यान न लगा पाने के कारण मुश्किल में पड़ जाता है। मैंने अन्ना विश्वविद्यालय में फ़ादर जॉर्ज के साथ किए गए आपके कार्यों के सम्बन्ध में किसी पुस्तक में पढ़ा है जिससे मुझे पता चला कि रचनात्मक कला अभिव्यक्ति का एक ऐसा रूप है, जो मन को सुख व शान्ति प्रदान करता है और इससे हमारे मस्तिष्क की अल्प विकसित कोशिकाओं को फिर से स्वस्थ होने में मदद मिलती है।

सर, कला विविध प्रकार की होती है जैसे चित्रकारी, संगीत,

नाट्यकला, काष्ठकला, मूर्तिकला व फोटोग्राफी इत्यादि, जो मेरे बेटे जैसे तमाम बच्चों की सहायता कर सकती है। हमारे लिए यह बड़े दुःख और शर्म की बात है कि हमारे विद्यालयों में बच्चों के लिए इस प्रकार का कोई भी विकल्प उपलब्ध नहीं है। क्या हम किसी बच्चे में उसकी छिपी हुई ख़ूबी को विकसित करने के लिए अपने विद्यालयों में ऐसी कलाओं का उपयोग नहीं कर सकते या फिर उस बच्चे के मस्तिष्क के औरों से अलग होने की बात को समझने के लिए एक सेतु के रूप में इन कलाओं का सहारा नहीं ले सकते ?

कला के विषयों की व्यापक शिक्षा बच्चों की दुनिया को बेहतर ढंग से समझने में मदद करती है...हमें ऐसे विद्यार्थियों की ज़रूरत है जो गणित और विज्ञान के विषयों के साथ–साथ सांस्कृतिक तौर पर भी सुशिक्षित हों।

दिमागी तौर पर कमज़ोर बच्चों में समाप्त हो चुकी उनकी क्षमताओं व गुणों की भरपाई करने में कलाओं की उपयोगिता का प्रमाण फ़ादर जॉर्ज और मेरे द्वारा किए गए अध्ययनों के ज़रिये अच्छी तरह उजागर हुआ और उससे यह भी पता चला कि ललित कलाओं से जुड़े रहने से पढ़ाई-लिखाई में भी कई तरह से फ़ायदा होता है। कलाएँ हमारे मस्तिष्क में तंत्रिकाओं का विकास करने में भी मददगार साबित होती हैं, जो मांसपेशियों के संचालन कौशल से लेकर रचनात्मक कार्यों तक के फ़ायदों का एक लम्बा सिलसिला पैदा करता है और हमारे अन्दर भावनात्मक सन्तुलन में सुधार लाता है। हमें यह एहसास होना चाहिए कि इन प्रणालियों को दुरुस्त होने में अक्सर महीनों ही नहीं बल्कि बरसों लग जाते हैं। कलाएँ हमारे सीखने की गति को बढ़ाती हैं। वे हमारे जिन संवेदी तन्तुओं, हमारे ध्यान, ज्ञानात्मक, भावनात्मक व संचालन तन्त्र सम्बन्धी प्रणालियों को बल पहुँचाती हैं, वे हमारी सीखने की अन्य सभी प्रक्रियाओं के पीछे कार्य करने वाली प्रमुख शक्तियाँ हैं।

अब आपके इस प्रश्न ने, कि हम उद्देश्यपूर्ण ढंग से बच्चों में छिपी हुई उनकी निजी क्षमताओं का अर्थपूर्ण ढंग से विकास करने में कला का उपयोग क्यों नहीं कर

सकते और उनकी इन क्षमताओं के माध्यम से एक बच्चे के मस्तिष्क की जटिल कल्पनाओं को समझ पाने में एक सेतु के रूप में मदद क्यों नहीं ले सकते, मुझे शिक्षा के वास्तविक उद्देश्य के सम्बन्ध में विचार करने पर मजबूर कर दिया है। मेरे विचार में, शिक्षा के तीन मुख्य प्रयोजन होने चाहिए—छात्रों को नौकरियों के योग्य बनाना, उन्हें देश के ज़िम्मेदार नागरिक बनाना और बच्चों को ऐसे इंसानों के रूप में तैयार करना, जो सौन्दर्य के गूढ़ स्वरूपों का आनन्द ले सकें। तीसरा उद्देश्य अन्य दो उद्देश्यों के समान ही महत्त्वपूर्ण है लेकिन वास्तव में अन्य दो उद्देश्यों की कीमत पर या उनकी उपेक्षा करके ही अक्सर पहले उद्देश्य पर ज़ोर दिया जाता है। इसी के परिणामस्वरूप, छात्रों को नौकरियों के लिए तैयार करने पर ज्यादा महत्त्व दिए जाने से स्कूली पाठ्यक्रमों का झुकाव आमतौर पर भाषा, गणित, वाणिज्य और विज्ञान जैसे मूल विषयों की ओर है। इससे बच्चे के व्यक्तित्व के केवल एक ही पहलू का विकास हो पाता है।

बच्चों की विकास प्रक्रिया को ऊँचा उठाने में सामान्य रचनात्मक गतिविधियाँ और उनके चरित्र निर्माण में विविध कलाएँ एक महत्त्वपूर्ण भूमिका निभाती हैं। नई पीढ़ी के बच्चों के बढ़ने की प्रक्रिया में उनका रचनात्मक क्रियाओं और आँखों से दिखाई देने वाले सांसारिक सौन्दर्य की सराहना करना सीखना कहीं ज्यादा महत्त्वपूर्ण हो सकता है। हालाँकि संगीत और नाटकों के क्षेत्रों में काफ़ी व्यावसायिक उन्नति हुई है, लेकिन ज्यादातर बच्चों के लिए कला के दूसरे क्षेत्रों को अपनाना अब भी आर्थिक दृष्टि से एक व्यावहारिक करियर नहीं हो सकता। लेकिन यह भी सच है कि केवल कला ही हमें अपने अस्तित्व के प्रति चैतन्य बनाती है और हमारे जीवन को एक खूबसूरत व सार्थक आयाम प्रदान करती है।

कला क्षेत्र में शिक्षा लेने का आशय है इतिहास, साहित्य, सामाजिक विज्ञान,

संगीत, नृत्य, नाटक और दृश्य कलाओं जैसे विषयों की शिक्षा लेना। कलाओं का अध्ययन करना वास्तव में हमारे समाज के लिए अत्यंत आवश्यक है। ये कलाएँ हमारी सांस्कृतिक विरासत का अभिन्न अंग हैं। कलाएँ ही हैं जो हमें बेहतर इंसान बनाती हैं, मुकम्मल इंसान बनाती हैं। जैसा कि गणित और विज्ञान के साथ है, कलाएँ भी जब-तब मौक़ा मिलने पर थोड़ा-बहुत जान लेने से नहीं सीखी जा सकती हैं। ललित कलाओं की शिक्षा और उनके अध्ययन को स्कूली पाठ्यक्रमों का एक अनिवार्य हिस्सा और शैक्षिक कार्यक्रमों का एक महत्त्वपूर्ण अंश होना चाहिए।

कलाकृतियाँ बनाते समय ब्रश पकड़ने या क्रेऑन चलाने जैसी हाथों में होने वाली गति छोटे बच्चों में मांसपेशियों के संचालन का कौशल विकसित करने और बढ़ाने के लिए बेहद ज़रूरी हैं। अमरीका के नैशनल इंस्टिट्यूट ऑफ़ हेल्थ के अनुसार, तीन साल की उम्र के आसपास के बच्चों में गोला बनाना और कैंची के इस्तेमाल की शुरुआत उनके विकास के महत्त्वपूर्ण पड़ाव हैं। चार साल के बच्चों को वर्ग यानी चौकोर आकृति बनाना और कैंची से एक सीधी रेखा में काटना आ जाना चाहिए। स्कूली शिक्षा की शुरुआत से पहले वाले स्तर पर अक्सर कैंची इस्तेमाल करने पर काफ़ी ज़ोर दिया जाता है, क्योंकि इससे बच्चों में लिखने की क्षमता विकसित करने के लिए ज़रूरी हाथों को इस्तेमाल करने के कौशल का विकास होता है।

> *कला रचनात्मक सोच की प्रक्रिया और अनुभव को प्रोत्साहित करने का एक तरीका है।*

चित्रकारी, मिट्टी से मूर्तियाँ बनाना और धागे में मोती पिरोना और ऐसी ही दूसरी गतिविधियों से बच्चों में नज़र और दूरी से जुड़ी समझ विकसित होने में मदद मिलती है, जो आज के दौर में मानव मस्तिष्क के विकास में पहले से कहीं ज्यादा महत्त्वपूर्ण बन चुकी है। यह सच कि आज के छोटे-छोटे बच्चों को भी पढ़ना या लिखना बाद में आता है, लेकिन वे स्मार्टफोन या टैबलेट को चलाना पहले जान जाते हैं। इस तथ्य में वह सूत्र छुपे हैं कि बच्चे पढ़ना-लिखना सीखने से पहले देख कर, तस्वीरों, दूसरी चीज़ों, डिजिटल मीडिया या टेलिविज़न से मिली जानकारी को अपना लेते हैं। अभिभावकों को इस बात का पता होना चाहिए कि आज के दौर

में बच्चे पहले के मुक़ाबले, ग्राफ़िक स्रोतों से ज़्यादा कुछ सीखने लगे हैं। बच्चे शब्दों-वाक्यों और संख्याओं से जितना कुछ सीख सकते हैं, उन्हें उससे कहीं ज़्यादा जानने की ज़रूरत होती है। कला की शिक्षा से बच्चों को जानकारी के दृश्य स्वरूप को समझने, उसकी समीक्षा करने और उसमें छिपी सूचनाओं को इस्तेमाल करने और उनके आधार पर निर्णय लेना आता है। दृश्य कलाएँ, जैसे ग्राफ़िक प्रतीक ख़ास तौर से बच्चों को समझदार उपभोक्ता बनाने और प्रतीकों से भरे बाज़ार में अपनी राह बनाने में मदद करती हैं।

> *जब बच्चों को ख़ुद को अभिव्यक्त करने और कला की रचना का जोखिम उठाने के लिए प्रोत्साहित किया जाता है, तो उनमें कुछ नया करने की भावना का विकास होता है, इससे समाज में विचारशील, खोजी और रचनात्मक लोगों की पौध तैयार करने में सहायता मिलती है।*

जब बच्चों को ख़ुद को अभिव्यक्त करने और कला की रचना करने का जोखिम उठाने के लिए प्रोत्साहित किया जाता है, तो उनमें नये-नये विचारों व तकनीकों का विकास होता है, जो उनके भावी जीवन के लिए बहुत महत्त्वपूर्ण है। इससे समाज में ऐसे विचारशील, खोजी और रचनात्मक लोगों की पौध तैयार करने में सहायता मिलती है, जो समाज को आगे ले जाने के लिए ज़रूरी हैं। ऐसे व्यक्ति, जो कि नये-नये तरीकों को तलाश सकें और जड़ हो चुकी व्यवस्था को तोड़ कर नई व्यवस्था की स्थापना कर सकें, न कि ऐसे लोग, जो केवल उनको दिए जाने वाले दिशा-निर्देशों का ही पालन करें। कला रचनात्मक सोच की प्रक्रिया और अनुभव को प्रोत्साहित करने का एक तरीका है।

ऐप्पल कम्प्यूटर्स के संस्थापक स्टीव जॉब्स ने 2011 में आईपैड 2 को बाज़ार में उतारते समय कहा था—'ऐप्पल के डीएनए (DNA) में यह बात निहित है कि टेक्नोलॉजी अपने आप में काफ़ी नहीं है। टेक्नोलॉजी, सामान्य ज्ञान और बौद्धिक कौशल और सामाजिक विषयों के मेल से ही हमें वह नतीजे मिल सकते हैं, जिनसे हमारा दिल ख़ुशी से गुनगुना उठे।'

पेड़ लगाएँ खुशहाली लाएँ

प्र. सर, कुछ साल पहले मेरी मुलाकात आपसे देहरादून में हुई थी और जब आपने तत्कालीन रक्षामंत्री श्री के.सी. पंत से रिसर्च सेंटर इमारत के आसपास 1,00,000 वृक्ष लगवाने के लिए कहा था, तो मैं आपकी इस बात से बेहद प्रभावित हुई थी। मुझे उत्तराखण्ड, हिमाचल प्रदेश और सिक्किम में प्रोजेक्ट स्थलों के दौरों के समय यह एहसास होने पर बहुत दु:ख हुआ कि इन क्षेत्रों में स्थानीय विकास के लिए बेहद ज़रूरी सड़कों के निर्माण के साथ बड़े पैमाने पर पेड़ों की कटाई होती है जो कि इन इलाकों में पर्यावरण असन्तुलन के लिए ज़िम्मेदार है। पवित्र तीर्थ स्थानों पर भी पर्यटन से जुड़ी गतिविधियों में बढ़ोतरी हो रही है, जिसके परिणामस्वरूप सड़कों और होटलों के निर्माण की माँग भी बढ़ी है। चीन और कोरिया जैसे देशों में पर्यावरण की दृष्टि से संवेदनशील क्षेत्रों में प्राकृतिक आपदाओं के कारण पैदा होने वाले जोखिम को कम करने के लिए सड़कों के निर्माण और नदियों के किनारों को दरकने से बचाने के लिए बहुत ही उन्नत प्रौद्योगिकी का प्रयोग किया जाता है।

यदि क्षेत्र की तरक्की के नाम पर हिमालय के पहाड़ी इलाकों में बड़े पैमाने पर पेड़ों की कटाई न की जाती, तो शायद जून 2013 में उत्तराखण्ड में बाढ़ से इतनी तबाही न हुई होती। पेड़ों की इस अंधाधुंध कटाई ने पहाड़ों को कमज़ोर बना दिया है जिसके चलते

भूमि की ऊपरी सतह भी बाढ़ के पानी के साथ बह गई है। इसके साथ ज़मीन की बारिश के पानी को सोखने की क्षमता में भी कमी आई है। ऐसी आपदाओं से बचने का एकमात्र उपाय यही है कि इन पहाड़ों पर ऐसे पेड़ लगाए जाएँ, जो इन इलाकों के लिए उपयुक्त हों और जिनमें पानी को सोखने की पर्याप्त क्षमता हो। जैसे अखरोट के पेड़, जिनमें बड़े पत्तों के कारण बारिश के पानी को सोखने और मिट्टी के कटाव को रोकने की अद्भुत क्षमता होती है। ब्रिटिश लोगों ने इन क्षेत्रों में देवदार के पेड़ लगाकर इलाके के पहाड़ों का नाश कर डाला है। देवदार के पेड़ के पतले तने पानी को रोक नहीं पाते जिससे भूमि का कटाव होता है। मैं आपसे निवेदन करती हूँ कि आप कम से कम एक वर्ष उत्तराखण्ड में रह कर वृक्षारोपण पर नज़र रखें।

पहाड़ों पर पेड़ लगाना इस दौर की सबसे बड़ी ज़रूरत है। पहाड़ों पर हरियाली में बढ़ोत्तरी के लिए अखरोट और दूसरे उपयुक्त किस्म के पेड़ लगाने का आपका सुझाव वास्तव में एक व्यावहारिक हल है।

वर्ष 2013 में उत्तराखण्ड में भारी तबाही मचाने वाली बाढ़ ने एक बार फिर हमारा ध्यान इस तथ्य की ओर खींचा है कि एक राष्ट्र के तौर पर हमने इससे पहले हुई त्रासदियों से कोई सबक नहीं सीखा है। हालाँकि, राज्य प्रशासन, भारत-तिब्बत सीमा पुलिस और सशस्त्र सेनाओं ने मिलकर 40,000 से भी ज्यादा लोगों को वहाँ से निकाल कर सुरक्षित स्थानों पर पहुँचा कर तारीफ़ के क़ाबिल काम किया लेकिन इस हादसे में 10,000 लोगों की जान चली गई। गिरे हुए मकानों, होटलों और गैस्ट-हाउसों के मलबे के नीचे दबे ज़िन्दा लोगों को खोजने, और ज़िन्दा बचे लोगों तक ज़रूरी चीज़ें पहुँचाने के बाद, सैलानियों और तीर्थयात्रियों की घर वापसी

के बाद, क्या राज्य और केन्द्र के सरकारी अधिकारियों का बाढ़ से प्रभावित उन लोगों के पुनर्वास से भी कोई सरोकार होगा, जो क्षेत्र के विकास के नाम पर जंगलों की कटाई की नीति के शिकार हुए हैं ?

मुझे 'चिपको आन्दोलन' याद है जिससे बड़ी संख्या में आम लोग जुड़े थे, जिसकी लहर 1970 के दशक में पूरे गढ़वाल क्षेत्र में चली थी, जिसमें पेड़ों को कटने से बचाने के लिए गाँव वाले पेड़ों से चिपक जाते थे, ताकि उन पर आरी चलने से रोक सकें। मैं याद करता हूँ जो इस 'चिपको आन्दोलन' का नेतृत्व करने वाले 86 वर्षीय सुंदर लाल बहुगुणा ने कहा था—'ऐसी भयानक त्रासदियों से बचने का एकमात्र समाधान यही है कि पहाड़ों को पेड़ों से ढक दिया जाए।'

राष्ट्रपति पद पर रहते हुए मैं वंगारी मथाई से मिला, जो केन्या की पहली

सुंदर लाल बहुगुणा

महिला थीं जिन्हें नोबेल पुरस्कार से सम्मानित किया गया। भारत ने उन्हें पर्यावरण संरक्षण के क्षेत्र में उनके महत्त्वपूर्ण योगदान के लिए सम्मानित किया था। वंगारी मथाई किसी भी पूर्व अफ्रीकी देश की पहली महिला थीं, जिन्होंने पशु चिकित्सा विज्ञान की एनाटॉमी, यानी शरीर रचना विज्ञान में पीएच.डी. की उपाधि प्राप्त की थी। नैरोबी विश्वविद्यालय के शिक्षक-मण्डल की एक सदस्य के तौर पर उन्होंने विश्वविद्यालय में काम करने वाली महिलाओं के लिए पुरुषों के बराबर सुविधाओं का मुद्दा उठाया और इसके लिए उन्होंने वहाँ के शैक्षणिक कर्मियों की समिति को कर्मचारियों के संघ की शक्ल देने की कोशिश तक कर डाली ताकि शिक्षकों के हितों के बारे में बात की जा सके। केन्या में बढ़ती हुई बेरोज़गारी के समाधान के लिए, मथाई ने पर्यावरण संरक्षण की बात को बढ़ावा दिया और आम लोगों की भागीदारी के साथ पेड़ लगाने की एक ऐसी मुहिम चलाई जिससे आम लोगों को फ़ायदा पहुँच सके। मथाई ने केन्या की महिलाओं को अपने-अपने इलाके में आसपास के जंगलों से बीज चुनकर देश भर में अपने ही देश के पेड़-पौधों को उगाने के लिए प्रेरित किया। इसके लिए उन्होंने

महिलाओं को कहीं और रोपने के लिए तैयार किए जाने वाली पौध पर एक छोटी सी राशि देने का प्रावधान रखा। जिन दिनों केन्या में जातीय टकराव हुआ, तो वह अपने मित्रों और मीडिया के लोगों के साथ लोगों को लड़ाई बन्द करने के लिए प्रेरित करने के लिए समूचे केन्या के हिंसाग्रस्त इलाकों के दौरे पर निकल पड़ीं। 'ग्रीन बेल्ट मूवमेंट' के तहत उन्होंने 'शान्ति के पेड़' उगाने की पहल की।

वर्ष 2002 के चुनावों में जीतकर मथाई केन्या की संसद में पहुँचीं और पर्यावरण एवं प्राकृतिक संसाधन मंत्रालय में मंत्री बनीं। उन्हें 'सतत् विकास, लोकतन्त्र और शान्ति में योगदान' के लिए 2004 का नोबेल शान्ति पुरस्कार दिया गया, और इस तरह वह यह पुरस्कार पाने वाली अफ्रीका की पहली महिला और पहली पर्यावरणविद् बनीं। लोकतान्त्रिक अधिकारों की खातिर संघर्ष करने वालों के लिए वह प्रेरणा स्रोत थीं, और ख़ासतौर पर उन्होंने महिलाओं को अपने हालात सुधारने के लिए प्रोत्साहित किया।

वंगारी मथाई

हमारे आसपास पेड़ होना बहुत ज़रूरी है और मानव के अस्तित्व और हमारे परिवेश को बेहतर बनाने के लिए हमेशा ही इनकी अहमियत रही है। पत्तों से लदा एक बड़ा पेड़ हरियाली के एक मौसम में इतनी ऑक्सीजन पैदा करता है, जितनी दस लोगों के साल भर साँस लेने के लिए ज़रूरी है। बहुत सारे लोग इस बात से बेख़बर रहते हैं कि जंगल उस हवा को साफ़ करने वाले विशाल 'फ़िल्टर' का भी काम करते हैं जिसमें हम साँस लेते हैं। जंगल वास्तव में उस विशाल हौज़ का भी काम करते हैं जिसमें पेड़ जितना ज़्यादा कार्बन बनाते हैं, उससे ज़्यादा कार्बन वह जमा करके रख सकते हैं। और जमा करके रखने की इस प्रक्रिया में कार्बन वातावरण को प्रदूषित करने वाली ग्रीनहाउस गैसों के रूप में नहीं, बल्कि लकड़ी के रूप में जमा रहता है।

इंसान की रिहाइश वाले इलाकों में पेड़ गन्दे पानी और रसायनों को छान कर अलग कर देते हैं, जानवरों के मल–मूत्र के बुरे असर को कम करते हैं और जो पानी

सोख कर रख नहीं पाते, उस पानी को कुदरती धाराओं की शक्ल में छोड़ देते हैं। पेड़ हवा में मौजूद नाइट्रोजन को नाइट्रेट यौगिकों में बदलकर मिट्टी में जमा करके उसे सब्ज़ियों और दूसरी फ़सलों के लिए ज्यादा उपजाऊ बना देते हैं। शहरों में हवा में मौजूद धूल के कण पेड़ों पर ठहर जाते हैं जिससे गर्मी ज्यादा नहीं बढ़ने पाती, साथ ही वह कार्बन मोनोऑक्साइड, सल्फर डाइऑक्साइड और नाइट्रोजन डाइ-ऑक्साइड जैसी प्रदूषण बढ़ाने वाली गैसों को सोख हवा को साफ़ करने में भी मददगार होते हैं। इसके अलावा, पेड़ों के साँस लेने से और उनके धूल के कणों को रोक लेने से वायु प्रदूषण और तापमान में गिरावट आती है।

अच्छा हो पुनर्निर्माण के बाद उत्तराखण्ड वहाँ के निवासियों और तीर्थयात्रियों के लिए एक बेहतर स्थान बने। पहाड़ों की ढलानों पर सोच-समझ कर चुनी गई किस्मों के ज्यादा से ज्यादा पेड़ लगाए जाएँ और बड़ा होने तक उनकी देखरेख की जाए। अगर पेड़ ख़तरे में होंगे, तो मानव जाति भी ख़तरे में पड़ सकती है। एक पेड़ एक विचार की तरह होता है। जैसे हम एक विचार को लेकर उसी को अपनी ज़िन्दगी बना लेते हैं, उसी के बारे में सोचते हैं, उसी के सपने देखते हैं, उसी को जीते हैं। हम अपने मस्तिष्क, मांसपेशियों, नसों और शरीर के हरेक हिस्से को उसी विचार से भर जाने दें। उसी तरह हममें से हरेक शख़्स एक पेड़ लगाए, और उसकी हिफ़ाज़त करने का बीड़ा उठाए। ताकि हमारी आने वाली पीढ़ियों की हिफ़ाज़त करने और उनकी देखरेख के लिए पेड़ मौजूद हों।

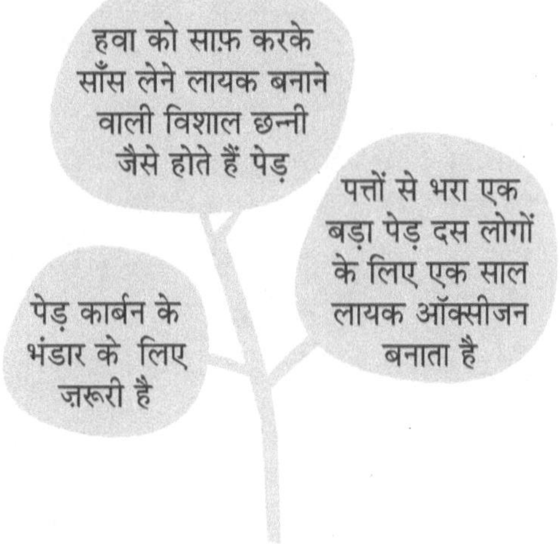

पेड़ मनुष्य के लिए महत्त्वपूर्ण हैं

नारी सशक्तिकरण की ओर

ईश्वर सृष्टि की सम्पूर्णता का प्रतीक

प्र. एक छोटे शहर से बड़े शहर में रहने और काम करने आई लड़की के रूप में मुझे लगता था कि मेरे जीवन में सम्भावनाएँ ही सम्भावनाएँ भरी पड़ी थीं। समाज ने मुझपर जिस तरह के तौर-तरीक़े थोपने चाहे, मैंने उसे स्वीकार नहीं किया। यह सफ़र आसान नहीं था। मुझे तरह-तरह से परेशान किया गया, और इस सब का मैंने सामना किया। लेकिन इस सब से गुज़रने के बावजूद मैंने हार नहीं मानी। मैंने यही सीखा कि ज़िन्दगी में ऐसा बहुत कुछ है जिसे हासिल करने के लिए अगर लड़ाई भी लड़नी पड़े तो भी कोई बात नहीं, और मैं उनके लिए लड़ती रहूँगी।

भारत के दो पहलू हैं जिनसे मैं रोज़ाना रू-ब-रू होती हूँ— पहला, वह ख़तरों से भरा भारत जिसमें ऊँच-नीच और लिंगभेद के आधार पर ज़बरदस्त भेदभाव है, जिसकी बानगी हमें ख़बरों में देखने को मिलती है। जहाँ लड़कियों को, सड़कों पर मँडराते उन्हें अपनी हवस का शिकार बनाने को तैयार दरिंदों से, ख़ुद को बचाना सीखना पड़ता है। दूसरा, वह ख़ूबसूरत भारत जो बचपन से मेरी यादों में बसा है। मैं अपने बच्चों की परवरिश यहाँ महानगर में करना चाहती हूँ, लेकिन उन मूल्यों के साथ जिन पर मेरे माता-पिता ने छोटे शहर में हमें बड़ा किया। क्या यह मुमकिन है?

सर, क्या आप बताएँगे कि भारतीय महिलाओं के लिए किस तरह के लोगों का अनुकरण करना ठीक होगा ?

ज़िन्दगी हमारी हिम्मत के अनुपात में फैलती या सिकुड़ती चली जाती है।
—अनाइस निन

हरेक प्रगतिशील समाज के मूल में महिला सशक्तिकरण ही है। कई सदियों तक हमारे देश में महिलाओं और उनकी ज़रूरतों पर ठीक से ध्यान ही नहीं दिया गया, बल्कि सच तो यह है कि उनका तिरस्कार ही होता रहा। भारत की कई हिम्मतवाली महिलाओं ने अपना सारा जीवन भारतीय महिलाओं की उन्नति के लिए समर्पित कर दिया ताकि आने वाली पीढ़ियों की महिलाएँ ख़ुद को अन्याय और अत्याचार के क्रूर चंगुल से छुड़ा पाएँ और शिक्षा, रोज़गार और राजनीति की बुलन्दियों को छू सकें।

1950 में भारत के संविधान में महिलाओं के लिए बराबरी के अधिकार और सम्भावनाओं को एक क्रान्तिकारी परिवर्तन के रूप में गढ़ा गया। परिणामस्वरूप, आज स्वतन्त्र भारत में महिलाओं की स्थिति अपेक्षाकृत बेहतर हुई है। कुछ समस्याएँ जिनसे महिलाएँ सदियों से घिरी रही थीं, जैसे बाल विवाह, सती प्रथा, विधवाओं के पुनर्विवाह की मनाही और बालिकाओं की शिक्षा के प्रति नकारात्मक रवैया जैसे चलन से अब छुटकारा मिल चुका है।

विज्ञान और प्रौद्योगिकी के क्षेत्र में हुई प्रगति, अच्छी शिक्षा और स्वास्थ्य सुविधाओं तक पहुँच बनने के साथ सामाजिक-राजनैतिक आन्दोलनों में खुलकर हिस्सेदारी के फलस्वरूप महिलाओं के प्रति लोगों के रवैये में और भी ज़्यादा बदलाव आया है। इन बदलावों की वजह से महिलाओं के मनोबल और आत्मसम्मान में बढ़ोत्तरी हुई है। पहले से ज़्यादा बड़ी संख्या में भारतीय महिलाएँ अब यह महसूस करती हैं कि उनका अपना एक विशिष्ट व्यक्तित्व है, आत्मसम्मान है, ख़ूबियाँ हैं, क्षमताएँ हैं, और योग्यताएँ हैं। बहुत सारी ऐसी महिलाएँ जो उपलब्ध

अवसरों का सदुपयोग कर पा रही हैं, उन्होंने साबित कर दिखाया है कि वह दी गई ज़िम्मेदारियों को निभाने में पूरी तरह सक्षम हैं।

इसके बावजूद, बदलती परिस्थितियाँ अपने साथ नई तरह की चुनौतियाँ भी लेकर आती हैं। कुछ मायनों में, बीते समय की तुलना में आज भारतीय महिलाओं को दोनों ही जगह, घर का और अपने करियर का ज़्यादा बोझ झेलना पड़ रहा है जिससे नई तरह के दबाव और चिन्ताओं का सामना करना पड़ रहा है।

आपके सवाल की ओर लौटते हुए, मैं तीन महान महिलाओं की कहानियाँ आपके साथ साझा करना चाहूँगा, जिन्हें अपना आदर्श बनाया जा सकता है।

मैरी क्यूरी नोबेल पुरस्कार जीतने वाली पहली महिला थीं। पोलैंड के वारसा शहर में जन्मी मैरी यानी मारिया स्कोदोव्स्का भौतिकविद और रसायनशास्त्री थीं, जो मुख्य रूप से फ्रांस में काम करती थीं। उन्हें 1903 में सहज विकरण में उनके शोध के लिए भौतिकशास्त्र का नोबेल पुरस्कार दिया गया। वह पेरिस विश्वविद्यालय की पहली महिला प्रोफ़ेसर भी थीं। रेडियोधर्मिता के सिद्धान्त के प्रतिपादन के साथ किसी तत्व के रेडियो आइसोटोप अलग करने की तकनीक और दो तत्वों, पोलोनियम और रेडियम की खोज भी उनकी उपलब्धियों में शामिल है। रेडियोधर्मिता के गुण के लिए सारी दुनिया

मैरी क्यूरी

में प्रयोग किया जाने वाला शब्द रेडियोऐक्टिविटी भी उन्होंने ही गढ़ा था। दुनिया में पहली बार कैंसर के इलाज के लिए रेडियोऐक्टिव आइसोटोप इस्तेमाल करने के लिए सबसे पहले शोधकार्य भी उन्हीं की देखरेख में किया गया।

पिता के परिवार और ननिहाल, दोनों ही की धन-दौलत और ज़मीन-जायदाद इन परिवारों की देशभक्ति की भावना के चलते पोलैंड की राष्ट्रवादी क्रान्ति के यज्ञ की भेंट चढ़ गई थी, जिससे उन्हें ज़िन्दगी में आगे बढ़ने की राह में कठिन संघर्ष का सामना करना पड़ा। उच्च शिक्षा के लिए वह फ्रांस चली गईं और वहाँ

बेहद सीमित संसाधनों में बड़ी मुश्किल से किसी तरह सर्दियों के मौसम में ठंड बर्दाश्त करते हुए काम चलाया और यहाँ तक कि भूखे रहने से आई कमज़ोरी के कारण वह कई बार बेहोश भी हो गईं।

भौतिकशास्त्र में स्नातक की उपाधि प्राप्त करने के बाद उन्होंने पियरे क्यूरी से विवाह किया और फिर दोनों मिलकर शोधकार्य में जुट गए। क्यूरी दम्पति की अपनी अलग प्रयोगशाला तक नहीं थी और संस्थान के भौतिक और रसायनशास्त्र विभाग के बगल में एक कामचलाऊ छत के नीचे वह अपना तमाम शोधकार्य किया करते थे। उस घुटनभरी जगह, जहाँ पहले चिकित्सा विज्ञान के छात्र अपनी पढ़ाई के लिए जीव-जन्तुओं की चीरफाड़ करते थे, बरसात होने पर छत से पानी चूने लगता था। ऐसी जगह, विकिरण की चपेट में आने के हानिकारक प्रभावों से बेख़बर, बचाव के किसी इंतज़ाम के बिना वह रेडियोधर्मी पदार्थों के साथ अपने प्रयोग करते रहे। मैरी के पति की तो 1906 में एक दुःखद सड़क दुर्घटना में मृत्यु हो गई, लेकिन वह परिवार चलाने की ज़िम्मेदारी निभाने के साथ अपने शोधकार्य में जुटी रहीं। 1911 में, पति की मौत के पाँच साल बाद, रेडियोधर्मिता के क्षेत्र में उनके काम के महत्त्व को समझते हुए उन्हें दोबारा रसायनशास्त्र का नोबेल पुरस्कार दिया गया।

उनके जीवन से आज के भारत की महिलाओं को क्या संदेश मिलता है? कुछ बड़ा घटने का इंतज़ार मत करो। जहाँ हो, वहीं से—जो तुम्हारे पास है, उसी से शुरुआत करो—और ऐसा करने से तुम्हारे सामने बेहतरी के रास्ते ख़ुद-ब-ख़ुद खुलते चले जाएँगे। कहीं से शुरुआत तो करो—जो हम करना चाहते हैं उसके आधार पर अपनी कोई छवि नहीं बनाई जा सकती। आप इस इंतज़ार में बैठे तो नहीं रह सकते कि लोग आपके सुनहरे सपने को पूरा करके आपको भेंट कर दें। ख़ुद आगे बढ़कर अपनी ख़ातिर अपने सपने को साकार करना होगा। प्रतिभा हर किसी में होती

है। लेकिन अपनी उस प्रतिभा को उसकी मंज़िल तक पहुँचाने का जज़्बा वह दुर्लभ चीज़ है जो हर किसी के पास नहीं होती।

कुछ समय पहले मैं एक किताब पढ़ रहा था जिसका शीर्षक था, *एवरी डे ग्रेटनेस*। मैं उस किताब में से एक कहानी आपके साथ साझा करना चाहूँगा जिससे एक महिला की अपरिमित शक्ति का पता चलता है। मेक्सिको के तिह्वाना के ला मीज़ा कारागार में दंगा भड़क गया था।

सिस्टर एन्टोनिया

सिर्फ़ छह सौ लोगों के लिए बनाए गए प्रांगण में पच्चीस हज़ार बन्दियों को ठूंस दिया गया था। वह गुस्से से टूटी बोतलों से पुलिस पर हमले कर रहे थे और जवाब में पुलिस गोलियाँ चला रही थी। इस भीषण लड़ाई के बीच, अचानक एक अड़सठ साल की पाँच फुट छह इंच क़द वाली कमज़ोर सी महिला शान्ति बहाल करने की माँग की मुद्रा में हाथ फैलाए भीड़ के बीच जा पहुँचीं। गोलियों की बौछार को नज़रअन्दाज़ करते हुए वह शान्त खड़ी रहीं और लोगों से शान्त होने के लिए गुहार लगाती रहीं। और विश्वास नहीं होता, लेकिन सारे लोग शान्त हो गए! दुनिया में और कोई ऐसा नहीं कर सकता था, लेकिन उन्होंने कर दिखाया। उनका नाम है सिस्टर एन्टोनिया।

एक बेहद स़फल व्यवसायी के घर जन्मी सिस्टर ऐन्टोनिया का बचपन का नाम मैरी क्लार्क था, और उनकी परवरिश अमेरिका में कैलिफ़ॉर्निया के बेवरली हिल्स में ख़ास रईसों के इलाके में हुई थी। रईसी ठाठ-बाट की ज़िन्दगी के बावजूद वह लोगों के कष्ट के प्रति संवेदनशील थीं और अपने आसपास के ज़रूरतमन्द लोगों का ध्यान रखती थीं। कम उम्र में शादी हो गई। दूसरी शादी भी हुई। दोनों शादियों से हुए सात बच्चों की परवरिश की। अपने दिवंगत पिता का कारोबार सँभालते हुए, वह सिर्फ़ परिवार चलाने से सन्तुष्ट नहीं हुईं, बल्कि बढ़-चढ़ कर परोपकार के कामों में हिस्सा लेती रहीं। पच्चीस साल परिवार चलाने के बाद जब उनके ज़्यादातर बच्चे घर से दूर चले गए, तब उन्होंने अपनी ज़िन्दगी में ज़बरदस्त

बदलाव किया। उन्होंने अपना घर और तमाम चीज़ें बेच दीं और तिह्वाना के ला मीज़ा बन्दीगृह के कैदियों की सेवा में जुट गईं।

कैदियों ने उनकी बात क्यों सुनी ? इसलिए सुनी क्योंकि वह अपनी इच्छा से दसियों साल से बन्दियों की सेवा में लगी थीं। कैदियों की ख़ातिर अपने सारे सुखों को तिलांजलि देकर वह हत्यारों, चोरों और मादक पदार्थों का धंधा करने वालों के बीच रह रही थीं, और उन्हें अपने बेटे बताती थीं। वह उनकी ज़रूरतों का ध्यान रखती थीं, उनके लिए दवाओं का इंतज़ाम करके उन्हें बाँटतीं, मरने पर दफ़नाने से पहले अन्तिम स्नान करातीं और आत्महत्या करने की सोचने वालों को समझा-बुझा कर शान्त करती थीं। प्रेम और करुणा से भरी इस निष्काम सेवा के कारण ही कैदियों के मन में मैरी क्लार्क के प्रति आदर के भाव पनपे थे और 1994 की उस ख़ास रात भी कैदियों ने उनकी बात मानी, जबकि उस रात कैदियों का वह बलवा ज़्यादा भयावह रूप ले सकता था।

मैरी क्लार्क के जीवन से आज की महिला को क्या संदेश मिलता है ? इस बात को जानो कि तुम कौन हो, अपने परिवार और उस पुरुष या स्त्री से अलग हटकर जिसके साथ तुमने रिश्ता गढ़ा है। पता करो कि इस दुनिया के लिए तुम कौन हो, तुम्हें क्या करना चाहिए, ख़ुश रहने के लिए अपने आप में ख़ुशी को महसूस करने के लिए। मेरा मानना है कि जीवन में यही सबसे ज़रूरी चीज़ है। अस्तित्व के सार तत्व को खोज निकालो, क्योंकि उससे तुम जो चाहो हासिल कर सकते हो। तुम्हें किसी दूसरे की द्वितीय श्रेणी की नकल बनने के बजाय ख़ुद अपना ही प्रथम श्रेणी का प्रारूप होना चाहिए।

अगर महिलाएँ पुरुषों की नकल करके ही सफल हो सकती हैं, तो मुझे लगता है कि यह सफलता नहीं, बड़े नुकसान की बात है। एक महिला का उद्देश्य सिर्फ़ सफल होना नहीं होना चाहिए, बल्कि अपने नारीत्व को संजो कर रखते हुए इस तरह सफल होना चाहिए कि नारी की गरिमा बढ़े और समाज पर उसका असर पड़े।

8 जून 2012 को मैं पुदुच्चेरी के साधन-विहीन लोगों की उन्नति और उटौरन के लिए काम करने वाली गैर-सरकारी संस्था, ला वॉलोन्तारियात (Le Voluntariat) के स्वर्ण जयंती समारोह में हिस्सा लेने पुदुच्चेरी गया। जब मैं ला वॉलोन्तारियात की संस्थापक मैडम मैडिलीन द ब्लिक (Madeleine de Blic) से मिला, तो मुझे उनमें अदम्य साहस का मूर्त रूप दिखाई दिया। युवा मैडिलीन, जो तब मैडिलीन हरमन के नाम से जानी जाती थीं, 1962 में सबसे गए-बीते गरीबों के लिए अपना एक साल समर्पित करने बेल्जियम से भारत आईं। शुरुआत में उन्होंने क्लूनी सिस्टर्स हॉस्पिटल के प्रसूति विभाग में काम किया, जहाँ उन्होंने एक मुफ़्त क्लीनिक भी चलाया। फिर उन्होंने गरीब और ज़रूरतमन्द लोगों की मदद के लिए ला वॉलोन्तारियात की स्थापना की। उन्होंने आरनू द ब्लिक से विवाह किया, जो फ़्रेंच लीसए (French Lycée) में काम करने के लिए आए, और फिर वापस नहीं गए। उनके दो अपने बच्चे हुए, और दो उन्होंने लावारिस बच्चों को गोद लिया।

पिछले पाँच दशकों के दौरान, इस मिशन ने बहुत सारे बच्चों को शिक्षा से सशक्त बनाया, बेसहारा

तुम्हें किसी दूसरे की द्वितीय श्रेणी की नकल बनने के बजाय ख़ुद अपना ही प्रथम श्रेणी का प्रारूप होना चाहिए। अपने अस्तित्व के सार तत्व को खोज निकालो, क्योंकि उससे तुम जो चाहो हासिल कर सकते हो।

औरतों और कोढ़ के मरीज़ों के पुनर्वास का काम किया, और आसपास के इलाके में जैविक खेती को बढ़ावा दिया। ला वॉलोन्तारियात की ओर से छोटे बच्चों की देखरेख के लिए आँगनवाड़ी और इलाज के लिए स्वास्थ्य केन्द्र की व्यवस्था है,

अनेक सांध्य-विद्यालय हैं जहाँ संस्था की ओर से 1600 से ज्यादा छात्रों के भोजन की व्यवस्था है। संस्था ने लगभग 1300 बच्चों को संरक्षण दिया हुआ है, और इसके लिए क़रीब 200 लोग काम करते हैं।

जब मैंने ला वॉलोन्तारियात की सेवाओं पर गौर किया, तो मुझे वह सीख याद हो आयी जो महात्मा गाँधी की माँ ने उन्हें तब दी थी जब वह नौ साल के थे। उन्होंने कहा था—'बेटा, अगर तुम अपने पूरे जीवन में किसी की जान बचा सकते हो, या किसी की ज़िन्दगी बेहतर बना सकते हो, तो समझो कि इंसान के रूप में तुम्हारा जन्म और तुम्हारा जीवन सफल है। तुम्हें सर्वशक्तिमान ईश्वर का वरदान मिल गया।'

मैडम मैडिलीन ने पिछले पाँच दशकों में हज़ारों लोगों की जान बचाई है और उनकी इस अद्वितीय सेवा के लिए हम सब उनके आभारी हैं। लोग प्यार से उन्हें 'अम्मा! मैडिलीन अम्मा!' कहते हैं, और सहृदयता के यही बोल वहाँ गूँजा करते हैं। जब मैं उनसे मिला तो मुझे उनमें मदर टेरेसा का सेवाभाव और फ्लोरेंस नाइटिंगेल का दयाभाव देखने को मिला।

इन तीन कहानियों से हमें क्या संदेश मिलता है? वास्तव में स्त्री पर आकर ईश्वर की सृष्टि अपनी सम्पूर्णता को प्राप्त करती है। सृजन करने, पालन-पोषण और परिवर्तन की शक्ति उसी में निहित है।

इक्कीसवीं शताब्दी की उभरती हुई स्त्री को दिल, दिमाग, शरीर और आत्मा से सशक्त होना चाहिए। शक्ति और उत्साह, सामर्थ्य और संवेदना का साथ आवश्यक है।

आधुनिक कविता के प्रवर्तक महाकवि सुब्रह्मण्य भारती (1882-1921) ने भारतीय महिला पर एक कविता की रचना की थी जिसमें स्त्री के उदय की रूपरेखा है—

उभर कर सामने आती स्त्री
आगे बढ़ती सिर उठाकर
नज़रें सीधी मंज़िल पर
है मर्यादा उसकी अपनी
उसे किसी का नहीं डर
है गगनचुम्बी जिसका मान
और आधार बने ज्ञान
सुसंस्कृत, न डिगें राह से
भ्रम त्यागें बोध की चाह से
जीवन के आनन्द का स्वागत
उनके विशारद मन का कर्म,
ऐसी है सम्पूर्ण स्त्री
और है ऐसा उसका धर्म।

भेदभाव का शिकंजा

प्र. सर, एक तरफ़ हम देख रहे हैं कि लड़कियाँ हर तरह के पेशे अपना रही हैं, दफ्तरों में ऊँचे पदों पर जा पहुँची हैं, इंजीनियर, डॉक्टर, मैनेजर, राजनेता, वग़ैरह बन रही हैं। लेकिन हम यह भी देख रहे हैं कि इसके साथ ही महिलाओं के प्रति अपराधों का ग्राफ़ भी लगातार ऊपर को जा रहा है। साफ़-साफ़ नज़र आने वाले इस विरोधाभास की आप किस तरह व्याख्या करेंगे ?

मैं दिल्ली में रहती हूँ जहाँ दूसरे शहरों के मुक़ाबले मोटे तौर पर महिलाओं को ज्यादा आज़ादी हासिल है। लेकिन इसमें महिलाओं और पुरुषों के बीच बराबरी की बात की सच्ची तस्वीर नहीं मिलती। लड़कियाँ जहाँ काम करती हैं वहाँ उन्हें अपने पुरुष सहयोगियों के बराबर सम्मान नहीं मिलता। स्त्री घर के बाहर चाहे जो कुछ हासिल कर ले, घर के अन्दर मोटे तौर पर एक गुलाम जैसी रहती है। जब घर के अन्दर और बाहर स्त्री की वास्तविक स्थिति यही है, तो इससे ज़ाहिर होता है कि स्त्री शिक्षा और कमाई के मामले में कितनी भी आज़ादी क्यों न हासिल कर ले, पुरुषों के मुक़ाबले उसका दर्जा दूर-दूर तक बराबरी का नहीं हो सकता।

निजी तौर पर मुझे लगता है कि समाज में महिलाओं के उत्थान के साथ ही उनके प्रति अपराध भी बढ़े हैं, और इनके बीच जो रिश्ता है उसे समझना भी ज्यादा मुश्किल नहीं है। ज़ाहिर है, कि पुरुष

अपनी अहमियत को कम नहीं होने दे सकते और न ही महिलाओं को साझेदारी के लायक मानते हैं। पुरुष ही हैं जो महिलाओं की उन्नति में रुकावट पैदा करते हैं, और इसीलिए, इससे पहले कि महिलाएँ ऐसी ऊँचाइयों को छूएं जहाँ वह सारी चुनौतियों के पार पहुँच जाएँ, पुरुष के अन्दर का हैवान उन्हें कुचल डालना चाहता है।

सर, आपको क्या लगता है, ऐसी अजीब स्थिति क्यों है, और हम इसे ठीक करने के लिए क्या कर सकते हैं?

अपने आप और किसी दूसरे के बीच फ़र्क़ समझना एक भ्रम है। स्त्रियों को कमतर समझना तो भ्रम का सबसे गया बीता रूप है।

—ए पी जे अब्दुल कलाम

भारत में महिलाओं की स्थिति में कई उतार-चढ़ाव आते रहे हैं। जहाँ प्राचीन काल में पुरुष और स्त्री दोनों का बराबर का दर्जा होता था वहीं मध्य काल में स्त्रियों की समाज में स्थिति दयनीय हो गई। इसके बाद कई समाज-सुधारकों ने स्त्रियों को बराबरी का दर्जा दिलवाने के लिए भरसक प्रयास किए। हालाँकि भारत के संविधान में पुरुषों और महिलाओं के लिए बराबरी के अधिकार का प्रावधान है, लेकिन वास्तविकता यह है कि लिंगभेद के आधार पर आज भी भारी असमानता है। महिलाओं के प्रति हिंसा इस लिंगभेद आधारित भेदभाव का सबसे प्रचलित स्वरूप है और बहुत व्यापक है। *इंडिया टुडे* (16 जून, 2011 अंक) में प्रकाशित दि थॉमसन रॉयटर्स फ़ाउंडेशन द्वारा किए गए एक विश्वव्यापी सर्वेक्षण के अनुसार भारत 'विश्व में महिलाओं के लिए चौथा सबसे ख़तरनाक देश' और जी-20 देशों में महिलाओं के लिए सबसे ख़तरनाक जगह है। इस सर्वेक्षण में दुनिया भर के विशेषज्ञों से स्वास्थ्य सम्बन्धी ख़तरों, यौन हिंसा, अलैंगिक हिंसा, पारंपरिक-सांस्कृतिक या धर्म-संप्रदाय से जुड़ी हानिकारक प्रथाएँ, आर्थिक संसाधनों तक पहुँच न होना और देह-व्यापार जैसे छह विशिष्ट मानदण्डों के आधार पर महिलाओं के लिए सम्भावित ख़तरों को आधार मानकर विभिन्न देशों को एक क्रम में रखने को

कहा गया था। इसके नतीजों में, एक देश के रूप में हम भले ही अपनी तरक्की पर गर्व से चर्चा करते रहते हैं, उसके बावजूद हमारी जो छवि उभरती है वह बेहद विचलित करने वाली है क्योंकि आज भी हमारी आधी आबादी को जीने के मौलिक अधिकार समेत, अपने मूलभूत अधिकार तक नहीं हासिल हैं।

इस सर्वेक्षण में यह तथ्य भी उभरकर सामने आता है कि शिक्षा और स्वास्थ्य सम्बन्धी सुविधाओं तक पहुँच न होना, अगर आमतौर पर सुर्खियों में जगह पाने वाले बलात्कार और हत्या जैसे ख़तरों से ज़्यादा गम्भीर नहीं हैं, तो उनसे कम भी नहीं हैं। महिलाओं के लिए सबसे ख़तरनाक माने गए पाँच देशों में महिलाओं को जानबूझ कर मूलभूत मानवाधिकारों से वंचित रखा जाता है। इन देशों में अब भी ख़ुद अपनी ज़िन्दगी से जुड़े मामलों को लेकर भी महिलाओं की मर्ज़ी बहुत कम चलती है। वित्तीय, ज़मीन-जायदाद, उत्तराधिकार, शिक्षा, रोज़गार, न्याय, स्वास्थ्य और पोषण सम्बन्धी मुद्दे अब भी उनकी पहुँच से बाहर हैं।

दुनिया भर के देशों में भारत को महिलाओं के लिए चौथा सबसे ख़तरनाक देश, और जी-20 देशों में इसे महिलाओं के लिए सबसे ख़तरनाक जगह माना गया है।

इस मुद्दे पर मैंने कई विशेषज्ञों के साथ चर्चा की, और दो प्रमुख कारण उभर कर सामने आए—पहला, यह तथ्य कि भारत में लड़कियों को लड़कों के मुक़ाबले कमतर आंका जाता है। मूल्यांकन की इस विकृति के परिणाम स्वरूप समाज में कई तरह की विषमताएँ पैदा होती हैं। मनचाहे लिंग का भ्रूण न होने पर अंधाधुंध गर्भपात के साथ, स्वास्थ्य सुविधाओं और शिक्षा के क्षेत्र में भी बहुत भेदभाव है।

मिलीभगत की संस्कृति का बोलबाला होना दूसरी समस्या है। जो लोग महिलाओं के साथ हिंसात्मक रवैया अपनाते हैं उनका ढंग से खुलासा नहीं होता और न ही उन्हें कानून से सज़ा मिलती है। ऐसे असंख्य मामले हैं जिनमें पुलिस अधिकारियों ने बलात्कार की शिकार महिलाओं पर अपना मुँह बन्द रखने और मुकद्दमेबाज़ी के चक्कर में पड़ने से बचने के लिए बलात्कारी से विवाह करने तक के लिए दबाव बनाया।

लेकिन दिसम्बर 2012 के निर्भया बलात्कार कांड के बाद बड़े पैमाने पर फूटा गुस्सा इस बात का इशारा लगता है कि बदलाव की सम्भावना है, जिनसे महिलाओं के लिए बहुत कुछ बदल जाएगा। सिर्फ़ क़ानून होना ही काफ़ी नहीं होता। कानून असरदार तब होता है जब उसे लागू करने के लिए भी कारगर इंतज़ाम हों। इस बात के संकेत मिल रहे हैं कि ऐसा हो सकता है।

नब्बे के दशक की शुरुआत से जारी भारत के आर्थिक उदारीकरण के सिलसिले की बदौलत पिछले पाँच सालों में राष्ट्र के विकास में जो दोहरे अंकों में वृद्धि दर्ज हुई है, उससे चीन और जापान के बाद भारत एशिया की तीसरी सबसे बड़ी अर्थव्यवस्था के रूप में उभरा है। संगठित क्षेत्र के तेज़ी से उभरने और लड़कियों के लिए उच्च शिक्षा की उपलब्धता का असर है कि अब पहले से ज़्यादा महिलाएँ कम्पनियों में व्यावसायिक पदों तक पहुँच रही हैं। लेकिन अपनी व्यावसायिक सफलता के बावजूद कई भारतीय घरों में ब्याह कर पहुँचने वाली महिला से ही बच्चों की देखभाल के साथ खाना बनाने और सफ़ाई जैसे काम करने की भी उम्मीद की जाती है। अक्सर उनके परिवार वाले उनके कामकाज को एक करियर के तौर पर न लेकर उसे सिर्फ़ आमदनी का ज़रिया भर समझते हैं। इस तरह के दबाव की वजह से एक ऐसी सोच बन गई है कि कामकाजी महिलाएँ अपने काम के प्रति कम समर्पित होती हैं और आख़िरकार अपने घर-परिवार के दबाव में काम के साथ समझौता कर लेती हैं।

मुझे लगता है कि समाज उनके करियर की राह में जो रुकावटें पैदा करता है, उनसे निपटने के लिए काम के प्रबन्धन के

तरीकों में और विविधता लाने और सक्षम महिलाओं को समाज की पैदा की हुई अड़चनों से निपटने के लिए प्रोत्साहित करने की ज़रूरत है।

यही वह समय है जब हमें दृढ़ता से ऐसे क़दम उठाने चाहिए जिनसे नारी और पुरुष वास्तव में बराबरी की स्थिति में आ सकें। पिछले दशक में, कम से कम आधा दर्जन बार महिला आरक्षण बिल लोकसभा में दाखिल किया गया लेकिन अब तक वह कानून के रूप में लागू नहीं हुआ है। कई राजनैतिक दलों द्वारा अपनी पार्टी में महिलाओं का प्रतिनिधित्व बढ़ाने की कोशिशों के बावजूद उनकी संख्या जितनी होनी चाहिए उस लक्ष्य से बहुत कम है। व्यक्तिगत तौर पर मैं चाहता हूँ कि संसद समेत सभी वैधानिक निकायों में महिलाओं के लिए 33 फ़ीसदी आरक्षण होना चाहिए। इससे देश की अगली पीढ़ी की युवा महिलाओं का ज़्यादा आत्मविश्वासी बनना सुनिश्चित हो सकेगा। महिलाओं में बहुत सम्भावनाएँ हैं जिनका देश के निर्माण और विकास की प्रक्रिया में इस्तेमाल किया जा सकता है। इसकी कुंजी शिक्षा में निहित है, और शिक्षा सिर्फ़ महिलाओं के लिए ही नहीं, उनके लिए भी है जो ख़ुद को महिलाओं से बेहतर समझते हैं।

रोंगटे खड़े कर देने वाली सच्चाई

प्र. सर, भारत में पिछले कई दशकों से बेटियों को लेकर वाद-विवाद होते रहे हैं, लेकिन, अफ़सोस की बात है कि आज भी बेटियों की स्थिति अच्छी नहीं है। बेटी अर्थात कन्या सन्तान हमेशा से अनचाही औलाद रही है, जिसे अक्सर पैदा होते ही मार दिया जाता था। विज्ञान और प्रौद्योगिकी के ऐसे नए तरीके ईजाद हुए हैं कि जिनसे अब जन्म लेने से पहले ही कन्या सन्तान की जान ली जाने लगी है। ऐसे हालात हमारे समाज में औरत के भविष्य के लिए अच्छे नहीं हैं।

मैंने सातवें सिविल सर्विस दिवस पर दिया गया आपका व्याख्यान पढ़ा और सामाजिक बुराइयों से निपटने के लिए प्रगतिशील नेतृत्व का विचार मुझे पसंद आया। आपकी बातों से उम्मीद ज़रूर बँधती है लेकिन किसी भी एक पहलू में सुधार करने से इसका कोई हल नहीं निकलेगा। चाहे वह शिक्षा, रोज़गार या कानूनी अधिकार हो। हल निकलेगा तो वह सिर्फ़ सोच में बदलाव लाने से, विशेषकर महिलाओं के प्रति पुरुषों की सोच और मानसिकता में। जब पुरुष महिला को शारीरिक रूप से कमज़ोर समझने की सोच से बाहर आकर बौद्धिक स्तर पर उसकी कार्यक्षमता को कम आंकना छोड़ देंगे उन्हें अपने बराबर दर्जा देंगे तभी स्त्री का शोषण होना बन्द होगा।

मुझे यह बताएँ, सर, कि ऐसा किस तरह किया जा सकता है। जब तक ऐसा नहीं होता, कोई भी शिक्षा, उपदेश या नियम-क़ानून लड़की की मदद नहीं कर सकते।

अजन्मी बेटियों की जान लेना जीवन के प्रति पाप है। सम्भवत: यह एक ज़िन्दगी की आस और दूसरी के प्रति निराशा से ज्यादा बेदिली के साथ जीवन के महात्म को दरकिनार करने जैसा है।

—ए पी जे अब्दुल कलाम

भारत में कन्या भ्रूण की हत्या कोई नई बात नहीं है, लेकिन पिछले कुछ दशकों में इसमें बड़े पैमाने पर इज़ाफ़ा हुआ है। यह दुःख की बात है कि विज्ञान की एक सकारात्मक खोज को माँ के गर्भ में पल रही बच्चियों की हत्या करने के लिए इस्तेमाल किया जा रहा है। गर्भाशय के द्रव के माध्यम से गर्भस्थ शिशु की जाँच का सिलसिला भारत में सबसे पहले 1974 में नई दिल्ली के ऑल इंडिया इंस्टिट्यूट ऑफ़ मेडिकल सांईसेज़ यानी अखिल भारतीय आयुर्विज्ञान संस्थान में भ्रूण की सम्भावित गड़बड़ियों का पता लगाने से शुरू हुआ था। बाद में इंडियन काउंसिल ऑफ़ मेडिकल रिसर्च यानी भारतीय आयुर्विज्ञान अनुसंधान परिषद ने इस जांच पर रोक लगा दी, लेकिन तब तक इनके बारे में लोगों को पता चल चुका था और 1979 में पंजाब के अमृतसर में गर्भस्थ शिशु के लिंग का पता लगाने की जाँच करने वाला पहला क्लीनिक खुल गया था। देश भर के महिला संगठनों ने इस नई मुसीबत पर रोक लगाने की पुरज़ोर कोशिश की, लेकिन वह कुछ नहीं कर पा रही थीं, क्योंकि 1971 के 'मेडिकल टर्मिनेशन ऑफ़ प्रेगनेंसी एक्ट' के तहत भ्रूण की असामान्यताओं का पता लगाने के लिए ऐम्नियोसिंटेसिस टेस्ट करने की इजाज़त थी। एमटीपी एक्ट के तहत गर्भ में बारहवें से अट्ठारहवें सप्ताह के दौरान की गई जांच में पाई गई कोई भी असामान्यता बीस सप्ताह तक के गर्भकाल तक गर्भपात कराने के लिए समुचित वैधानिक आधार थी। इस कानूनी व्यवस्था के चलते

गर्भाशय के द्रव की जाँच के ज़रिये दूसरी किसी असामान्यता के बजाय भ्रूण के लिंग का पता लगाकर गर्भ में ही कन्याओं के सफ़ाये का सिलसिला चल पड़ा।

भारत में कन्या भ्रूण की हत्या मात्र महिला अधिकारों के हनन का मुद्दा न रहकर एक पुरानी बीमारी बन चुका है। संयुक्त राष्ट्रसंघ का मानना है कि भारत में हर रोज़ लगभग 2000 अजन्मी कन्याएँ अवैध गर्भपात का शिकार होती हैं। यह तथ्य भारत के जनसंख्या सम्बन्धी आँकड़ों में उभरकर सामने आता है, जहाँ जनगणना में यह बात भी सामने आई है कि हर 1000 मर्दों के मुक़ाबले औरतों की तादाद सिर्फ़ 940 है, यानी एक हज़ार की जनसंख्या में 60 महिलाओं की कमी है। ज्यादा विस्तृत विश्लेषण से पता चलता है कि केरल और पुडुचेरी जैसे राज्यों में लिंग अनुपात सबसे अच्छा है जबकि हरियाणा जैसे कुछ राज्यों में स्त्री-पुरुष अनुपात सबसे खराब है। यह माना जा सकता है कि केरल में साक्षरता का स्तर भारत के दूसरे तमाम राज्यों से बेहतर होने का भी स्त्री-पुरुष अनुपात से कहीं न कहीं सीधा सम्बन्ध है।

यह दुर्भाग्यपूर्ण है कि शिक्षा के प्रसार के बावजूद असुरक्षित कन्या भ्रूणों की हत्या करने वालों की सोच और क्रूर व्यवहार में या तो न के बराबर, या फिर बिलकुल भी बदलाव नहीं आया है। 1994 में पहली बार सम्पादित और उसके बाद तीन बार संशोधित हुआ 'प्री-कंसेपशन एंड प्री-नेटल डायग्नोस्टिक टेक्नीक्स' (PCPNDT) एक्ट यानी पूर्व-गर्भाधान और प्रसव पूर्व निदान तकनीक अधिनियम 1994 भी इस समस्या पर काबू करने में नाकाम रहा है,

बल्कि इसकी वजह से देश भर में जगह-जगह प्राइवेट क्लीनिक कुकुरमुत्तों की तरह खुल गए जहाँ लोग मनचाहे लिंग के आधार पर गर्भपात करवाने के लिए बेधड़क जाते हैं। कन्या भ्रूण की हत्या के सिलसिले का बेरोकटोक जारी रहना इस तथ्य की ओर इशारा करता है कि यह इक्कीसवीं सदी के भारत की सबसे गम्भीर समस्याओं में से एक है, जिसपर ध्यान देने और उससे प्रभावशाली ढंग से निपटने की ज़रूरत है।

अगर ऐसा नहीं किया गया तो इसके प्रभाव से कई सामाजिक और जैविक समस्याएँ पैदा होंगी जिनसे कोई भी नहीं बच पाएगा। आखिरकार, इस बात को नज़रअन्दाज़ नहीं किया जा सकता कि जैसे कोई परिंदा एक डैने से नहीं उड़ सकता, इंसानी समाज सही अनुपात से ज्यादा मर्दों के कन्धों पर नहीं चलता रह सकता है। मानव जाति के विकास और मानवता की उन्नति के लिए यह ज़रूरी है कि स्त्री और पुरुष के बीच टकराव की स्थिति न बनी रहे, बल्कि दोनों के बीच तालमेल और आपसी सहयोग रहे, क्योंकि एक-दूसरे के बिना दोनों अधूरे हैं। इसलिए, मानव जाति के भविष्य के लिए बेटियों को बचाना बेहद ज़रूरी हो जाता है।

जैसे कोई परिंदा एक डैने से नहीं उड़ सकता, कुदरत का सिलसिला स्त्री और पुरुष के सन्तुलन के बिना जारी रह नहीं सकता।

यहाँ मैं *बाइबिल* की एक कथा आपके साथ साझा करना चाहता हूँ। यह कथा इस सवाल के इर्द-गिर्द घूमती है कि ईश्वर ने स्त्री की रचना पुरुष की पसली से ही क्यों की, जबकि वह उसे भी पुरुष की तरह ही धूल से गढ़ सकता था? ईश्वर ने पहली स्त्री से कहा, ''पृथ्वी और आकाश की रचना के क्रम में मैंने इच्छा व्यक्त की और वह अस्तित्व में आ गए। जब मैंने पुरुष को बनाया तो मैंने उसे पृथ्वी की मिट्टी से गढ़ा और उसके नथुनों में साँस फूँक दी। लेकिन, हे स्त्री, मैंने तुझे तब बनाया जब मैं आदमी में जान डाल चुका था, क्योंकि तेरे नथुने बेहद कोमल हैं। इसलिए मैंने पुरुष को गहरी नींद सो जाने दिया ताकि मैं पूरा समय देकर तुझे बना सकूँ जिससे कि कहीं कोई कमी न रह जाए। मर्द को इसलिए सुलाया ताकि वह मेरी सृजनशीलता में कोई अड़चन न

पैदा कर सके। मैंने तुझे एक ही हड्डी से गढ़ा। मैंने वह हड्डी चुनी जो आदमी की जान बचाती है। मैंने पसली को चुना जो कि उसके दिल और फेफड़ों को सुरक्षित रखती है और उसे सहारा देती है, और यही तेरा काम है।''

''इस एक हड्डी से मैंने तुझे आकार दिया, तुझे गढ़ा। मैंने तुझे बड़ी अच्छी तरह से और बड़ी ख़ूबसूरती से बनाया, मज़बूत लेकिन सुकुमार और नाजुक भी। आदमी के सबसे नाजुक अंग, उसके दिल का बचाव तू करती है। उसका दिल उसके अस्तित्व का

केन्द्र बिन्दु है। उसके फेफड़ों में भरती है जीवन की साँसें। पसलियों से बना उसकी छाती का पिंजर दिल को कोई नुकसान पहुँचने से पहले ख़ुद टूट जाएगा। तू आदमी के लिए उसी तरह मददगार बनेगी जैसे शरीर के लिए पसलियों का पिंजर।''

''तुझे उसके पैरों से नहीं बनाया गया, जिससे तुझे उसके पैरों तले न रहना पड़े, और न ही तुझे उसके सिर से लिया गया जो तू उसके ऊपर रहे। तुझे उसके एक ओर से लिया गया है, ताकि तू उसके साथ खड़ी हो, और वह तुझे अपने बिलकुल क़रीब और बराबर में रखे। तू मेरा मुकम्मल फ़रिश्ता है। तू मेरी प्यारी सी नन्हीं बच्ची है। तू बड़ी होकर एक बहुत ही शानदार औरत बन गई है, और जब मैं तेरे दिल में अच्छाइयाँ देखता हूँ तो मेरी आँखें गर्व से भर जाती हैं। तेरी आँखें—इन्हें बदलने मत देना। तेरे होंठ—कितने प्यारे लगते हैं जब दुआ करते वक्त उनके बीच ज़रा सी जगह बन जाती है।''

''तेरी नाक की बनावट कितनी दोषरहित है। तेरे हाथ कितने कोमल हैं। जब तू बहुत गहरी नींद सोयी हुई थी, तब मैंने तेरे चेहरे को प्यार से सहलाया। तेरे दिल

को अपने दिल के बहुत क़रीब रखा। जिस किसी में भी जान है और जो कोई साँस लेता है, उनमें से तू सबसे ज़्यादा मेरे जैसी है।''

''बेचैनी भरे दिन मैं आदम के साथ था फिर भी उसका अकेलापन नहीं गया। वह न मुझे देख सका न छू सका। उसे सिर्फ़ मेरी मौजूदगी का एहसास भर हुआ। इसलिए आदम के साथ मैं जो भी कुछ साझा करना चाहता था, वह सब मैंने तेरे रूप में ढाल दिया। मेरी पवित्रता, मेरी शक्ति, मेरा प्रेम, मेरी सुरक्षा और सहारा। तू ख़ास है, क्योंकि तू मेरा ही हिस्सा है, मेरा विस्तार है।''

''पुरुष में मेरी छवि अभिव्यक्त होती है, स्त्री में मेरे भावों का प्रतिनिधित्व होता है। दोनों मिलकर, तुम ईश्वर की सम्पूर्णता की छवि हो।''

फिर ईश्वर ने आदि पुरुष को आदेश दिया—''स्त्री के साथ अच्छा व्यवहार करो। उसका आदर करो, क्योंकि वह कोमल है। उसे तकलीफ़ पहुँचाओगे तो मुझे तकलीफ़ होगी। तुम उसके साथ जैसा व्यवहार करोगे, समझ लो वह तुम मेरे साथ ही कर रहे होगे। उसे कुचलकर, तुम अपने ही दिल को नुकसान पहुँचाओगे, अपने परमपिता के दिल को कष्ट पहुँचाओगे।''

''ईश्वर ने स्त्री और पुरुष को बराबर बनाया है। किसी स्त्री का अनादर करना या उसे नुकसान पहुँचाना ईश्वर का अनादर करने जैसा है।''

जन्नत है माँ के क़दमों में

प्र. मुस्कराती माँ के परिवार पर आपका व्याख्यान 'स्माइलिंग मदर फ़ैमिली' सुनते समय मेरी आँखों से आंसू छलक पड़े। मेरी माँ छाती के कैंसर की शिकार हो गई थीं जिसका समय रहते पता नहीं चला। वह हाल ही में चल बसीं। ज़ाहिर है, मुझे उनकी कमी अखरती है, लेकिन उनके जाने से मुझे एक अहम एहसास हुआ है जो मैं आपके साथ साझा करना चाहता हूँ।

मेरी ही तरह ज़्यादातर पुरुष इस बात की ओर ध्यान दिए बिना ही बड़े आराम से सारी ज़िन्दगी गुज़ार देते है कि हमारी माँएँ दिन-रात बच्चे पालने, घर की देखभाल और यहाँ तक कि इस सब के बीच किसी तरह अपने करियर का ध्यान रखने जैसे तमाम कामों में उलझी रहती हैं। जबकि इस बीच हम में से ज़्यादातर पुरुष अपनी पुरुष-प्रधान सांस्कृतिक परम्पराओं और रीतियों की विरासत और विशेषाधिकार का सुख भोग रहे होते हैं। अगर हम माँओं के रोज़ाना के कामकाज और ज़िम्मेदारियों पर गम्भीरता से ध्यान दें तो हम पाएँगे कि पिताओं के मुक़ाबले उन पर तरह-तरह की व बहुत ज़्यादा ज़िम्मेदारियाँ हैं, ख़ासतौर से तब जब बच्चों की परवरिश से जुड़े कर्तव्यों और चुनौतियों की बात आती है, जिसकी कि किसी और चीज़ से तुलना ही नहीं की जा सकती। पुरुष सोचते हैं कि पिता की भूमिका सिर्फ़ भरण-पोषण करने वाले की है, और वह लगातार

पिता की इसी भूमिका के साथ जूझते रहते हैं।

जिनके बच्चे छोटे होते हैं, ऐसी विवाहित महिलाएँ ज्यादा लम्बे समय काम करती हैं, प्रतिदिन चौदह से सोलह घंटे तक। जबकि शादीशुदा मर्द आठ से दस घंटे से ज्यादा काम नहीं करते। और उन घरों में जहाँ रोज़ी-रोटी कमाने की ज़िम्मेदारी भी महिलाओं की है, उन पर पड़ने वाले बोझ की कल्पना भी नहीं की जा सकती।

सर, जब मैं अपने समाज में कामकाजी महिलाओं को सताए जाने की ख़बरें पढ़ता हूँ, तो मेरा ख़ून खौलता है। वह पुरुष जो उनके साथ बुरा बर्ताव करते हैं, उन्हें अपनी बुरी नीयत का शिकार बनाने की कोशिश करते हैं, वे यह कैसे भूल जाते हैं कि उन्हें इस दुनिया में लाने वाली भी एक औरत ही है। मैं आपसे गुज़ारिश करता हूँ कि मुझे यह बताएँ कि मैं अपने समाज को महिलाओं के लिए सुरक्षित बनाने के लिए क्या कर सकता हूँ ?

पुरुष प्रधान सांस्कृतिक मान्यताओं के बारे में अपकी सोच से मैं भी इत्तिफ़ाक़ रखता हूँ, जो विकसित देशों में अपना औचित्य खोती जा रही हैं। लेकिन दुर्भाग्य से हमारा समाज अब भी उनमें फँसा है। यह तो तब है जब भारत के संविधान के अनुसार महिलाओं को बराबरी का दर्जा उनके मौलिक अधिकारों में से एक है। इसके बावजूद, यह सच कि महिलाएँ, यानी 'इंसान की आधी आबादी' को जिस नज़र से देखा जाता है, उसके साथ जैसा बर्ताव किया जाता है, वह बताता है कि इंसानी समाजों में औरत को कमतर आँका जाता है। कम से कम यह भेदभावपूर्ण तो है ही, और इसका असर बढ़ने से हमारा वजूद ही ख़तरे में पड़ सकता है।

इस पुरुष प्रधान व्यवस्था में, जो समाज के हर स्तर पर सोच और व्यवहार पर हावी है, जीवनदायिनी, जीवनरक्षक, पालक-पोषक, संवेदनशील, करुणामयी, मिल-बाँटकर चलने वाली, स्त्री-शक्ति की गहरी-घनी ऊर्जा की जानबूझ कर निरन्तर उपेक्षा की गई, अनादर किया गया है, उसपर चोट की गई है, अपमानित और तिरस्कृत किया गया है, उत्पीड़ित किया गया है, हवस का शिकार बनाया गया और उसकी हत्या की गई है।

अब समय आ गया है जब प्रेम और करुणा जैसे उन भावों की क़ीमत समझी जाए, जो मिल–बाँट कर, दूसरे का ध्यान रखते हुए शान्तिपूर्ण ढंग से जीने को प्रेरित करते हैं।

हाल ही में मुझे किसी अज्ञात कवि की एक कविता 'जस्ट वंस' पढ़ने को मिली, जिसका हिन्दी रूपान्तर 'सिर्फ़ एक' यह है—

एक गीत जान डाल सकता है पल में
एक फूल जगाए स्वप्न उनींदे आँचल में
होवे शुरू एक पेड़ से विशाल वन्य प्रदेश
ला सकता है एक पंछी वसन्त का संदेश

दोस्ती का बीज बने इक हल्की मुस्कान
एक बार मिलें दो हाथ तो आए नयी जान
भटकें नाविक जब भी, राह दिखाए सितारा
आकर सिमटे एक शब्द में परम लक्ष्य हमारा

सरकार बदल सकता है एक मतदाता का मन
एक किरण पुंज कर डाले पूरा कमरा रौशन
जले एक शमा मिट जाए अंधियारे का नाम
करे एक ठहाका उदासी का काम तमाम

एक क़दम से ही शुरू होता है हर सफ़र
हो प्रार्थना पूरी एक शब्द से शुरू होकर
एक आशा भर देगी मन में जोश अथाह
एक स्पर्श बताए किसको कितनी परवाह

एक बोल में हो सकती है बात गूढ़-गम्भीर
जान ही लेता है सच को, एक हृदय अधीर।
एक ज़िन्दगी से पड़ सकता है फ़र्क भारी
और, हो सकता है वह ज़िन्दगी हो तुम्हारी!

जैसे 'एक ज़िन्दगी से फ़र्क पड़ सकता है,' इसलिए अपनी माँ की अहमियत का एहसास कर पाना आपके जीवन में वह बिन्दु बन सकता है जहाँ से आगे चलकर आप उन सभी माँओं की ज़िन्दगी में बदलाव ला सकते हैं जो आपको अपने दोस्तों, रिश्तेदारों, पड़ोसियों और सहकर्मियों के घरों में नज़र आती हैं। इस एहसास को अपने इर्द-गिर्द के तमाम लोगों के साथ साझा करें और इसकी छवि को अपने व्यवहार की शक्ल में सामने आने दें। जब हम में से हरेक बदलाव में भागीदार होता है, सिर्फ़ तभी हम समाज को बदल सकते हैं, क्योंकि समाज और कुछ नहीं व्यक्तियों का समूह भर है। अगर प्रत्येक व्यक्ति बदल जाए तो समाज भी बदल जाएगा।

तुम्हारी ई-मेल पढ़ते हुए मुझे दूसरे विश्व युद्ध के वे दिन याद आ रहे हैं जब मैं दस साल का लड़का था, और रामेश्वरम् में अपने परिवार के साथ रह रहा था। खाने की ज़्यादातर चीज़ों और रोज़मर्रा के इस्तेमाल के दूसरे सामान की कमी पड़ गई थी। हमारे बड़े से परिवार में—पाँच बेटे और पाँच बेटियाँ थीं, जिनमें से तीन के साथ उनके अपने परिवार भी थे। अपने पूरे बचपन के दौरान मैंने हमेशा अपने घर में एक बार में कम से कम तीन पालने ज़रूर देखे। मेरी दादी और मेरी माँ हमारे परिवार के तमाम सदस्यों के इस बड़े से अमले की सारी ज़िम्मेदारी निभाती थीं। मेरी माँ हर रोज़ सुबह चार बजे से पहले जाग जाती थीं, फिर मुझे जगाती थीं, मुझे नहाने और तैयार होने में मदद करती थीं, तब मैं गणित सीखने के लिए अपने शिक्षक श्री स्वामियार के पास जाता था। वह गणित के बहुत ही अच्छे शिक्षक थे, और हर साल मुफ्त में पढ़ाने के लिए सिर्फ़ पाँच बच्चों को ही लेते थे, लेकिन उनकी शर्त थी कि

छात्र नहा कर ही उनकी कक्षा में आएँ। मैं साढ़े पाँच बजे लौटता था, और तब मेरे पिता मुझे अरबी पढ़ने के लिए ले जाने का इंतज़ार करते मिलते थे, जहाँ मैं नमाज़ पढ़ने और *क़ुरान शरीफ़* की बातें सीखने जाता था। उसके बाद मैं अपने घर से तीन किलोमीटर दूर रामेश्वरम् रोड रेलवे स्टेशन जाता था, उधर से गुज़रने वाली मद्रास-धनुषकोड़ी एक्सप्रेस से गिराए गए अख़बार के बंडल उठाने के लिए।

बंडल उठाकर मैं रामेश्वरम् में यहाँ-वहाँ अख़बार डालता था। अख़बार डालने के बाद मैं आठ बजे तक घर आ जाता था, और तब मेरी माँ मुझे नाश्ता देती थीं, घर में बना मामूली सा नाश्ता, लेकिन मुझे दूसरे भाई-बहनों के मुक़ाबले कुछ ज़्यादा देती थीं, क्योंकि मैं पढ़ाई और काम दोनों साथ-साथ कर रहा था। स्कूल के बाद शाम को मैं फिर निकल पड़ता था रामेश्वरम् में अपने उन ग्राहकों से पैसे वसूलने जिनके यहाँ मैं पेपर पहुँचाता था।

एक दिन, हम सब भाई-बहन बैठे खा रहे थे, और माँ मुझे एक के बाद एक चपाती देती चली जा रही थीं। जब मैं खा चुका तो मेरे बड़े भाई ने मुझे एक तरफ़ बुलाया और डांटा— ''कलाम, तुम्हें पता है कि क्या हो रहा था? तुम चपाती पर चपाती खाते चले जा रहे थे, और माँ तुम्हें एक के बाद एक देती चली जा रही थीं। उन्होंने अपने हिस्से की सारी रोटियाँ भी तुम्हें दे डालीं। फिलहाल, बहुत बुरा वक्त चल रहा है

माँ की अहमियत का एहसास कर पाना आपके जीवन में वह बिन्दु बन सकता है जहाँ से आगे चलकर आप उन सभी माँओं की ज़िन्दगी में बदलाव ला सकते हैं जिन्हें आप अपने आसपास पाते हैं। इस एहसास को अपने व्यवहार में उतारें। जब हम में से हरेक बदलाव में भागीदार होगा, सिर्फ़ तभी हम समाज को बदल सकते हैं, क्योंकि समाज और कुछ नहीं व्यक्तियों का समूह भर ही तो है।

हमारे घर का। समझदार बेटे बनो और माँ को भूखा न रखो।'' इतना सुनना था कि मैं काँपने लगा, ख़ुद पर काबू नहीं रख पा रहा था, मैं दौड़ कर माँ के पास गया और उनके गले से लग गया।

मेरी माँ तिरानवे साल की उम्र तक ज़िन्दा रहीं। वह प्यार और करुणा से भरी थीं, और इस सब से बढ़कर वह दैवीय गुणों वाली महिला थीं। मेरी माँ पाँचों वक़्त नमाज़ पढ़ती थीं, और जब वह इबादत करती थीं तो उनके चेहरे से ऐसा ख़ुदायी नूर टपकता था कि उन्हें देख कर ही दिल को सुकून मिल जाता था और हौसला बढ़ जाता था।

जिस तरह हमें अपनी माँ को चाहना और उनका आदर करना चाहिए, हमें यह भी एहसास होना चाहिए कि पृथ्वी माँ, जिसने सारे जीवों को जन्म दिया है और जो हम सब को ज़िन्दा रखती है, उसका इस हद तक दोहन किया गया है कि अब हम उसके तेज़ी से चुकते संसाधनों के भरोसे नहीं रह सकते। इसे निरन्तर संरक्षित रखने के सिद्धान्त पर चलने के बजाय, ऐसा लगता है कि हमने हमेशा शोषण और दोहन के पुरुषवादी सिद्धान्त को अपनाया। अगर हम चाहते हैं कि हमारा यह ग्रह, हमारी पृथ्वी, आबाद रहे, और अगर चाहते हैं कि मानवता के पतन के बजाय उसका उत्तरोत्तर विकास हो, तो हमें बिना समय गँवाये फिर से सब कुछ ठीक करके सन्तुलन बनाना शुरू करने के लिए स्त्री-शक्ति, उसके गुणों, विशेषताओं और उसकी सोच को समझना होगा। हमें ज़रूरत है व्यवहार की उन मूलभूत ख़ूबियों को मान्यता और बढ़ावा देने की जिनका उद्देश्य है ज़िन्दगी को बचाए रखना, संसाधन का मिल-बाँट कर उपयोग, समझौते करके बीच का रास्ता अपनाने, प्रेम और करुणा बढ़ाने, या दूसरे शब्दों में कहें तो, हमें उत्तरोत्तर विकसित होने के लिए मानव समाज में सृष्टि के स्त्री पक्ष को उजागर करना होगा।

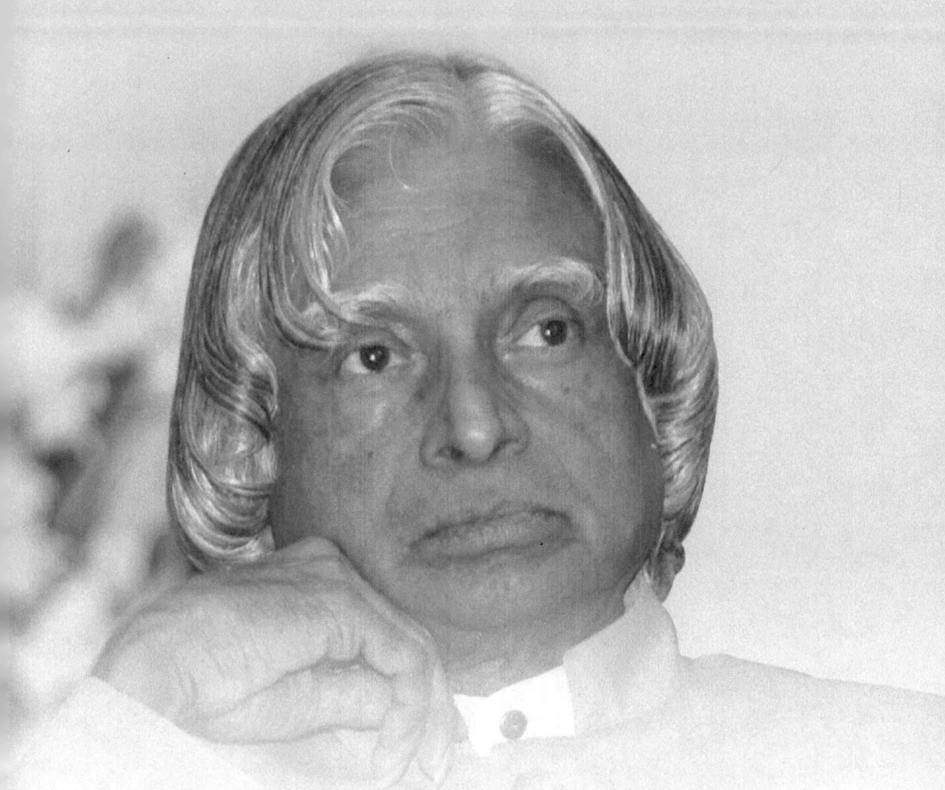

मैं अपनी माँ को बहुत प्यार करता था और उनसे मैंने बहुत कुछ सीखा। मैंने अपनी माँ पर एक कविता लिखी थी, जो मैं आपके साथ साझा करना चाहता हूँ—

दस साल का था मैं मुझे याद है अब भी वह दिन,
तुम्हारी गोद में सोता था, जलते थे बड़े भाई-बहन।
थी पूर्णिमा की रात, बस तुम्हें पता था, मेरे जहाँ का, माँ, मेरी माँ!
जब आधी रात को जागा, टपक रहे थे आँसू टप-टप मेरे घुटनों पर
तुम्हें पता था अपने बच्चे की पीड़ा का, मेरी माँ।
तुम्हारे प्यार भरे हाथ चुनते रहे दर्द धीरे-धीरे
तुम्हारे प्यार, तुम्हारे दुलार, तुम्हारे भरोसे ने दी मुझे ताक़त,
निडर होकर दुनिया का सामना करने की, और उसके भरोसे
हम फिर मिलेंगे क़यामत के उस अहम दिन, मेरी माँ!

मज़बूत
भारत की ओर

भावी नेतृत्व का निर्माण

प्र. भारत में ज़्यादातर कॉर्पोरेट लीडर यही चाहते हैं कि शीर्षस्थ पद का ताज हमेशा उनके सिर पर बना रहे। इनमें से कितने ही ऐसे हैं जो सत्तरवीं सालगिरह पार कर लेने के बावजूद अब भी कामकाज की बागडोर अपने हाथों में ही थामे, या तो अपना उत्तराधिकारी ढूँढने में पूरी बेफ़िक्री से काम कर रहे हैं, या फिर यह कहकर सेवानिवृत्ति की उम्र और बढ़ाने पर ज़ोर दे रहे हैं कि अब तक अपने उत्तराधिकारी के सवाल पर वह मन लगाकर काम नहीं कर पाए हैं। यह ऐसे कॉर्पोरेट लीडर हैं जिन्हें उत्तराधिकारी के मामले में उनकी तैयारी की बात ही उदास कर देती है। उनके लिए अपना पद छोड़ना भारी नाकामी जैसा या जीते-जी अपने ही संस्थान में अपनी मौत जैसा लगता है। इन लोगों को अपने काम और अपने पद से इतना लगाव है क्योंकि बस वही उनकी पहचान है। वह नेतृत्व सँभालने के क़ाबिल लोगों का एक दल बनाने पर ज़ोर देते हैं, लेकिन तरक्की और समृद्धि की राह के तौर पर नहीं, बल्कि संस्थान के अन्दर ख़ुद अपनी पक्की जगह बनाए रखने के लिए।

सर, आपने भारतीय अन्तरिक्ष अनुसंधान संस्थान (ISRO) और रक्षा अनुसंधान एवं विकास संगठन (DRDO) में रहते हुए यह साबित कर दिखाया कि समझदारी से काम लिया जाए, तो संस्थान के अन्दर ही आगे चलकर नेतृत्व सँभालने वालों को तैयार किया जा

सकता है। आपस के लोग जो संस्थान के तौर-तरीकों, लोगों और प्रतिस्पर्धा की बारीकियों को जानते हैं, वही संस्थान की अगुआई करके उसे कामयाबी के रास्ते पर ले जा सकते हैं। अपने नीचे काम करने वाले जिन लोगों को आपने प्रशिक्षित किया था, वह सब अब बड़े प्रोजेक्ट और संस्थानों में काम कर रहे हैं।

राजनीति में अधिकतर परिवार के सदस्यों को ही नेतृत्व के लिए बढ़ावा दिया जाता है। कांग्रेस पार्टी के लगभग चालीस फ़ीसदी संसद सदस्य किसी पारिवारिक संपर्क के माध्यम से ही वहाँ तक पहुँचे हैं, और दूसरे राजनैतिक दलों के दस फ़ीसदी से ज़्यादा सदस्यों ने भी यही रास्ता अपनाया है। आप संस्थाओं के निर्माण के इस महत्त्वपूर्ण पहलू पर रोशनी डालने में क्यों झिझक रहे हैं? आप ही अकेले ऐसे शख्स हैं जो इस सच पर कुछ बोल सकते हैं, और आपकी बात को ही लोग सुनेंगे भी।

जब तक कि कोई संस्था आन्तरिक प्रतिभाओं के विकास का इरादा नहीं कर लेती, तब तक वह नेतृत्व करने वालों की लगातार कमी का सामना करती रहेगी।
—ए पी जे अब्दुल कलाम

आपकी ईमेल ने मुझे सोचने को मजबूर कर दिया है। मैंने क़रीब बीस साल भारतीय अन्तरिक्ष अनुसंधान संगठन यानी 'इसरो' में बिताए, और इतना ही समय अलग से रक्षा अनुसंधान एवं विकास संगठन को दिया। इतने लम्बे समय के दौरान, मैंने कई पेशेवर युवाओं को अपनी देखरेख में टीम लीडर के तौर पर तैयार किया। उनमें से कुछ ने आगे चलकर बड़े राष्ट्रीय कार्यक्रमों का नेतृत्व सँभाला। मेरे कुछ जाने-माने सहकर्मियों और मेरी देखरेख में अनुभव जुटाने वालों में इसरो के चेयरमैन माधवन नायर, लाइट कॉम्बैट एअरक्राफ्ट प्रोग्राम के प्रमुख कोटा हरिनारायण डीआरडीओ प्रमुख वी. के. सारस्वत और अविनाश चंदर, ब्रह्मोज़ के प्रमुख ए. शिवतनु पिल्लई और डिफ़ेंस इंस्टिट्यूट ऑफ़ एडवांस्ड टेक्नोलॉजी के कुलपति

डॉक्टर प्रह्लाद के नाम शामिल हैं। इनके अलावा और भी कई हैं जो राष्ट्रीय प्रयोगशालाओं और बड़ी कम्पनियों के प्रमुख हैं। जब मैं पीछे मुड़कर नेतृत्व करने वाले इन लोगों को देखता हूँ, तो मुझे नेतृत्व की क्षमता विकसित करने के लिए ज़रूरी सात महत्त्वपूर्ण प्रक्रियाएँ याद आती हैं, जिन्हें मैं आपके साथ साझा कर रहा हूँ।

इन सात प्रक्रियाओं को किसी भी संस्थान पर लागू किया जा सकता है, लेकिन इनमें से हरेक को अच्छी तरह लागू करने के लिए ज़रूरी समय, मेहनत और संसाधन, और इनमें से किसी भी प्रक्रिया की जटिलता संस्थान के आकार, उनके स्वामित्व, उद्देश्यों, उनकी अपनी विशिष्टताओं और आवश्यकताओं के अनुसार अलग-अलग हो सकती हैं।

पहली प्रक्रिया है अगुआई करने वाले वरिष्ठ लोगों की प्रतिबद्धता—किसी भी नीतिगत वरीयता की तरह, प्रभावी नेतृत्व के विकास की शुरुआत संस्थान का नेतृत्व कर रहे उन वरिष्ठ जनों की सक्रियता और प्रतिबद्धता से होती है जो प्राथमिकताएँ तय करते हैं और धन की व्यवस्था करते हैं। मानव संसाधन प्रबन्धन से जुड़े कर्मियों से इन प्रक्रियाओं में सहयोग की उम्मीद की जा सकती है, लेकिन वह इन्हें संचालित नहीं कर सकते। वरिष्ठ लोगों से अगुआई की ज़िम्मेदारी अपने ऊपर लेने की उम्मीद की जाती है और इस सम्बन्ध में सामान्य ढंग से प्रतिबद्धता जताना अक्सर काफ़ी नहीं होता। उन्हें इन प्रक्रियाओं के लिए अलग से समय और संसाधन निर्धारित करने होते हैं। इसी तरह, लाइन मैनेजरों को इस बात के लिए तैयार करना चाहिए कि वह भविष्य के नेतृत्व के विकास के लिए जवाबदेह हो सकें। मैंने देखा है कि किस तरह वी. एस. अरुणाचलम ने इंटिग्रेटेड गाइडेड मिसाइल प्रोग्राम के लिए धन की व्यवस्था की थी। बाद में कोटा हरिनारायण और ए. शिवतनु पिल्लई ने अपने अथक प्रयासों से क्रमश: लाइट कमर्शियल एअरक्राफ्ट और ब्रह्मोज़ पर काम करने के लिए धन का इंतज़ाम किया। यह सर्वोच्च पदों से नेतृत्व सँभालने वालों के सहारे और भागीदारी के बिना मुमकिन नहीं होता।

दूसरी प्रक्रिया है संस्थान की भविष्य की आवश्यकताओं की समझ हासिल करना। नेतृत्व विकास का सिलसिला बनाने के क्रम में बेहद ज़रूरी क़दम है यह तय करना कि संस्थान को अपने नीतिगत लक्ष्यों को प्राप्त करने के लिए भविष्य में कैसी भूमिकाओं, कौशल और संख्या में लोगों की आवश्यकता होगी।

तीसरी प्रक्रिया है संस्थान में आवश्यक भूमिकाओं को पूरा करने के लिए मौजूदा कर्मचारियों की क्षमताओं का आकलन। इसे कभी-कभी 'उच्च-क्षमता' वाले कर्मचारी या 'सक्सेशन कैंडीडेट' की पहचान भी कहा जाता है। भविष्य की ज़रूरतों को सामने रखते हुए यह सोचना होगा कि इसके लिए किस कार्य कौशल की ज़रूरत पड़ेगी; और वर्तमान के किन कार्यकर्ताओं में इसकी 'सम्भावना' है। चुनौती यह है कि इन 'सम्भावनाओं' को परिभाषित कैसे किया जाए और उन्हें पहचाना कैसे जाए। आर. स्वामिनाथन ने दो बार डीआरडीएल यानी रक्षा अनुसंधान

1	अगुवाई करते वरिष्ठ लोगों की प्रतिबद्धता
2	संस्थान की भविष्य की ज़रूरतों को समझना
3	अधिक क्षमतावान कर्मियों की पहचान
4	उच्च क्षमता वाले कर्मियों का मार्गदर्शन
5	ज़रूरत पर बाहर से अगुवाई करने वालों को लेना
6	कामकाज के तौर-तरीकों में सुधार
7	नेतृत्व विकास के लिए उचित माहौल बनाना

नेतृत्व विकास के लिए ज़रूरी प्रक्रियाएँ

एवं विकास प्रयोगशाला के पुनर्गठन में मदद की, और बाद में मिसाइल प्रोग्राम के लिए युवा वैज्ञानिकों के उभरकर सामने आने के मूल में उसी दौर में किया गया काम है।

चौथी प्रक्रिया है पहचान करने के बाद 'उच्च सम्भावनाओं' वाले कर्मचारियों का वास्तविक विकास और गहन मार्गदर्शन। कर्मचारियों और उनके प्रबन्धकों की वचनबद्धता के साथ, चुने हुए कर्मियों को उनकी अधिकतम कार्यक्षमता के स्तर तक पहुँचने में मदद करने के लिए उनकी कई तरह से मदद करनी पड़ सकती है, जिसमें औपचारिक प्रशिक्षण शामिल है, लेकिन वह कोई सीमा नहीं है। सबसे महत्त्वपूर्ण है काम करते हुए अपना दायरा बढ़ाने के मौके। मिसाल के तौर पर, अस्थाई प्रोजेक्ट या निधारित भूमिका वाली ज़िम्मेदारियाँ, और साथ में संस्थान के ही प्रणाली प्रबन्धकों और दूसरे वरिष्ठ मार्ग-दर्शक की देखरेख में उनकी मेंटरिंग और कोचिंग। उदाहरण के लिए, विशाखापत्तनम् की भारत हेवी प्लेट्स एंड वेज़ेल्स् लिमिटेड में डॉक्टर जी. जे. गुरुराजा के साथ काम करते हुए अरुण तिवारी ने त्रिशूल मिसाइल प्रणाली के लिए टाइटैनियम की एअर बॉटल विकसित की।

पाँचवी प्रक्रिया है ज़रूरत पड़ने पर बाहरी परितन्त्र से मार्ग-दर्शकों की सेवाएँ लेना। संस्थान के अन्दर ही पदोन्नति और बाहरी लोगों को जोड़ने का अनुपात हर संस्थान में फ़र्क हो सकता है। ऐसे पद जिन्हें संस्थान के अन्दर ही विकसित नहीं किया जा सकता, ऐसे उम्मीदवार बाहर से लेने के लिए संस्थानों को उन्हें आकर्षित करने, उनमें से छाँटने और उन्हें संस्थान से जोड़ने की परिपाटी को ही व्यवहार में लाना होगा। नि:संदेह, छाँटते समय संस्थान के संस्कृति के अनुरूप उम्मीदवार का चयन करना इस प्रक्रिया का सबसे ज़रूरी और सबसे कठिन हिस्सा लगता है, लेकिन बाहर से लिये गए लोगों की नियुक्ति के दौरान इस पर ज़रूर ज़ोर दिया जाना चाहिए। 1988 में मैंने प्रोफ़ेसर जी. वेंकटरमण को डीआरडीओ में एडवांस्ड न्यूमेरिकल रिसर्च एंड एनालिसिस ग्रुप स्थापित करने के लिए आमन्त्रित किया, और डीआरडीओ में ही मिसाइल प्रोग्राम को चलाने के लिए मैं इसरो से शिवतनु पिल्लई को लाया।

छठी प्रक्रिया है कार्यप्रणाली का आकलन करके कामकाज के तौर-तरीकों में सुधार लाना। जैसा कि किसी भी संस्थान के अन्दर मूलभूत प्रक्रियाओं के साथ होता है,

वरिष्ठ मार्ग-दर्शकों को बीच-बीच में ख़ुद पीछे हट कर इस बात का जायज़ा लेना चाहिए कि संस्थान में नेतृत्व विकास की प्रक्रिया कितने कारगर ढंग से चल रही है। इसमें परिणामों पर आधारित प्रक्रियाएँ शामिल हैं। कभी-कभी अगर नीतिगत वरीयताओं में किसी तरह का बदलाव होता है, तो प्रक्रियाओं को भी बदलना ज़रूरी हो जाता है। जो संस्थान अपने क्षमता विकास के लिए किए जा रहे प्रयासों के प्रभाव को पता लगा कर रखेगा, उसी को भीतरी और बाहरी स्रोतों से सहयोग का आश्वासन और ज़रूरी संसाधन मिलने की ज्यादा सम्भावना होगी।

इन सात प्रक्रियाओं को किसी भी संस्थान पर लागू किया जा सकता है, लेकिन इनमें से हरेक को अच्छी तरह लागू करने के लिए ज़रूरी समय, मेहनत और संसाधन, और इनमें से किसी भी प्रक्रिया की जटिलता संस्थान के आकार, उनके स्वामित्व, उद्देश्यों, उनकी अपनी विशिष्टताओं और आवश्यकताओं के अनुसार अलग-अलग हो सकती हैं।

हमने डीआरडीओ में बहुत ही सक्षम कंप्यूटेशन फ्ल्युइड डायनामिक्स तैयार कर ली थी, जो कि वास्तव में 34 देशों के एक दल बनाकर मिसाइल और पाँच सौ किलोग्राम भार के विस्फोटक को 300 किलोमीटर दूर तक ले जाने वाले मानव रहित विमान की तकनीक मिसाइल टेक्नोलॉजी कंट्रोल रिजीम (MTCR) से मुक़ाबले के लिए थी।

सातवीं प्रक्रिया जिसे कि अमल में लाना बहुत मुश्किल था, वह थी ऐसी संस्कृति विकसित करने की प्रक्रिया जो नेतृत्व विकास में मददगार हो। यथास्थिति में बदलाव लाना किसी भी मार्गदर्शक के लिए सबसे मुश्किल काम होता है। सफल संस्थान नेतृत्व या मार्गदर्शकों के विकास को जानबूझ कर अपनी संस्कृति का हिस्सा बनाते हैं। जब प्रतिक्रिया के रूप में मिली जानकारी और व्यावसायिक विकास की संस्कृति को सभी कर्मचारियों के बीच जानबूझ कर खुलकर बढ़ावा दिया जाता है, तो संस्थान में नेतृत्व का बेहतर विकास होता है और कर्मचारियों को भी जुटे रहने की प्रेरणा मिलती है। वरिष्ठ मार्गदर्शकों को ऐसा माहौल बनाने का प्रयास करना

चाहिए जिसमें कर्मचारी अगुआई की ज़िम्मेदारी वाले पदों में दिलचस्पी लें और ख़ुद उन्हें यह महसूस हो सके कि उन्हें उनके विकास के लिए सहारा दिया जा रहा है और जो उनके साथ सहयोग कर रहे हैं उन्हें लगे कि अपने प्रयासों के लिए उन्हें भी मान्यता दी जा रही है।

राजनैतिक नेतृत्व के उत्तराधिकार को लेकर आपके ख़ास सवाल का जवाब यह है कि अगर नौजवान उत्तराधिकारी सुयोग्य और अच्छी तरह गढ़े हुए नहीं हैं, तो ऐसे में नतीजा बहुत बुरा होगा। जहाँ, नेतृत्व के लिए पद विरासत में मिल सकता है, वहीं नेतृत्व की क्षमता का विकास करना पड़ता है, वह विरासत में नहीं मिल सकती।

बलिदान से होता है राष्ट्र निर्माण

प्र. सर, हमारी सिन्धुरक्षक पनडुब्बी के डूबने की ख़बर सुनने के बाद से मैं शोक में डूबा हूँ। मेरे पिता भारतीय नौसेना में काम करते हैं और जब आप हमारे शहर विशाखापत्तनम् आए थे, तब मैं भी समुद्रतट पर मौजूद था, और फ़रवरी 2006 में सिन्धुरक्षक पनडुब्बी पर भी गया था। मुझे लगता है कि आपको ज़रूर उन नौसैनिक अफ़सरों में से कुछ याद होंगे जिनसे आप तब मिले थे जब आप इस पनडुब्बी में सवार होकर बंगाल की खाड़ी में कुछ घंटे की सैर के लिए गए थे।

बचपन में मुझे लगता था कि ये पनडुब्बियाँ अवश्य ही जादुई होती हैं। मैं हैरत से सोचा करता था कि पानी में डूब जाने के बाद यह फिर ऊपर कैसे आ जाती हैं, और फिर अन्दर कैसे चली जाती हैं। मेरे पिता मुझे समझाने की कोशिश करते थे कि किस तरह पनडुब्बी अपने अन्दर पानी ले कर अन्दर डूब जाती है, और फिर पानी छोड़ कर सतह पर आ जाती है। मैं सिर हिलाकर हामी भर देता था कि हाँ मैं समझ गया हूँ, लेकिन मुझे नहीं लगता कि मैं आज तक भी इस बात को ठीक से समझ पाया हूँ। और इसके साथ ही, मुझे याद है वह समय जब मेरे पिता ड्यूटी पर कई-कई हफ़्ते और कभी-कभी तो कई-कई महीनों के लिए समुद्र में चले जाते थे। तब हम छोटे थे, और हमें यह सब सामान्य लगता था। इसमें छुपे जोखिम का हमें ज़रा

भी एहसास नहीं था। आज तक मेरी माँ को याद है कि जब मेरे पिता समुद्र में ड्यूटी पर जाया करते थे तब वह कितनी चिन्ता किया करती थीं। जिस दिन उन्हें मालूम होता था कि अब वह ज़मीन पर होंगे तब कहीं उन्हें कुछ चैन की नींद आया करती थी। उनके लिए, जब बन्दरगाह में पनडुब्बी लंगर डाले होती थी, भले ही उन्हें यह नहीं पता होता था कि वह कौन सी पनडुब्बी है, उनके लिए इसका मतलब यही होता था कि सब कुछ ठीक है, और वह उस दिन को 'सुरक्षित दिन' मानती थीं। बाकी दिन बेचैनी भरे होते थे। उनके दिन कैलेंडर पर नज़रें गड़ाए, यही सोचते बीतते थे कि इस समय वह कहाँ होंगे। उन्हें पिता जी के फ़ोन का इंतज़ार रहता था। उनकी बेचैनी तब ख़त्म होती थी जब वह फ़ोन पर बताते थे कि सब कुछ ठीक है। अगर उनका फ़ोन उम्मीद से एक-दो दिन देर से आता था तो मेरी माँ चिन्ता करने लगती थीं।

जहाँ सिन्धुरक्षक डूबी है, वहाँ समुद्र की गहराई से हमारे बहादुर नौसैनिकों में से अट्ठारह, अब कभी बाहर नहीं निकलेंगे। जो बात मुझे और भी ज्यादा उदास कर देती है, वह यह है कि पनडुब्बी तब डूबी जब वह नौसेना के बन्दरगाह में लंगर डाले थी। यह दुर्घटना 'सुरक्षित दिन' घटीं। इस पनडुब्बी पर तैनात जो लोग मारे गए, मैं सहज ही उनके परिवारों की पीड़ा को महसूस कर सकता हूँ। वह परिवार मेरा परिवार भी हो सकता था।

मैंने अख़बार में छपी एक रिपोर्ट में पढ़ा कि नौसेना के बन्दरगाह में सिन्धुरक्षक के डूब जाने के बाद मुम्बई आए रूसी विशेषज्ञों के एक दल का मानना है कि पनडुब्बी में लगे साजोसामान को सही ढंग से इस्तेमाल न करना इस दुर्घटना की वजह हो सकती है। एक दूसरे अख़बार में छपा कि दो विस्फोटों से पनडुब्बी का ऊपरी खोल क्षतिग्रस्त हुआ और अन्दर आग लग गई, और वहाँ रखे कुछ हथियारों में विस्फोट हुए। इससे तापमान बहुत अधिक बढ़ गया और पनडुब्बी के ढाँचे का कुछ अन्दरूनी हिस्सा पिघल गया और

बाहर निकलने के रास्ते में लगे हैच टेढ़े-मेढ़े हो गए। मुझे लगता है कि यह दोनों ही बातें नौसेना के लिए अपमानजनक हैं। क्या मैं आप से पूछ सकता हूँ, डॉक्टर कलाम, कि आप क्या सोचते हैं इस पनडुब्बी हादसे को लेकर ?

14 अगस्त 2013 को सिन्धुरक्षक के डूबने और उस पर तैनात चालक दल के अट्ठारह सदस्यों की इस हादसे में मौत की ख़बर से मैं बहुत आहत हुआ और गहरी उदासी ने मुझे घेर लिया। मैं 13 फ़रवरी 2006 को आई. एन. एस. सिन्धुरक्षक पर एक दिन के लिए मेहमान था, और उसमें बैठकर समुद्र के अन्दर जाने के बाद मुझे पनडुब्बी के काम करने से जुड़ी जटिलताओं के बारे में जानने को मिला। हम विशाखापत्तनम के तट से क़रीब पाँच मील दूर समुद्र में पचास मीटर की गहराई तक गए। कमांडर प्रवेश सिंह बिष्ट ने मुझे समझाया कि पनडुब्बी कैसे काम करती है, और मुझे उसके पाँच कम्पार्टमेंट में घुमाया। उन्होंने बताया कि सिन्धुरक्षक भारतीय नौसेना की किलो क्लास पनडुब्बियों में से नौंवी है। इसे 24 दिसम्बर 1997 को रूस के सेन्ट पीटर्सबर्ग शहर में भारतीय नौसेना में शामिल किया गया, और उसके बाद यह 1999 और 2002 के सैन्य संघर्षों में हिस्सा भी ले चुकी थी।

यह पता चला कि पनडुब्बी को दहला देने वाले दो धमाकों के साथ कॉनिंग टावर हैच से आग का एक विशाल गोला निकला और पनडुब्बी गोदी में लंगर डाले होती है तब उसके अन्दर आने-जाने का यही एक रास्ता खुला रखा जाता है। और इस धमाके के साथ ही सिन्धुरक्षक ने जल समाधि ले ली। क्योंकि कॉनिंग टावर वाले निकास द्वार से आग का गोला निकला था, उसके आसपास मौजूद किसी भी शख़्स का ज़िन्दा बचना सम्भव नहीं था। इस घटना से मुझे 11 जनवरी 1999 को हुई एच एस–748 ऐवरो की दुर्घटना याद आ गई, जिसमें आठ लोग मारे गए थे।

रक्षा अनुसंधान एवं विकास संस्थान (DRDO) के इस ऐवरो विमान से अत्यन्त उन्नत किस्म के एअरबोर्न अर्ली वॉर्निंग (AEW) सिस्टम यानी बहुत दूर से ही उड़ान भरते हुए दुश्मन के घुसपैठिए विमान या पोत की सूचना जुटाने वाले स्वदेशी तन्त्र के परीक्षण किए जाते थे।

इस तरह की दुर्घटनाओं के मामलों में बिना गहराई से जाँचे-परखे दुर्घटना के कारणों को लेकर तुक्के से कुछ घिसे-पिटे अनुमान लगा लेना बड़ा आसान होता है। तोड़फोड़ या जानबूझ कर गड़बड़ी पैदा करने से लेकर पुनर्सज्जा से जुड़ी समस्याओं, हाइड्रोजन जनित विस्फोट या परिचालन की चूक से शुरू हुए घटनाक्रम के दुर्घटना में बदलने जैसे कई अनुमान लगाए जाने लगते हैं। इनमें से तोड़फोड़ या जानबूझ कर गड़बड़ी पैदा करने वाली बात आमतौर पर सबसे ज़्यादा कही जाती है, क्योंकि इससे घटना की तह तक जाने के बजाय उसे ठंडे बस्ते में डालना सबसे आसान होता है। हमें ऐसी बातों के चक्कर में नहीं पड़ना चाहिए। सच का पता लगाने के लिए भारतीय नौसेना को ख़ुद ही न सिर्फ़ हादसे की वजह का पता लगाना होगा, बल्कि वह तरीके और सावधानियाँ भी तय करनी होंगी जिससे

सुनिश्चित किया जा सके कि भविष्य में ऐसे हादसे न हों। नौसैनिकों और नौसेना के अधिकारियों को भी इस बात का भरोसा दिलाया जाना चाहिए कि सभी ख़ामियों का पता लगाकर उन्हें दूर कर दिया जाएगा, ताकि वे पूरे भरोसे के साथ पनडुब्बियों में किए जाने वाले अपने ऐसे अभियानों में मन लगा सकें जिनमें पूरे जी-जान से लगने की ज़रूरत होती है।

जो जानकारी मिली, उससे ऐसा लगता है जैसे पनडुब्बी को किसी सामरिक तैनाती के लिए तैयार किया जा रहा था, और अगली सुबह तड़के उसके अपने सफ़र पर निकलने की उम्मीद थी। पनडुब्बी को सफ़र के लिए तैयार करने के लिए इस पर

तैनात चालक दल के सभी सदस्यों को सुबह के तीन बजे पनडुब्बी पर पहुँचना था। इस किस्म की पनडुब्बी में अट्ठारह हथियारों का जखीरा होता है, जिसमें मिसाइल, ऑक्सीजन टॉरपीडो और इलेक्ट्रिक टॉरपीडो शामिल हैं। इनमें से छह को ट्यूब जैसी विशेष जगह रखा जाता है, जबकि बारह को टॉरपीडो कम्पार्टमेंट में बनी अलमारियों जैसी 'रैक' में रखा जाता है। इस जगह रखे हथियार 'आर्म्ड' यानी इस्तेमाल के लिए तैयार नहीं होते हैं। इसका अर्थ यह हुआ कि उनके अन्दर वह उपकरण नहीं लगे होते जो इन अस्त्र-शस्त्रों में भरी विस्फोटक सामग्री को दागने के लिए ज़रूरी होते हैं।

इस बात पर गौर करते हुए कि सिर्फ़ दो धमाके ही सुनाई दिए थे, जिसका अर्थ यह हुआ कि पनडुब्बी में मौजूद सोलह और अस्त्र, जिनमें से प्रत्येक में लगभग 250 किलो बेहद ख़तरनाक विस्फोटक थे, नहीं दगे थे। इससे पता चलता है कि अस्त्र-शस्त्रों के सुनियोजित और सुरक्षित डिज़ाइन की हादसे के समय भी जान-माल के नुकसान को कम से कम रखने में बड़ी अहम भूमिका रही।

ज़िन्दगी तमाम कारकों का एक बहुत ही जटिल खेल है जिसमें छुपे हुए ख़तरों को स्वीकार कर, उनसे निपटते हुए आगे बढ़ते जाना होता है।

मैं यह सोचकर परेशान हो जाता हूँ कि अगर यह हादसा तब हुआ होता जब पनडुब्बी समुद्र में किनारे से कहीं दूर होती, तो कितनी और जानें जातीं, और पनडुब्बी के किसी भी हिस्से को बचाने की कोई सम्भावना ही नहीं रहती। गहरे सागर में बचाव कार्य के लिए डीप सबमर्जेंस रेस्क्यू व्हीकल प्रोग्राम पर तेज़ी से काम होना चाहिए। पूरी ईमानदारी से अपने लोगों की सुरक्षा और युद्ध के लिए भारत की तैयारी, दोनों ही ज़रूरी हैं।

हमें एक बार ही मनुष्य जन्म मिलता है। ऐसी घटनाएँ जिनमें प्रतिभाशाली नौजवानों की अचानक मौत हो जाती है, दुनिया में इससे बड़ी कोई त्रासदी नहीं है। जब ऐसी घटनाएँ होती हैं तब हमें कुदरत की शक्ति का आभास होता है। हमने चाहे कितनी भी तकनीकी तरक्की क्यों न कर ली हो लेकिन कभी प्राकृतिक प्रकोप

के सामने हमारा कोई बस नहीं चलता या जब कभी मानव द्वारा बनाई मशीनें बेकाबू या ख़राब हो जाती हैं तब ऐसा अनर्थ होता है। हर बार जब हवाई जहाज का कोई पायलट दो सौ यात्रियों को लेकर उड़ान भरता है, तब वह सिर्फ़ अपनी क़ाबलियत पर ही भरोसा नहीं कर रहा होता है, बल्कि उसे और भी कई लोगों पर निर्भर रहना होता है, जैसे विमान बनाने वाले इंजीनियरों की योग्यता उसके काम आती है, और विमान को तय रास्ते पर उड़ान भरने के लिए नैविगेटर और ज़मीन पर वापस सुरक्षित उतरने के लिए ज़मीन पर विमान की देखरेख करने वाले कर्मचारियों की ज़रूरत होती है। लेकिन इन तमाम मानव-नियन्त्रित कारकों के अलावा मौसम, वायुदाब के उतार-चढ़ाव से होने वाली हलचल और यहाँ तक कि जानबूझ कर विमान को नुकसान पहुँचाने की नीयत रखने वालों का भी अनदेखा-अनजाना ख़तरा बना रहता है। इसलिए, हम कह सकते हैं कि ज़िन्दगी एक ऐसा खेल है जिसमें तमाम बातें, तमाम कारक बहुत ही जटिल ढंग से एक दूसरे को प्रभावित करते हैं, और इससे गुज़रने में जो ख़तरे छुपे हुए हैं, उन्हें स्वीकार करते हुए उनसे निपटते हुए आगे बढ़ते जाना होता है।

मन-मस्तिष्क का एक स्वर

प्र. सर, 1994 में अयोध्या में मेरा जन्म हुआ। कल आप अयोध्या के कामताप्रसाद सुन्दरलाल साकेत डिग्री कॉलेज आए, तो मैंने आपसे मिलने की कोशिश की, लेकिन कार्यक्रम के मुस्तैद कार्यकर्ताओं और पुलिस ने मुझे आप के पास तक पहुँचने से रोक दिया। कार्यक्रम में बोलते हुए आपने हम युवा छात्रों से सवाल किया कि हम ज़रा सोच कर बताएँ कि हम किस बात के लिए याद किया जाना चाहेंगे? मुझे अपना मामूली सा नज़रिया पेश करने की इजाज़त दें।

अयोध्या मन्दिर के कलशों और गुम्बज़ों का शहर है जहाँ मन्दिरों के प्राचीन हिन्दू स्थापत्य परम्परा के साथ मुगल शैली का पुट देखने को मिलता है। शहर के साथ होकर बहने वाली सरयू नदी को जैसे भुला दिया गया है और वह तीर्थयात्रियों की बाट जोह रही है। शहर के बाज़ार और सड़कों पर सन्नाटा पसरा है। भूमंडलीकरण से अप्रभावित दुकानदार अपनी दुकानों पर पीतल की देव-प्रतिमाएँ, बेसन के लड्डू, पेड़े, जलेबी जैसी स्थानीय मिठाइयाँ सजा कर ग्राहकों के इंतज़ार में बैठे रहते हैं।

सुरक्षा के घेरे में बाबरी मसजिद-राम जन्मभूमि परिसर में आमतौर पर लोग नहीं जाते और वहाँ सन्नाटा छाया रहता है। राम मन्दिर के लिए लाए गए लाल बलुआ पत्थर के खम्भे और

सिल्लियों के बड़े-बड़े ढेर लगे हैं और धूल की मोटी पर्त और काई से उनकी गुलाबी रंगत पर कालिख सी जम चुकी है। मुझे डर लगता है कि किसी दिन अचानक बाहर से लोगों का हुजूम अयोध्या आ जाएगा और यहाँ फिर से संघर्ष शुरू हो जाएगा। हम यहाँ ऐसा कुछ क्यों नहीं बना देते जो किसी एक धर्म का न होकर पूरी मानवता का हो? क्या अलग-अलग धर्म इंसान ने नहीं बनाए हैं? क्या यह सच नहीं है कि ईश्वर एक ही है? अगर है, तो फिर यह झगड़े क्यों होते रहते हैं?

भले ही साम्प्रदायिक एकता सम्भव न हो, लेकिन प्रेम के ज़रिये सब का जुड़ना सम्भव है।
–हैंस उर्ज़ वॉन बैल्थाज़ार

मेरे प्यारे नौजवान दोस्त, अयोध्या में के. एस. साकेत पोस्ट ग्रैजुएट कॉलेज का दौरा मुझे वाकई अच्छा लगा। इतने सारे युवा छात्र थे वहाँ, शायद हज़ारों। अफ़सोस की बात है कि आप मुझसे मिल नहीं पाए, लेकिन ई-मेल के ज़रिये आपके सवालों के जवाब देने से, मुझे उम्मीद है कि कुछ तो काम चलेगा।

आपका यह डर कि किसी दिन अचानक बाहर के लोग अयोध्या आकर संघर्ष न शुरू कर दें पूरी तरह तर्क से परे नहीं है, क्योंकि हमने पहले भी ऐसा होते हुए देखा है। लेकिन मैं आपको बताना चाहता हूँ कि अभी उम्मीद बाकी है। नौजवान बीते हुए दिनों दफ़न हो चुके संघर्ष को कुरेदने के खतरों से दो-चार हो चुके हैं। अपनी सोच को बीते हुए दौर की बातों को सोचने के बजाय, इस बात पर ध्यान देने की ज़रूरत है कि भारत विकसित राष्ट्र कैसे बन सकता है। मुद्दा यह है कि हम अपने आप को एक राष्ट्र के रूप में नहीं देख पा रहे हैं, और इसी वजह से हमारा कोई नैशनल विज़न यानी राष्ट्रीय नज़रिया भी नहीं बन पाया है।

राष्ट्रपति के रूप में अपने कार्यकाल के दौरान मैं राष्ट्रपति भवन में स्वतन्त्रता संग्राम सेनानियों के एक दल से मिला। उनमें से हरेक ने हमारे स्वतन्त्रता आन्दोलन

में जान फूँकी थी। मैंने हरेक को सलामी दी क्योंकि वह हमारी आज़ादी के लिए लड़े, और आज़ादी को हासिल करने की ख़ातिर उन्होंने अपना सुख-चैन कुरबान कर दिया था। भारत की आज़ादी के इस महान सपने की शुरुआत 1857 के आसपास हुई थी। नब्बे साल तक आज़ादी के लिए कितनी ही भीषण लड़ाइयाँ लड़ी गईं। कितने ही लोग लम्बे समय तक जेल में रहे और उन्होंने जो कष्ट झेले वही महात्मा गाँधी के नेतृत्व में स्वतन्त्रता आन्दोलन का रूप ले सामने आए। उन स्वतन्त्रता सेनानियों के साथ बातचीत में मैंने एक बार फिर स्वतन्त्रता आन्दोलन के सार को आत्मसात करने की कोशिश की। दो पहलू स्पष्ट रूप से उभरकर सामने

कैसा होगा मानव आरोग्य केन्द्र

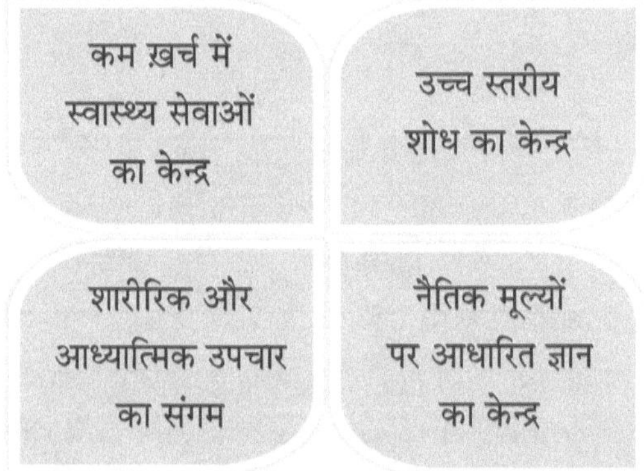

आए—हमें अपने सर्वोच्च बलिदान, समर्पण, और एकाग्रचित होकर किए गए प्रयासों से ही आज़ादी मिली, और दूसरा पहलू यह था कि दूरदर्शिता से प्रेरित आन्दोलन में से राजनीति, अर्थव्यवस्था, उद्योग, विज्ञान, कलाओं और संस्कृति के क्षेत्रों में तमाम नेता उभर कर सामने आए। आज़ादी के बाद भारत ने कृषि और खाद्यान्न उत्पादन, ऊर्जा, स्वास्थ्य, शिक्षा और विज्ञान एवं प्रौद्योगिकी के विभिन्न क्षेत्रों में उल्लेखनीय सफलता प्राप्त की। दवाइयों के निर्माण, सूचना प्रौद्योगिकी,

जनसंचार माध्यमों, अन्तरिक्ष और परमाणु विज्ञान के क्षेत्र में हमने अन्तरराष्ट्रीय स्तर पर अपनी पहचान बनाई है।

स्वतन्त्रता के सपने ने एक ऐसे आन्दोलन को जन्म दिया जिसने देश के तमाम लोगों को एक सूत्र में बाँध दिया और वे एक ही लक्ष्य की प्राप्ति के लिए जी जान से जुट गए। अब हमें राष्ट्रीय स्तर पर एक-दूसरे सपने की ज़रूरत है जो समाज के हर वर्ग के लोगों को दोबारा एक सूत्र में बाँध दे।

हमारे राष्ट्र का यह दूसरा सपना होगा कृषि एवं खाद्य प्रसंस्करण, शिक्षा एवं स्वास्थ्य, मूलभूत ढाँचे के साथ बिजली, सूचना एवं संचार प्रौद्योगिकी और अन्य महत्त्वपूर्ण प्रौद्योगिक क्षेत्रों में एकीकृत प्रयासों से इसे विकासशील राष्ट्र के दर्जे से विकसित राष्ट्र में रूपान्तरित करना। इस वृहत्तर स्वप्न का उद्देश्य होगा गरीबी, निरक्षरता और बेरोज़गारी का उन्मूलन। जब हमारे देश में लोगों के मन में इस उद्देश्य को लेकर एकरूपता होगी और सब एक-दूसरे से जुड़े हुए होंगे, तो सोया हुआ सामर्थ्य एक विशाल शक्ति के रूप में जाग उठेगा जिससे सौ करोड़ लोगों के जीवन में ख़ुशहाली और समृद्धि आ जाएगी। सारे राष्ट्र के इस एक साझा सपने से आपसी भेदभाव और छोटी सोच के कारण पैदा होने वाले झगड़े दूर हो जाएँगे।

अयोध्या में अचानक झगड़ों का जो, आपके मन में डर है, उसकी बात करें। अयोध्या दो धर्मों की आस्था से समृद्ध है। यह मानव इतिहास की एक प्रकार की जन्मभूमि है और उसके संघर्षों और सफलताओं का प्रतीक भी। मैं अयोध्या की पवित्र भूमि को वर्ष 2020 तक मानव की सेवा भावना के निष्कलंक प्रतीक और राष्ट्र की आत्मा में निहित आपसी सामंजस्य और अखंडता के आकाशदीप के रूप में उभरते हुए देखता हूँ। मैं अयोध्या की एक ऐसी जगह के रूप में कल्पना करता हूँ जहाँ आधुनिकतम तकनीकों से सुसज्जित बहुआयामी आरोग्य केन्द्र स्थापित होगा, एक ऐसी जगह जहाँ शारीरिक, मानसिक और आध्यात्मिक पीड़ा से मुक्ति मिलेगी। इस आरोग्य केन्द्र में चार विशेषताएँ ज़रूर होनी चाहिए।

पहली विशेषता तो यह होनी चाहिए कि इसका विकास एक ऐसे स्वास्थ्य

सेवा केन्द्र के रूप में हो जहाँ हर आयु वर्ग के लोगों के लिए कम ख़र्च में सर्वोत्तम स्वास्थ्य सेवाएँ उपलब्ध हों, ख़ासतौर से राष्ट्र के गरीबों और वृद्धों के लिए। भारत के कई अस्पतालों में ऐसा होता है जहाँ लगभग सत्तर प्रतिशत मरीज़ों का मुफ़्त इलाज किया जाता है। यह एक ऐसी जगह बने जहाँ सैकड़ों डॉक्टर हर साल लाखों देखने से मोहताज लोगों की आँखों की रोशनी वापस लौटाने के लिए समर्पित हों, जहाँ बहुआयामी विशेषज्ञ विकलांगों के जीवन में गति भर दें और गहरी हताशा में डूबे हुए लोगों में उम्मीदें जगाएँ। यह एक ऐसा केन्द्र हो जहाँ शरीर को निरोग रखने के लिए आधुनिक चिकित्सा पद्धति का आयुर्वेद, यूनानी, सिद्ध, योग और प्राकृतिक चिकित्सा के साथ मेल हो और ज़रूरतमन्दों को सहानुभूतिपूर्ण स्वास्थ्य सेवा उपलब्ध कराई जाए।

अयोध्या में मानवता का आरोग्य केन्द्र स्थापित करने का निर्णय बीते समय की कड़वाहट और टीस को भुलाकर ऐसा भविष्य गढ़ने की दिशा में एक क़दम होगा जिसे सभी समुदाय, और उनसे बढ़कर तमाम राष्ट्र और समूची मानवता सराहेगी और इससे प्रेरणा लेगी।

दूसरे, वह अति उत्कृष्ट स्तर के शोधकार्य के लिए प्रतिष्ठित केन्द्र के रूप में उभरे जहाँ सारे राष्ट्र में बड़ी संख्या में लोगों को प्रभावित करने वाली स्वास्थ्य समस्याओं के प्रौद्योगिक समाधान खोजे जाएँ। अब जब हम क्रय-क्षमता समता के आधार पर विश्व की चौथी सबसे बड़ी अर्थव्यवस्था के रूप में उभर रहे हैं, तब भी देश में जन्मा हर दूसरा बच्चा कुपोषित है और हर 1000 शिशुओं में से 53 अपनी पहली सालगिरह तक भी नहीं जी पाते। इसी तरह, तकरीबन सारी दुनिया के आधे टीबी यानी ट्यूबरकुलोसिस के मरीज़ भारतीय हैं और भारत की महिलाओं में अनीमिया का स्तर विश्व में सबसे अधिक, कुछ राज्यों में साठ प्रतिशत से भी ज्यादा है। अब भी लाखों लोगों को पीने के लिए साफ़ पानी और पौष्टिक भोजन नसीब नहीं है। मानवता की ख़ातिर बनाए गए इस आरोग्य केन्द्र में इस बात पर भी ध्यान दिया जाना चाहिए कि किस तरह ऐसी कड़ी सच्चाइयों पर निशाना साधा जाए, ताकि स्वास्थ्य जैसे सबसे प्रमुख

राष्ट्रीय सरोकारों में से एक मुद्दे को प्रभावशाली, व्यापक और किफ़ायती ढंग से निपटाया जा सके, और वह भी इस तरह कि यह सेवाएँ दूरदराज़ के ग्रामीण इलाकों तक पहुँच सकें जहाँ 70 करोड़ लोग रहते हैं। इसे एक ऐसा केन्द्र होना चाहिए जहाँ अन्तरराष्ट्रीय एजेंसियों के सहयोग से उन बीमारियों की रोकथाम के लिए टीके विकसित किए जाएँ जिन्होंने मानव जाति को युगों से त्रस्त कर रखा है।

तीसरे, मानव जाति के लिए बने आरोग्य केन्द्र में शारीरिक और आध्यात्मिक आरोग्य को एक साथ लेकर काम करने पर ज़ोर दिया जाना चाहिए। हरियाली से घिरे फूलों और सुरीले पक्षियों से युक्त इस आरोग्य केन्द्र को विभिन्न धर्मों के साझा आध्यात्मिक मंच के रूप में उभरना चाहिए। कई समृद्ध धर्मों से निकटता के कारण आरोग्य केन्द्र सभी विचारधाराओं में से सर्वश्रेष्ठ को चुन कर उसे पीड़ित लोगों के उपचार के लिए इस्तेमाल कर सकता है। इस तरह यह आध्यात्मिक ज्ञान का एक ऐसा केन्द्र भी होगा जहाँ मानव ख़ुद को दैवत्व के निकट पाएगा और मनुष्य की आत्मा का विवेक जाग जाएगा।

मानवता के आरोग्य केन्द्र का चौथा स्तम्भ दुनिया भर के लोगों को नैतिक मूल्यों पर आधारित ज्ञान प्रदान करने की नींव पर टिका होगा। यह एक ऐसा केन्द्र होगा जिसमें विभिन्न विचारधाराएँ एक-दूसरे में समाहित होकर आगे साथ बहेंगी जिससे युवाओं को ऐसे मूल्यों को अपनाने और उनके प्रति आस्थावान होने में सुविधा होगी जिससे राष्ट्र को उनपर गर्व हो। सवाल यह है कि क्या सभी धर्मों का अयोध्या में संगम हो सकता है, जिससे ऐसे समाज का निर्माण हो सके जो भ्रष्टाचार और नैतिक उथलेपन से मुक्त हो ? मानवता का आरोग्य केन्द्र ऐसी जगह होगी जहाँ विभिन्न धर्मों की विस्तृत पृष्ठभूमि में नैतिक शिक्षा के सर्वश्रेष्ठ पाठ्यक्रम के विकास पर शोधकार्य होगा, और उसे युवाओं को सिखाने के सबसे कारगर तरीके के रूप में अपनाया जाएगा।

ऐसे केन्द्र का सृजन कौन करेगा ? सरकारी और निजी संस्थाओं को इस केन्द्र के विकास में सहयोग करना चाहिए जो रंग, धर्म, जाति, लिंगभेद या राष्ट्रीयता पर ध्यान दिए बगैर मानव मात्र को आरोग्य प्रदान करने का प्रतीक होगा। मैं चाहता हूँ कि इस केन्द्र को पब्लिक-प्राइवेट-कॉम्यूनिटी पार्टनरशिप यानी सार्वजनिक, निजी और सामुदायिक क्षेत्र की भागीदारी से बनाया और चलाया जाए और इसी भागीदारी

का इस केन्द्र पर मालिकाना हक़ हो। साथ ही, इस काम में सरकार के साथ सभी राजनैतिक दलों, और विभिन्न क्षेत्रों से जुड़े पेशेवर लोगों, सेवानिवृत्त फ़ौजियों, और विभिन्न समुदायों के विद्वानों को शामिल किया जाए।

तो इस तरह हम देखेंगे कि अगले एक दशक तक अयोध्या प्रबुद्ध नागरिकों के विकास के लिए विश्व का जाना-माना केन्द्र बन जाएगा। एक ऐसी जगह जहाँ मूल्यों पर आधारित शिक्षा दी जाती हो, जहाँ विभिन्न धर्म अपनी साझा आध्यात्मिकता के साथ एक जगह आकर मिलें, जहाँ विचार भेदभाव की बेड़ियों में न जकड़े रहें, और जहाँ राष्ट्रीय परिवर्तन के लिए सृजनशीलता को खुली छूट मिले। लोगों के बीच एकता बहुत ज़रूरी है क्योंकि विरोधी शक्तियाँ हमारी आर्थिक उन्नति, सामाजिक शांति और समृद्धि के खिलाफ़ काम कर रही हैं।

अयोध्या के बदले हुए रूप का राष्ट्र और उसके सौ करोड़ लोगों के भविष्य पर गहरा असर होगा। यह एक ऐसा निर्णायक क्षण है, जिसके दूरगामी परिणाम होंगे। बीते हुए समय के बैर का बोझ ढोते रहने के बजाय हमारे लिए यह भविष्य को लेकर अपनी आकांक्षाओं को ध्यान में रखते हुए अपने वर्तमान को सही रूप देने का शानदार अवसर है। ऐसा क़दम उठाने के लिए हमारी आने वाली पीढ़ी हमारा आदर करेगी जिससे इंसानियत को बढ़ावा मिले न कि आपसी मेलजोल और शांति पर पानी फिर जाए। इस पीढ़ी के लिए यह एक सुनहरा मौका है यह चुनने का कि उसे चिरस्थाई भाईचारे और प्रबुद्ध राष्ट्रीयता के अग्रदूतों के तौर पर याद किया जाए या हज़ार साल के संघर्ष का सिलसिला छेड़ने वालों के रूप में। अयोध्या में मानवता का आरोग्य केन्द्र स्थापित करने का निर्णय बीते समय की कड़वाहट और टीस को भुलाकर ऐसा भविष्य गढ़ने की दिशा में एक क़दम होगा जिसे सभी समुदाय, और उनसे बढ़कर तमाम राष्ट्र और समूची मानवता सराहेगी और इससे प्रेरणा लेगी।

जड़ों को सींचना होगा

प्र. सर, मैंने 'उपभोक्ता वर्ग के पिरामिड' पर आपका व्याख्यान सुना। गरीबी में कमी लाने के लिए खुले बाज़ार की संकल्पना को बढ़ावा देने वाले इस आन्दोलन के तहत पिछले कुछ वर्षों के दौरान 'पिरामिड के आधार' की ओर ज़ोर दिया गया है। इसके तहत गरीब को 'हर परिस्थिति में ढल जाने वाला, सृजनशील उद्यमी और मूल्य के प्रति सजग उपभोक्ता' माना गया है। गरीब की ऐसी झूठी, रूमानी और कल्पित छवि उन्हें दो तरह से नुकसान पहुँचाती है। पहले तो यह बात उन गरीबों के हितों के लिए बनाए गए क्रानूनी, नियामक और सामाजिक तन्त्र के महत्त्व का अवमूल्यन करती है जो कि उपभोक्ता के तौर पर कमज़ोर और असुरक्षित होते हैं। दूसरे, 'खुले बाज़ार' और 'पिरामिड के आधार' की संकल्पना माइक्रो क्रेडिट पर ज़रूरत से ज़्यादा ज़ोर डालने के साथ ऐसे आधुनिक उद्यमों को बढ़ावा देने की ज़रूरत को नज़रअन्दाज़ करती है जहाँ गरीबों को रोज़गार के अवसर मिल सकें। और इनसे बढ़कर, इसकी वजह से गरीबी उन्मूलन में शासन की अहम और नाजुक भूमिका और उसकी ज़िम्मेदारी पर से ध्यान हटाता है जिससे गरीबी उन्मूलन का काम बुरी तरह प्रभावित होता है।

सर, मुझे लगता है कि गरीबों को बाज़ार के ग्राहक के रूप में लक्ष्य बनाने से उनकी मामूली सी आमदनी का कुछ न कुछ हिस्सा

व्यर्थ ही निम्न वरीयता वाले उत्पादों और सेवाओं पर ख़र्च हो जाता है। PURA (प्रोवाइडिंग अर्बन अमेनिटीज़ इन रूरल एरियाज़) यानी ग्रामीण क्षेत्रों में शहरी सुविधाएँ उपलब्ध कराने के आपके सपने के साथ एक सपना यह भी होना चाहिए कि शहरी इलाकों में सामुदायिक पिरामिड के निचले हिस्से में आने वाले वर्ग के लोगों को सक्षम बनाने पर ज़ोर दिया जाए।

गरीब इसलिए गरीब नहीं हैं क्योंकि वे अप्रशिक्षित या अशिक्षित हैं, बल्कि इसलिए हैं क्योंकि उनकी मेहनत की कमाई उनके पास नहीं टिकती। अपने रोज़गार पर उनका वश नहीं चलता, जबकि अपना वजूद बनाए रखने की क़ाबलियत ही लोगों को गरीबी के दायरे से बाहर निकलने की ताक़त देती है।
—*मोहम्मद यूनुस*

पीयूआरए (प्रोवाइडिंग अर्बन अमेनिटीज़ इन रूरल एरियाज़) यानी ग्रामीण क्षेत्रों में शहरी सुविधाएँ उपलब्ध कराने का प्राथमिक उद्देश्य ग्रामीण क्षेत्रों में ऐसा विकास है जिसका सिलसिला अपने दम पर आगे भी जारी रह सके। 'पीयूआरए' के तहत ग्रामीण क्षेत्रों के लोगों के सशक्तिकरण के लिए उनकी पारंपरिक कार्यकुशलता को बढ़ावा देते हुए उसमें ज़रूरी बदलाव लाकर रोज़गार के ऐसे और ज़्यादा अवसर उपलब्ध कराए जाएँगे जिससे उनकी प्रति व्यक्ति आय वर्तमान स्तर से दुगनी हो जाए। इसलिए जब हम 'पीयूआरए' की बात करते हैं तो गरीब के गरीब ही बने रहने का सवाल ही नहीं बचता।

मैं ख़ुश हूँ कि आपको 'पीयूआरए' का सपना अच्छा लगा। आपने जानना चाहा है कि शहरी क्षेत्र में सामुदायिक पिरामिड के निचले स्तर वाले लोगों को समृद्ध बनाने के लिए क्या किया जा सकता है। उपयुक्त प्रौद्योगिकी के प्रयोग से पर्यावरण संरक्षण का ध्यान रखते हुए सतत् विकास के लिए ज़मीनी स्तर पर कई राष्ट्रीय कार्यक्रम शुरू किए गए हैं। इनमें से कुछ हैं—सुरक्षित पेयजल और सिंचाई

के लिए पानी उपलब्ध कराना, प्रदूषण घटाना, खनिज ईंधनों पर निर्भरता कम करने के लिए अक्षय ऊर्जा संसाधनों को और ज्यादा अपनाना, चल-संसाधनों का इस तरह प्रबन्धन जिससे पर्यावरण प्रभावित न हो, जिससे स्वास्थ्य और वातावरण की स्थिति और ज्यादा न बिगड़े, जैव विविधता का संरक्षण हो और इस सब से राष्ट्र में शांति और आर्थिक समृद्धि आए। लेकिन सवाल यह है कि इस सब से गरीबों को किस तरह लाभ होगा और उनकी ज़िन्दगी कैसे बेहतर होगी ? गरीब को कैसे सतत् विकास का लाभ मिल सकता है ?

विज्ञान और प्रौद्योगिकी का प्रयोग करके हम मानव और आर्थिक विकास के लिए समुद्र, भूमि, नदियों और जंगलों जैसे प्राकृतिक संसाधनों का दोहन करते रहे हैं। लेकिन ऐसा करते हुए हमने पर्यावरण को प्रदूषित कर डाला है। वातावरण में कार्बन डाइऑक्साइड का स्तर बहुत अधिक बढ़ा है, जंगल कटे हैं, उद्योगों और शहरों की तमाम गंदगी ज्यों की त्यों नदियों में छोड़ने के साथ रासायनिक खादों और कीटनाशकों के अंधाधुंध इस्तेमाल से ज़मीन के साथ नदियाँ और समुद्र प्रदूषित हुए हैं। आज हमारे प्राकृतिक संसाधन कम होते जा रहे हैं और पर्यावरण के प्रदूषण की वजह से दुनिया का तापमान बढ़ रहा है और मौसम में असामान्य बदलाव आ रहे हैं। विडम्बना यह है कि इन प्राकृतिक संसाधनों का आर्थिक लाभ वही चुनिंदा लोग उठाते हैं जो इन पर आधारित उद्योगों के मालिक हैं, लेकिन पर्यावरण के क्षरण और उसके फलस्वरूप होने वाले हादसों के रूप में खामियाजा स्थानीय लोगों को ही भुगतना पड़ता है। पर्यावरण का स्वरूप बिगाड़ने का असर सिर्फ़ स्थानीय लोगों पर ही नहीं पड़ता, अक्सर कई राज्यों में लोग इससे प्रभावित होते हैं। परिणामस्वरूप सारा राष्ट्र नुकसान उठाता है। होना यह चाहिए कि प्राकृतिक संसाधनों के इस्तेमाल के हरेक पहलू में सतत् विकास का ध्यान रखा जाए, जो कि पर्यावरण संरक्षण के लिए बेहद ज़रूरी है।

विभिन्न प्रौद्योगिकियों के मेल, जैसे बायो-टेक्नोलॉजी, इनफ़ॉर्मेटिक्स, नैनो-टेक्नोलॉजी और ईको-टेक्नोलॉजी के समन्वय से, ऊर्जा और पर्यावरण के साथ प्रदूषण, कचरा, जैव विविधता और स्वास्थ्य सेवाओं के कई उत्पादों और तन्त्रों के प्रबन्धन की आशा की जा सकती है। उदाहरण के लिए, सौर प्रौद्योगिकी से हमारे एक राज्य में 700 मेगावॉट क्षमता का पहला सोलर पार्क तैयार हुआ है। नैनो फ़िल्टर

प्रौद्योगिकी के ज़रिये सुरक्षित पेयजल की समस्या का हल ढूँढा जा रहा है। नैनो पैकेजिंग और ईको प्रौद्योगिकी के मेल से बायो-डिग्रेडेबल पैकेजिंग जैसे हल मिल रहे हैं। इसमें कोई शक नहीं कि प्रौद्योगिकी के कई क्षेत्रों के मेल को लेकर शोध और विकास कार्य तेज़ी से चल रहे हैं जिन से मानवता को ऐसी चीज़ें मिलेंगी जो निर्विकार तो होंगी ही, उनसे पर्यावरण को भी किसी तरह का नुकसान नहीं पहुँचेगा। सवाल यह है कि यह कैसे सुनिश्चित किया जाए कि ऐसी प्रौद्योगिकी गरीब और हाशिये पर ज़िन्दगी बसर कर रहे लोगों के लिए किस तरह फ़ायदेमन्द हो ?

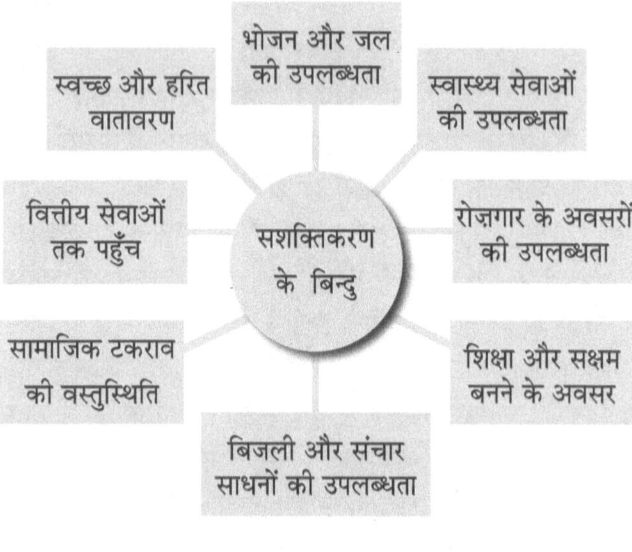

सामाजिक विकास राडार

प्रौद्योगिकी के लाभ सूचना और संचार प्रौद्योगिकी के ज़रिये ही गरीबों तक पहुँचाए जा सकते हैं। संचार नेटवर्क और तकनीकों के ज़रिये जानकारी जुटाना, उसे तैयार करना और ज़मीनी और उपग्रहों से जुड़े तन्त्रों के माध्यम से उसके प्रसार ने भू-स्थानिक से जुड़ी तकनीकों के समागम के चलते ही एक नया आयाम प्राप्त

किया है। इनसे प्राकृतिक संसाधनों की निगरानी और उनकी पड़ताल करते रहने, पर्यावरण को सुधारने की रूपरेखा तैयार करने और जैव-विविधता को समृद्ध बनाने में मदद मिलती है। सूचनाओं की खान में से आवश्यक जानकारी निकाल कर उसके विश्लेषण से ज्ञान प्राप्त होता है। सूचना और संचार तन्त्र ज़मीन और आसमान से पृथ्वी पर फैले नेटवर्क और बेतार प्रौद्योगिकी के ज़रिये सामग्री जुटाते रहेंगे।

उपग्रह नेटवर्क पर आधारित ग्लोबल इनफ़ॉर्मेशन सिस्टम (GIS), ग्लोबल पोज़िशनिंग सिस्टम (GPS) और जियो-स्पैशियल प्रौद्योगिकी के ज़रिये रिमोट सेंसिंग यानी सुदूर संवेदन से जानकारी इकट्ठी करके और उसका विश्लेषण करके उपलब्ध भूमि अथवा जल संसाधनों के मानचित्र तैयार किए जा सकते हैं; और कार्टोसैट (Cartosat) और ओशनसैट (Oceansat) जैसे उपग्रहों के माध्यम से नदियों के मार्ग और उनके प्रवाह पर नज़र रखी जा सकती है। आधुनिक जियो-स्पैशियल विश्लेषण की विधि से जुटाई गई बहुत सारी सामग्री में से ज़रूरत की सूचनाएँ निकालकर इस बात की जानकारी बढ़ाने में मदद मिल सकती है कि कचरे, प्रदूषण, ऊर्जा, जैव-विविधता और विभिन्न क्षेत्रों में होने वाले बदलावों सतत विकास के अनुकूल प्रबन्धन कैसे किया जा सकता है। सूचना एवं संचार प्रौद्योगिकी का प्रयोग करते हुए हमें व्यवसाय का ऐसा अभिनव सामाजिक मॉडल विकसित करने की ज़रूरत है ताकि विभिन्न प्रौद्योगिकियों के समन्वय से मिलने वाले शोध के नतीजों का सतत मानव विकास के लिए प्रयोग हो सके।

लेकिन दूसरी ओर, एक ऐसा अभिनव व्यावसायिक मॉडल तैयार करने की बात, जिसके माध्यम से सतत विकास के तौर-तरीके गढ़ने में इस्तेमाल करने के लिए प्रौद्योगिकी को उसे उपयोग करने वालों तक पहुँचाया जा सके, अब भी एक ऐसा मुद्दा है जिस पर ध्यान नहीं दिया गया है। एक अभिनव सामाजिक व्यावसायिक मॉडल बनना अभी बाकी है जो किसान, मछुआरे, कुशल कारीगर जैसे ग्रामीण क्षेत्रों में रहने वाले अपने उपभोक्ताओं को सशक्त और समृद्ध करे। सतत विकास की ओर उन्मुख सामाजिक व्यावसायिक मॉडल को अमल में लाए जाने पर उपलब्ध प्राकृतिक संसाधनों का आदर्श उपयोग होगा और वातावरण में प्रदूषण फैलाए बिना उनकी रीसायकिलिंग होगी ताकि अगली पीढ़ियों के लिए उपलब्धता को सुनिश्चित किया जा सके।

हमें 'सामाजिक विकास राडार' स्थापित करने की ज़रूरत है जिसके ज़रिये हम उपभोक्ताओं के सामुदायिक पिरामिड उपभोक्ताओं को किस तरह लाभ मिल रहा है उसकी समीक्षा कर सकें, उस पर निगरानी रख सकें। मैंने सशक्तिकरण की पहचान के आठ ज़रूरी बिन्दु सुझाए हैं, जिनका होना पिरामिड के आधार से शुरू होकर हमारे समाज के एक ख़ुशहाल, समृद्ध और शान्तिपूर्ण समाज के रूप में विकसित होने के लिए बहुत ज़रूरी है। यह बिन्दु हैं—भोजन और जल की उपलब्धता, स्वास्थ्य सेवाओं की उपलब्धता, रोज़गार के अवसर, शिक्षा और सक्षम बनने के अवसर, वित्तीय सेवाओं तक पहुँच, स्वच्छ और हरित पर्यावरण की उपलब्धता।

हमारे सामने तीन लक्ष्य हैं—इन आठों सामाजिक गुणों की वर्तमान स्थिति का आकलन, इन्हें लेकर मध्यम अवधि के लिए हमारे लक्ष्य और तय समय-सारणी के साथ दीर्घ अवधि के लिए हमारे लक्ष्य। सामाजिक बदलाव के लिए कॉर्पोरेट सोशल रेस्पॉन्सिबिलिटी के माध्यम से कम्पनियाँ या निगम और सामाजिक बदलाव के अभिकर्ता इस बात पर नज़र रख सकते हैं कि वह कौन से अनुप्रयोग हैं जो उपभोगकर्ताओं के सामुदायिक पिरामिड में सबसे नीचे वाले लोगों का सशक्तिकरण कर सकते हैं, और इसके परिणामों पर 'विकास राडार' के ज़रिये नज़र रखी जा सकती है। भारत तब तक विकसित देश नहीं बन सकता जब तक हम गरीबों के अधिकारों को पहचानना नहीं सीख जाते और जब तक हम 'विकास राडार' के सूचकों के अनुसार उन्हें मूलभूत सुविधाएँ और सतत रोज़गार उपलब्ध नहीं कराते। जब तक उसकी जड़ों को पानी से न सींचा जाए, और उसे मिट्टी में मौजूद पोषक तत्व न मिलें, तब तक कोई पेड़ पनप नहीं सकता।

नई पीढ़ी के नए हुनर

प्र. सर, मैंने उत्तर प्रदेश डेवलेपमेंट कॉनक्लेव में आपका प्रेरणादायक व्याख्यान सुना। उत्तर प्रदेश भारत का सबसे बड़ा राज्य है, जहाँ हमारी कुल जनसंख्या का पाँचवाँ हिस्सा बसता है। लोकसभा का हर सातवाँ सदस्य इसी राज्य से होता है। यही नहीं, प्रधानमंत्री चुने गए तेरह में से आठ नेता इसी राज्य ने दिए हैं, लेकिन पिछले कुछ सालों में इसने अपनी कुछ राजनैतिक साख खो दी है। अब इसकी ऐसी स्थिति नहीं रही है कि यह राष्ट्रीय स्तर पर अपना प्रभाव छोड़ सके।

यह प्रदेश अब तक की सबसे बुरी जाति और समुदाय की जंग में उलझा हुआ है। बदलाव के लिए किसी रूपरेखा की तो छोड़िए, आज इस राज्य के राजनेताओं के पास एक आकर्षक नारा तक नहीं है। यहाँ अब विचारधाराओं की लड़ाई नहीं रह गई है। राज्य के सभी राजनैतिक दलों की दिलचस्पी समुचित सामाजिक जोड़-तोड़ के ज़रिये जीतने में मदद करने वाले जातिगत राजनैतिक समीकरण गढ़ने में है। कोई भी राजनैतिक दल बेहतर शासन व्यवस्था या बेरोज़गारों को रोज़गार दिलाने की बात नहीं करता, बल्कि जाति और वर्ग से जुड़े सवालों और मुद्दों पर उनका पूरा सरोकार रहता है।

हालात बदतर होते जा रहे हैं। प्रदेश को ऐसे कर्मठ नेताओं की आवश्यकता है जो निजी स्वार्थों और राजनीति के घटिया दावपेंचों

से ऊपर उठकर जनता के कल्याण के लिए काम करें ताकि भेदभाव और दूरियाँ बढ़ाने वाले जातिगत समीकरणों से छुटकारा पाया जा सके।

एक शमा दूसरी को लौ देती है तो उसका कुछ भी नहीं जाता।
—जेम्स केलर

उत्तर प्रदेश एक बहुत बड़ा राज्य है। बीस करोड़ लोग रहते हैं यहाँ और इसीलिए समस्याएँ बहुत हैं और उनका हल मुश्किल। इस राज्य में चलने वाली राजनैतिक उधेड़बुन के बारे में आपकी चिन्ताओं को मैं समझ सकता हूँ, लेकिन स्वस्थ लोकतन्त्र में ऐसी उठापटक होना एक सामान्य बात है।

मानव और प्राकृतिक दोनों ही तरह के संसाधनों से सम्पन्न उत्तर प्रदेश पहले आर्थिक और सामाजिक विकास के क्षेत्र में भारत के दूसरे राज्यों की अगुआई कर चुका है। राज्य का ज़्यादातर हिस्सा गंगा के बहाव-क्षेत्र के उर्वर मैदानी इलाके में है, जहाँ की मिट्टी प्राकृतिक रूप से बेहद उपजाऊ है, पर्याप्त वर्षा होती है, और साथ ही भूजल और भूमिगत जलस्रोतों की भी इस राज्य में कमी नहीं है। इसके पश्चिमी इलाके में 1960 और 1970 के दशकों के दौरान हरित क्रान्ति की जो लहर आई उससे पहले कृषि उत्पादन के क्षेत्र में काफ़ी पिछड़ा रहने के बाद यह राज्य मिसाल बन गया। 1970 और 1980 के दशकों के दौरान गरीबी के स्तर में लगातार कमी, कृषि क्षेत्र में अनुसंधान, सिंचाई, सड़क और विपणन के लिए ज़रूरी मूलभूत ढाँचे में विकासोन्मुख और उद्देश्यपूर्ण निवेश से 1980 के दशक में प्रगति को और हवा मिली। लेकिन 1990 के दौर में आर्थिक प्रगति को ऐसा धक्का लगा कि यह राज्य भारत के दूसरे बेहतर प्रदर्शन करने वाले राज्यों से पीछे रह गया। हालाँकि हाल में विकास में आई तेज़ी बताती है कि उत्तर प्रदेश के प्रदर्शन में आई गिरावट अब थम चुकी है, लेकिन अब भी बहुत सारी समस्याएँ बाकी हैं।

आर्थिक अभावों के पैमाने पर मापी गई गरीबी भारत के दूसरे राज्यों की

तुलना में उत्तर प्रदेश में ज्यादा है और पिछले दो दशकों के दौरान गरीबी उन्मूलन के काम में काफ़ी उतार-चढ़ाव आते रहे हैं। गरीबी में जीने वाले ज्यादातर परिवार ग्रामीण क्षेत्रों में रहते हैं, और इतिहास गवाह है कि राज्य के पूर्वी और दक्षिणी हिस्से ज्यादा गरीबी की चपेट में रहे हैं। उत्तर प्रदेश के लोग बीमारियों के भारी बोझ से भी पीड़ित हैं। पूरे भारत में जच्चा की मृत्यु दर एक लाख स्वस्थ शिशुओं में 178 है। इसकी तुलना में उत्तर प्रदेश में यह दर 300 है, जो कि काफ़ी ऊँची है। बच्चे ख़ासतौर से हालात की मार से ज्यादा प्रभावित होते हैं—इस राज्य में भी बच्चे अक्सर कुपोषण के शिकार मिलते हैं—तीन साल से कम उम्र के आधे से ज्यादा बच्चे वज़न की कमी का शिकार हैं और बचपन में होने वाले रोगों से बचाव का भी इंतज़ाम नहीं है। दस में से तीन बच्चे तो ऐसे है जिन्हें बीमारियों से बचाव के टीके कभी नहीं लगे हैं, और उत्तर प्रदेश में शिशु मृत्यु दर, 1000 जीवित पैदा हुए बच्चों में से 85 इतनी ज्यादा है जितनी भारत में और कहीं नहीं है। जिन परिवारों में भौतिक संसाधनों की कमी है, उन्हीं में शिशु मृत्यु दर भी ख़ासतौर पर ज़्यादा है।

उपयोगी और मूल्यवान चीज़ों के अभाव के साथ निम्न और अनिश्चित आमदनी का नतीजा है

गरीबी। गरीबी से लड़ने के लिए सरकार को अपनी सभी परिसम्पत्तियों पर सोच-समझ कर निर्माण कार्य करने होंगे, चाहे वह सार्वजनिक क्षेत्र के हाथों में हो, या निजी क्षेत्र के। तब कहीं वास्तव में गरीबों तक इसका लाभ पहुँचेगा। सस्ते दर पर दिहाड़ी की मज़दूरी ही ज्यादातर गरीबों के हिस्से में आती है, क्योंकि उनके पास ज़मीन या दूसरे लाभ के साधन या तो होते ही नहीं हैं, या बहुत कम होते हैं। गरीबों के पास ऐसे हुनर भी नहीं होते जिनकी बाज़ार में कोई क़ीमत मिल सके, और

ज्यादातर मामलों में वही स्वास्थ्य समस्याओं और शारीरिक अक्षमताओं के भी अपेक्षाकृत ज्यादा शिकार होते हैं। निजी पूंजी और परिसम्पत्तियों के अभाव के कारण होती है गरीबी। हाथ में हुनर यानी कौशल और काम-धंधा शुरू करने के लिए ज़रूरी पूँजी के अभाव में गरीब आदमी और औरतें विकासोन्मुख अर्थव्यवस्था के चलते मिलने वाले अवसरों का फ़ायदा उठा पाने में भी अक्षम होते हैं।

मई 2012 में हुए उत्तर प्रदेश कॉनक्लेव में मैंने राज्य में एक समेकित कौशल-आधारित सशक्तिकरण मिशन शुरू करने का प्रस्ताव रखा था। मैंने राज्य भर में एक लाख सामाजिक उद्यम शुरू करने की सिफ़ारिश की थी। इनमें से हरेक में बड़ी संख्या में मौजूद शिक्षित युवाओं में से पचास सामाजिक उद्यमियों को जोड़ा जा सकता है। मुख्यमंत्री अखिलेश यादव की मौजूदगी में मैंने कहा था, ''उत्तर प्रदेश के ये सामाजिक उद्यमी बिलकुल ज़मीनी स्तर पर जी रहे समुदायों के साथ काम करते हुए सशक्तिकरण की प्रक्रिया पर भी नजर रख सकते हैं। इससे राज्य में पच्चीस लाख शिक्षित बेरोज़गारों और अतिरिक्त काम की तलाश कर रहे युवाओं को अधिक आमदनी देने वाले रोज़गार मुहैया कराने में मदद मिलेगी और साथ ही विकास के नये रास्ते खुलेंगे।''

उदाहरण के लिए, मलीहाबाद के आमों को लेकर उन से अतिरिक्त पोषक तत्वों से युक्त खाने की चीज़ें बनाकर उनकी लागत पर कम से कम लाभांश लेते हुए और स्थानीय बाज़ारों को वरीयता देते हुए जनसामान्य को उपलब्ध कराया जाए। इस तरह सामाजिक उद्यमी स्थानीय उत्पादों, स्थानीय पोषण सम्बन्धी आवश्यकताओं, प्रौद्योगिकी और विपणन के बीच सेतु का काम कर सकता है।

महत्त्वपूर्ण शहरों जैसे लखनऊ, कानपुर, नौएडा और मेरठ के विकास की ज़रूरत पर ज़ोर देते हुए मैंने सुझाव दिया था कि राज्य सरकार प्राइवेट-पब्लिक मॉडल पर यू. पी. स्किल एंटरप्राइज़ कॉरपोरेशन स्थापित कर सकती है, जो कॉलेज में पढ़ रहे और बाज़ारों में पारम्परिक कौशल सम्पन्न प्रतिभाशाली युवाओं को चुनकर उन पर निवेश करे ताकि वे सामाजिक उद्यमियों के रूप में उभर कर सामने आ सकें।

किसी समुदाय की संसाधनों के प्रबन्धन की क्षमता का प्रमुख कारक होता है उस समाज में लोगों के बीच आपसी लगाव और साझा लक्ष्य तय करने और उन्हें प्राप्त करने की क्षमता।

लक्ष्य बनाकर औद्योगिक प्रशिक्षण संस्थानों में युवाओं के प्रशिक्षण, युवा कार्यशालाओं, विपणन, प्रौद्योगिकी प्रक्रियाओं में सुधार और अन्य किस्म के हस्तक्षेप से समूचे राज्य को ही लाभ मिल सकता है। प्रत्येक जिले में वहाँ के कौशल, सम्भावनाओं और स्थानीय उत्पादों के उपयोग पर आधारित अर्थव्यवस्था विकसित करने का लक्ष्य प्राप्त करने के लिए क्या कुछ किया जा सकता है। इसके साथ ही, यह सामाजिक उद्यमी ख़ुद ही एक-दूसरे से तुलना करके अपने मानदण्ड भी ख़ुद ही तय कर सकते हैं, आपसी सहयोग से वितरण व्यवस्था के रास्ते बन सकते हैं और इस तरह आपसी सहयोग के निवेश से अपने साथ राज्य के कल्याण में भी भागीदार हो सकते हैं। इससे भदोही, मुरादाबाद, अलीगढ़, आगरा और सोनभद्र समेत कई क्षेत्रों में औद्योगिक केन्द्र बनने के रास्ते खुलेंगे। इसलिए, दोस्तो, प्रशासन और आर्थिक विकास की यह एक वैकल्पिक कार्यसूची है जो राज्य की राजनैतिक व्यवस्था को दी गई है।

आपने जानना चाहा है कि जाति और सम्प्रदाय के आधार पर बनी दूरियों को कैसे कम किया जा सकता है। इन दूरियों की वजह है संसाधनों की कमी की समस्या। अपेक्षाकृत सम्पन्न लोगों के मुक़ाबले गरीब लोग अपने गुज़ारे के लिए वन संसाधनों पर ज़्यादा निर्भर होते हैं। मिसाल के तौर पर गरीब लोग खाना पकाने के लिए गैस या आधुनिक दवाओं का खर्च नहीं उठा सकते। इस वजह से अपने निजी

संसाधनों को इस्तेमाल करने या न करने के पीछे उनके अपने अलग कारण हो सकते हैं और इसीलिए प्राकृतिक संसाधनों के दोहन के सिलसिले में कैसे नियम होने चाहिए इस बारे में उनकी अपनी राय दूसरों से अलग हो सकती है।

किसी समुदाय की संसाधनों के प्रबन्धन की क्षमता का प्रमुख कारक होता है उस समाज में लोगों के बीच आपसी लगाव और साझा लक्ष्य तय करने और उन्हें प्राप्त करने की क्षमता। इसका मतलब यह नहीं कि समाज में एकरूपता होनी चाहिए। भारतीय समाज में सामाजिक पहचान अचानक गायब नहीं हो सकती। लोगों के ऐसे समुदाय भी हैं जो जाति, धर्म, पारिवारिक पृष्ठभूमि और इतिहास समान होने के बावजूद भी एकजुट नहीं हैं। इससे उलट ऐसे भी कई समुदाय हैं जिनमें अलग-अलग पृष्ठभूमि वाले लोग साझा लक्ष्य प्राप्त करने की ख़ातिर आपसी फ़र्क को दरकिनार करने में कामयाब रहे हैं। मुख्य मुद्दा यह है कि कोई समुदाय साझा लक्ष्य निर्धारित करने में सक्षम है, इन लक्ष्यों को हासिल करने की रणनीति तय करके मिलजुल कर काम कर सकता है।

2014 के आम चुनाव में जाति और सम्प्रदाय से ऊपर उठकर मतदान हुए। यहाँ तक कि सांप्रदायिकता से पैदा होने वाली दूरियाँ भी बेमानी साबित हुईं। माहौल में आशा का संचार हुआ है। भारत ने इस तरह मतदान करके विकास का रास्ता चुना है—तेज़ी से तरक्की की ख़ातिर, रोज़गार की ज़्यादा सम्भावनाओं की ख़ातिर और महंगाई को बढ़ने से रोकने की ख़ातिर। लगातार विकास होने से लोगों के बीच जो कई तरह की दूरियाँ हैं वह मिट जाएँगी, और एक शक्तिशाली भारत का उदय होगा, कुछ वैसे ही जैसे कई धातुओं के मेल से ज़्यादा मज़बूत मिश्रधातु तैयार होती है।

कब गा सकूँगा मैं भारत का गीत

प्र. आपका व्याख्यान 'वेन कैन आई सिंग अ सॉन्ग ऑफ़ इंडिया' यानी 'कब होगा मेरे होठों पर भारत का गीत' वास्तव में बहुत प्रेरणाप्रद है। लेकिन प्रेरणा के ये पल बहुत जल्दी बीत जाते हैं। अभी उसे लोगों के बीच पेश हुए तीन साल भी नहीं हुए हैं कि देश में ही विकसित कम क़ीमत वाले टैबलेट कम्प्यूटर 'आकाश' का भविष्य अनिश्चित नज़र आने लगा है। जबकि सरकार उसे बचाने का प्रयास कर रही है, आकाश के मुक़ाबले में निजी कम्पनियों के कम-क़ीमत वाले टैबलेट कम्प्यूटर आने के बाद उसके औचित्य पर ही सवाल उठने लगे हैं। दिल की बीमारियों में काम आने वाले कम कीमत वाले स्वदेशी स्टेंट चित्रा हार्ट वॉल्व के साथ भी ऐसा ही कुछ हुआ। क्या यह भारत के लिए एक और सबक है कि विकासशील देश में कुछ अच्छा करने के लिए अच्छी नीयत ही आमतौर पर उतनी कारगर नहीं होती जितना कि भौतिकवाद, कम्पनियों के निजी हित और बाज़ार? बिल गेट्स का कहना है कि भारत को कम्प्यूटर की पूजा करने से पहले मूलभूत ढाँचा मुहैया कराने पर ध्यान देना होगा, चाहे वह 'विंडोज़' पर ही आधारित क्यों न हों। कुछ महीने पहले उत्तर प्रदेश में, जहाँ लोग दक्षिणी अफ़्रीका के सबसे गरीब देशों जैसी बदहाली में जीते हैं, वहाँ मुख्यमंत्री और उनकी पत्नी ने मंच पर खड़े होकर हाई स्कूल के छात्र-छात्राओं को मुफ्त में लैपटॉप बाँटे, जैसे

ख़ैरात बाँटी जाती है। उन्होंने और लोगों को कम्प्यूटर देने का वादा भी किया।

सर, मुझे यह बताएँ कि क्या भारत का गीत हद दर्जे की गरीबी और डिजिटल प्रौद्योगिकी की पूजा का युगल गीत होगा?

जब तक भारत अपने दम पर दुनिया का डटकर मुक़ाबला नहीं करता, तब तक कोई हमारा आदर नहीं करेगा। इस दुनिया में डर के लिए कोई जगह नहीं है। ताक़त सिर्फ़ ताक़त का आदर करती है।

—ए पी जे अब्दुल कलाम

वर्तमान स्थिति को लेकर आपकी पीड़ा को मैं महसूस कर सकता हूँ। किसी नेक, शान्तिप्रिय नागरिक के लिए देश के भविष्य की चिन्ता करना स्वाभाविक है। आपके सवाल का जवाब देने से पहले मैं अपने उन तीन सपनों के बारे में बताना चाहता हूँ, जो मेरी आँखों में हैं।

हमारे तीन हज़ार वर्षों के इतिहास में, दुनिया भर से लोगों ने आकर हमारे ऊपर हमले किए, हमारी ज़मीन पर कब्ज़ा किया और हमारे दिल-ओ-दिमाग पर छा गए। सिकन्दर के बाद से देखें तो यूनानियों, पुर्तगालियों, अंग्रेज़ों, फ्रांसीसियों और डच, सभी ने आकर हमारी दौलत, हमारे संसाधनों को लूटा और जो कुछ कुदरत ने हमें बख़्शा हुआ था, उस सब पर अपना हक़ जमाया। लेकिन हमने किसी दूसरे राष्ट्र के साथ ऐसा नहीं किया। हमने किसी पर जीत दर्ज करने के लिए हमले नहीं किए। हमने न उनकी ज़मीन पर कब्ज़ा किया, और न उनकी सभ्यता को रौंद कर उन पर अपने जीने के तौर-तरीके थोपे। क्यों? हमने किसी देश की धरती पर हमला इसलिए नहीं किया और न ही किसी को अपने अधीन किया क्योंकि हम इंसान की आज़ादी का सम्मान करते हैं—अपनी आज़ादी का, और दूसरों की आज़ादी का भी। इसलिए भारत को लेकर मेरी आँखों में पहला सपना आज़ादी का है।

भारत को लेकर मेरा दूसरा सपना विकास का है। पिछले साठ साल से हम विकासशील राष्ट्र हैं। अब समय आ गया है जब हम ख़ुद को विकसित राष्ट्र बनते हुए

देखें। सकल घरेलू उत्पाद के लिहाज से हम दुनिया के पाँच शीर्षस्थ राष्ट्रों में आते हैं। ज्यादातर क्षेत्रों में हमारी विकास दर पाँच प्रतिशत है। हमारे यहाँ गरीबी का स्तर कम होता जा रहा है। हमारी उपलब्धियों को सारी दुनिया में मान्यता दी जा रही है। लेकिन ख़ुद को आत्मनिर्भर और आत्मसम्मान से भरे विकसित राष्ट्र के रूप में देखने के लिए ज़रूरी आत्मविश्वास हमारे पास नहीं है। क्या यह बात सच नहीं है?

मेरा तीसरा सपना है कि भारत दुनिया के सामने सिर उठा कर खड़ा हो सके। क्योंकि मैं मानता हूँ कि अगर भारत दुनिया के बाकी देशों के स्तर से पीछे रह जाता है, तो

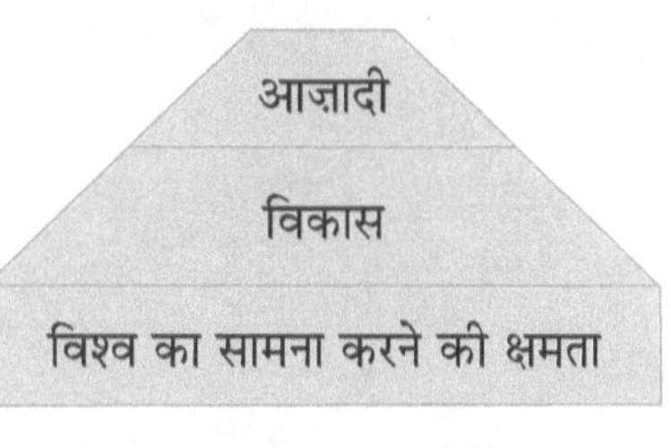

भारत के बारे में मेरे तीन सपने

कोई हमारा सम्मान नहीं करेगा। सिर्फ़ ताक़त ही ताक़त का सम्मान करती है। हमें सिर्फ़ एक सैन्य शक्ति के तौर पर ही शक्तिशाली नहीं होना चाहिए, बल्कि आर्थिक शक्ति के रूप में भी मज़बूत होना चाहिए। दोनों साथ-साथ चलने चाहिए।

अपने राष्ट्र को आर्थिक रूप से विकसित देश में बदलने के लिए विकास दर में तेज़ी लाने के उद्देश्य से मैंने भारत की मूलभूत क्षमताओं, प्राकृतिक संसाधनों और प्रतिभाशाली जनबल के आधार पर पाँच क्षेत्रों की पहचान की है। ये पाँच क्षेत्र हैं— वर्तमान कृषि उत्पाद प्रसंस्करण और खाद्यान्न उत्पादन को दोगुना करने के उद्देश्य से कृषि और खाद्य प्रसंस्करण; बिजली की भरोसेमन्द उपलब्धता के साथ ग्रामीण क्षेत्रों में शहरी सुविधाएँ मुहैया कराना और सौर ऊर्जा का अधिकाधिक उपयोग; निरक्षरता, सामाजिक सुरक्षा और जनसंख्या के मुद्दों को ध्यान में रखते हुए शिक्षा और स्वास्थ्य सेवाओं का विस्तार; दूरदराज़ के इलाकों में शिक्षा, दूरसंचार और टेली-मेडिसिन के विस्तार के लिए ई-गवर्नेंस को बढ़ावा देने के लिए सूचना और संचार प्रौद्योगिकी; और, अन्त में, नाभिकीय प्रौद्योगिकी, अन्तरिक्ष प्रौद्योगिकी और रक्षा प्रौद्योगिकी के विकास के लिए 'क्रिटिकल' प्रौद्योगिकी और सामरिक महत्त्व के उद्योगों को बढ़ावा।

देश के युवाओं को साक्षरता, पर्यावरण और सामाजिक न्याय के क्षेत्रों में काम करके भारी सामाजिक बदलाव ला सकते हैं, और उन्हें ग्रामीण और शहरी जीवनस्तर के बीच की खाई को पाटने की दिशा में काम करना चाहिए। यह अत्यन्त आवश्यक है कि विकसित भारत एक ऐसा राष्ट्र हो जहाँ ऊर्जा और अच्छी गुणवत्ता के पानी का वितरण और उपलब्धता न्यायसंगत होगी, जहाँ कृषि, उद्योग और सेवा-क्षेत्र आपसी तालमेल के साथ काम करेंगे, एक ऐसा राष्ट्र जहाँ सभी को उत्कृष्ट स्वास्थ्य सेवाएँ उपलब्ध होंगी, जहाँ शासन व्यवस्था जल्द हरकत में आने वाली, पारदर्शी और भ्रष्टाचार रहित होगी।

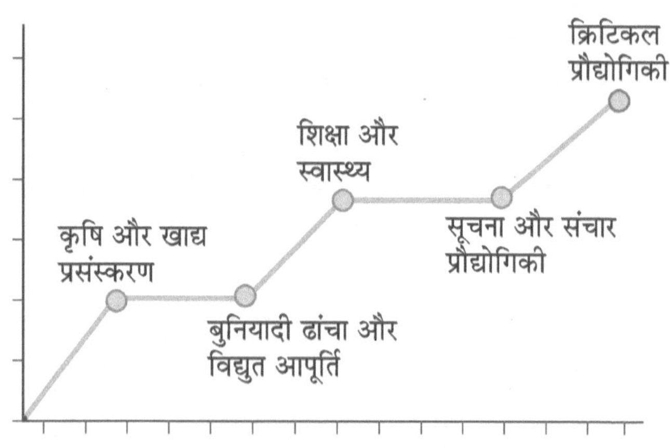

भारत के सकल घरेलू उत्पादन में तेज़ी के क्षेत्र

अब मैं आपके सवाल पर आता हूँ—क्या भारत का गीत हद दर्जे की गरीबी और डिजिटल प्रौद्योगिकी की पूजा का युगल गीत होगा? मेरा जवाब है नहीं। बेशक इसके लिए हमें अभी बहुत कुछ करना है। हमें अपने छोटे-मोटे झगड़े और मनमुटाव भुला देने चाहिए क्योंकि ये झगड़े बिलकुल गलत हैं। हमारे पवित्र धर्मग्रन्थों में इन झगड़ों को बुरा बताया गया है। हमारे पूर्वज, और वे महान लोग जिनके वंशज होने का हम दावा करते हैं, जिनका ख़ून हमारी रगों में दौड़ता है,

अपनी औलादों को मामूली सी असहमति की वजह से झगड़ते देख शर्मिन्दा महसूस करते होंगे।

झगड़ना बन्द कर देने से बाकी सब कुछ सुधरने लगेगा। जीवन का आधार, हमारी जीवनी शक्ति जब दमदार और शुद्ध होती है, तो शरीर में रोग पैदा करने वाले कीटाणु नहीं पनप पाते। हमारी जीवनी शक्ति है हमारी आध्यात्मिकता। अगर उसके बहाव में कोई रुकावट नहीं है, अगर उसका प्रवाह तेज़, शुद्ध और ओजपूर्ण है, तो सब कुछ ठीक रहेगा; राजनैतिक, सामाजिक या कोई भी दूसरी भौतिक ख़ामियाँ। यहाँ तक कि देश की गरीबी व सभी परेशानियों से छुटकारा मिल जाएगा।

अगर आधुनिक चिकित्सा विज्ञान की ज़बान में बात करें, तो हम कह सकते हैं कि हमें मालूम है कि बीमारी के पीछे दो कारण होते हैं, एक तो बाहर से शरीर में प्रवेश करने वाला रोगाणु और दूसरे शरीर के स्वास्थ्य की आन्तरिक स्थिति। जब तक शरीर ऐसी स्थिति में नहीं होता कि रोगाणु उसमें प्रवेश कर सकें, जब तक कि शरीर के ओज में इतनी गिरावट नहीं आई हुई होती है कि रोगाणु शरीर में घुस कर पनप और बढ़ सकें, तब तक किसी भी रोगाणु में इतनी शक्ति नहीं है कि वह स्वस्थ शरीर में बीमारी पैदा कर दे। सच तो यह है कि करोड़ों रोगाणु लगातार हमारे शरीर से होकर गुज़रते रहते हैं, लेकिन जब तक शरीर स्वस्थ और तंदुरुस्त रहता है, तब तक उसे कोई फ़र्क नहीं पड़ता। जब शरीर कमज़ोर होता है सिर्फ़ तभी ये रोगाणु उस पर अपनी पकड़ बना लेते हैं और रोग पैदा कर देते हैं। कुछ ऐसा ही राष्ट्र के जनजीवन के साथ भी है।

> *जब राष्ट्र का 'शरीर' कमज़ोर पड़ जाता है तभी तमाम तरह के बीमारियों के कीटाणु उसकी कौम की राजनैतिक, सामाजिक, शैक्षणिक या बौद्धिक व्यवस्था में जमा हो जाते हैं और बीमारी पैदा करते हैं।*

जब राष्ट्र का 'शरीर' कमज़ोर पड़ जाता है तभी तमाम तरह के बीमारियों के कीटाणु उसकी कौम की राजनैतिक, सामाजिक, शैक्षणिक या बौद्धिक व्यवस्था में जमा हो जाते हैं और बीमारी पैदा करते हैं। इसलिए, इसका इलाज करने के लिए हमें

बीमारी की जड़ों तक जाना चाहिए और ख़ून की सारी गन्दगी को दूर करना चाहिए। एक लक्ष्य यह होना चाहिए कि आदमी को सशक्त बनाया जाए, ख़ून को साफ़ किया जाए, शरीर को ओजपूर्ण बनाया जाए, ताकि वह किसी भी बाहरी ज़हर का मुक़ाबला कर सके और उसके असर से छुटकारा पा सके।

हमने देखा है कि हमारा बल, हमारी शक्ति, बल्कि देखा जाए तो हमारे राष्ट्र का जीवन हमारे आध्यात्मिक स्वभाव में ही बसा है। अभी मैं यह चर्चा नहीं करने जा रहा हूँ कि यह सही है या नहीं, आगे चलकर यह फ़ायदेमन्द होगा या नहीं, लेकिन सच यही है कि यह आध्यात्मिक ओज होता ज़रूर है। हम इससे बाहर नहीं निकल सकते, यह जैसे अभी हमारे पास है, वैसे ही यह हमेशा रहेगा, और हमें इसके साथ रहना है, भले ही अधिकांश लोगों में इसके प्रति मेरे जैसी आस्था न हो।

एक राष्ट्र के तौर पर हम अपनी आध्यात्मिकता से बँधे हुए हैं, और अगर हम इसे त्याग देंगे, तो हमारे टुकड़े-टुकड़े हो जाएँगे। यह हमारी राष्ट्रीयता की जीवनी शक्ति है जिसे अवश्य ही परिपुष्ट किया जाना चाहिए। हम सदियों से झटके सहते चले आ रहे हैं और इसकी वजह यही है कि हमने इसका बहुत ध्यान रखा है और इसके लिए हमने बाकी सब कुछ क़ुर्बान कर दिया। हमारे पूर्वज सब कुछ बहादुरी के साथ सह गए, यहाँ तक कि मौत भी, लेकिन उन्होंने संवेदना के साथ काम करने की अपनी परम्परा को संजो कर रखा।

> एक राष्ट्र के तौर पर हम अपनी आध्यात्मिकता से बँधे हुए हैं, और अगर हम इसे त्याग देंगे, तो हमारे टुकड़े-टुकड़े हो जाएँगे।

भारतीय मानस, सबसे पहले और सबसे बढ़कर आध्यात्मिक है। इसलिए इस आध्यात्मिकता को समृद्ध करना है, सवाल है कि इसे कैसे करें? नेकी और ईमानदारी के रास्ते पर रहें—पवित्र राह पर। पहले पवित्रता का ध्यान रखें, आपके पास सारी शक्ति ख़ुद ब ख़ुद आ जाएगी। जब आप ईमानदारी के रास्ते पर चलते हैं तो आप पाते हैं कि हर कोई अपने आप ही आपके साथ सहयोग करेगा। सकारात्मक परिस्थितियाँ सामने आ जाएँगी, जैसे न जाने कहाँ से प्रकट हो गई हों। आपके अन्दर से कुछ ऐसा रहस्यमय सा निकलता हुआ महसूस होगा जिसकी वजह से लोग

आपके पीछे चलना चाहेंगे, आपको सुनना चाहेंगे, और उन्हें इस बात का एहसास भी नहीं होगा, और यहाँ तक कि वह अपनी मर्ज़ी के ख़िलाफ़ जाकर भी वही करने लगेंगे जो आप चाहते हैं।

यौवन वह समय है जब आप अपने भविष्य के बारे में फ़ैसले कर सकते हैं, और यह तभी हो सकता है जब आपके अन्दर यौवन की ऊर्जा है, तब नहीं जब आप घिस-पिट कर मुरझा चुके होते हैं, बल्कि तब जब आपके पास यौवन की ताज़गी और जोश होता है। यही काम करने का समय है, क्योंकि भारत माता के चरणों में ऐसे अनछुए फूल ही चढ़ाने हैं जिन्हें किसी ने छुआ न हो। इसलिए, उठो, क्योंकि जीवन छोटा है, लेकिन आत्मा अमर है, चिरस्थाई है, और मृत्यु शाश्वत सत्य। इसलिए, एक महान आदर्श को अपना लक्ष्य बनाएँ और उस पर अपना सारा जीवन न्योछावर कर दें। यही आपका संकल्प होना चाहिए।

वैश्विक प्रतिस्पर्धा की ओर

हम होंगे कामयाब

प्र. सर, ऐसा नहीं हो सकता कि आप भारतीय बाज़ारों में आई चीन में बने सामान की बाढ़ और इसकी वजह से हमारे औद्योगिक आधार के दरकने से अनजान हों। आप अर्थव्यवस्था के सेवा क्षेत्र पर आधारित अर्थव्यवस्था में बदलने की बात को भी नज़रंदाज नहीं कर सकते, जो उन लोगों के ज्यादा अनुकूल है जिन्होंने बेहतर शिक्षा ली है। इसका मतलब यह हुआ कि हमारे देश में स्कूल समाज में बेहतर जगह बनाने और प्रतिस्पर्धा के माहौल, दोनों को बढ़ावा देने की मौलिक नीति का साधन बन रहे हैं। आप इस बात की अनदेखी नहीं कर सकते कि आज हमें अपनी मानव पूंजी को बढ़ाने की ज़रूरत है। यानी जिस इलाके में आपका जन्म हुआ है, उसकी भौगोलिक पहचान, उसके पिन कोड, के आधार पर आपका भाग्य न तय हो जाए, जैसा कि अक्सर होता है।

आप इस तथ्य से अनजान नहीं हो सकते कि हमारी आर्थिक नीति के साथ-साथ हमारी सामाजिक नीति पर भी अधिकतम लोगों को अधिकतम लाभ पहुँचने की सोच के बजाय चन्द ताक़तवर लोगों के लालच का ज़ोर चलता है। जहाँ निजी क्षेत्र हज़ारों नये उपक्रम शुरू करता जा रहा है, जो प्रौद्योगिकी के क्षेत्र में हो रही नई से नई प्रगति से जोड़े रखते हैं, वहीं सरकारी व्यवस्था नौकरशाही के पंजों की पकड़ में है। किसी भी स्तर पर सरकारी मंजूरी हासिल करने

के लिए जो बेहद लम्बा इंतज़ार करना पड़ता है उसे झेलना आसान नहीं। भारत में एक औद्योगिक संयन्त्र लगाने के लिए सरकार से पर्यावरण, स्वास्थ्य और सुरक्षा सम्बन्धी आवश्यक मंज़ूरी लेने में लगभग दो साल लग जाते हैं, और इतना समय प्रौद्योगिकी की दुनिया में एक पूरी ज़िन्दगी जैसा है, क्योंकि इतने में तो वहाँ सब कुछ बदल जाता है।

सर, जब आप 'मैं कर सकता हूँ' के जज़्बे के बारे में बात करते हैं, तो जिस व्यवस्था में आज हम जी रहे हैं, उसे देखते हुए तो यह सच से परे लगता है। क्या इस स्थिति से बाहर निकलने का कोई तरीका है? अगर हमें अपनी वर्तमान क़ैद से निकलने का रास्ता नहीं मालूम, तो दूर भविष्य में अपनी पहुँच बनाने के लिए किसी रास्ते की बात करने का क्या अर्थ है?

दुनिया में कुछ ही चीज़ें आगे बढ़ने के लिए दिए गए हल्के से धक्के से ज़्यादा शक्तिशाली हैं—जैसे एक मुस्कान, आशावाद व उम्मीद का एक शब्द और कठिन समय में 'हाँ, मैं यह कर सकता हूँ' की सकारात्मक भावना।
—रिचर्ड डीवोस

आपने भारतीय बाज़ारों में चीन में निर्मित उत्पादों की आई बाढ़ के सम्बन्ध में जो फ़िक्र जताई है, मैं भी उस बात को लेकर फ़िक्रमन्द हूँ। हमारे बाज़ारों में चीनी सामान की भरमार से हमारे छोटे और मझोले उद्योग बर्बाद हो रहे हैं, जिससे रुपये की कीमत पर भी दबाव बढ़ रहा है। इसकी शुरुआत ही नहीं होनी चाहिए थी, लेकिन किसी भी गड़बड़ी को ठीक करने की पहल कभी भी की जा सकती है। स्वदेशी उद्योगों के पनपने में बाधा बनने वाली सरकारी मंज़ूरियों और उनमें होने वाली देरी के दुष्चक्र पर आपकी टिप्पणी भी काफी हद तक सही है। छोटे उद्योगों की सफलता में दो तत्वों का हाथ होता है। पहले, व्यक्ति की अपनी उद्यमशीलता की भावना और दूसरे, इस भावना को बढ़ावा देने के लिए अच्छा व अनुकूल

वातावरण। मैं मानता हूँ कि हमारे देश में ऐसे वातावरण की काफी कमी रही है, लेकिन भारतीयों की सकारात्मक भावना की शक्ति को हमें शक की नज़रों से नहीं देखना चाहिए। यह मैं अपने निजी अनुभव से कह रहा हूँ और इसके साथ ही मैं आपके साथ एक घटना साझा करना चाहूँगा जो 1998 में घटी थी।

नब्बे के दशक की शुरुआत में मैं स्वदेशी हल्के लड़ाकू विमान LCA (Light Combat Aircraft) को विकसित करने की एक परियोजना पर काम कर रहा था। हमारी प्रोजेक्ट टीम ने डिजिटल 'फ्लाई बाय वायर' (FCS) यानी फ्लाइट कंट्रोल सिस्टम नियन्त्रण प्रणाली को प्रयोग करने का निर्णय लिया। चूंकि हमें इसे विकसित करने का कोई अनुभव नहीं था, इसलिए हमने इसके लिए अमरीका की कम्पनी, लॉकहीड मार्टिन के साथ एक अनुबन्ध किया। लॉकहीड मार्टिन को एफ-16 लड़ाकू विमान के लिए डिजिटल नियन्त्रण प्रणाली को विकसित करने का पर्याप्त अनुभव था। संयुक्त रूप से डिजिटल नियन्त्रण प्रणाली को विकसित करने का यह अनुबन्ध 1992-98 के बीच ठीक तरह से आगे बढ़ता रहा। रक्षा और वित्त मंत्रालय लगातार इस परियोजना की निगरानी कर रहे थे और हमारी टेक्नोलॉजी पर काम कर रहे विशेषज्ञों के साथ-साथ काम आगे बढ़ाने में भी मददगार बने हुए थे। तभी, 11 मई, 1998 को भारत ने परमाणु परीक्षण किया, जिसके चलते अमरीकी सरकार ने हमारे ऊपर प्रतिबन्ध लगा दिए। इन प्रतिबन्धों के कारण, लॉकहीड मार्टिन और हमारे बीच संयुक्त रूप से हल्के लड़ाकू विमान को विकसित करने के अनुबन्ध में अचानक एक ठहराव आ गया। यहाँ तक कि हमारे अमरीकी सहयोगियों ने अपने यहाँ मौजूद सभी भारतीय उपकरण, सॉफ्टवेयर और तकनीकी जानकारी भी अपने कब्ज़े में ले ली। भारतीय टीम के लिए उनका यह व्यवहार एक बहुत बड़ा झटका था।

मैंने इस परियोजना से जुड़ी विभिन्न प्रयोगशालाओं के निदेशकों की एक बैठक बुलाई, जिसमें भारतीय विज्ञान संस्थान, बंगलूरू के प्रसिद्ध नियन्त्रण प्रणाली विशेषज्ञ, प्रोफ़ेसर आई.जी. शर्मा, जाधवपुर विश्वविद्यालय के विख्यात डिजिटल नियन्त्रण प्रणाली विशेषज्ञ, प्रोफ़ेसर टी.के. घोषाल और रक्षा अनुसंधान एवं विकास संगठन, भारतीय अन्तरिक्ष अनुसंधान संगठन (इंडियन स्पेस रिसर्च ऑर्गेनाइज़ेशन-इसरो) और हिन्दुस्तान एअरोनॉटिक्स लिमिटेड के प्रतिनिधियों के साथ-साथ हमारे वित्तीय सलाहकार भी मौजूद थे। एक लम्बे विचार-विमर्श के बाद, टीम ने एक

योजना पर चर्चा की, जिससे स्वचालित नियन्त्रण प्रणाली को विकसित करने के काम को पूरा किया जा सकता था और लॉकहीड मार्टिन की मदद के बिना विमानों के उड़ान परीक्षणों को प्रमाणित करने की प्रणाली विकसित हो सकती थी।

हमने खुले में हल्के लड़ाकू विमान को पायलट के साथ और बिना पायलट के सिर्फ़ उपकरणों से नियन्त्रण के ज़मीनी परीक्षण के लिए बिलकुल नये किस्म के साज़-ओ-सामान से लैस एक 'रिग' (rig) तैयार करवाई।

इस टेस्ट रिग में उड़ान के लिए ज़रूरी कॉकपिट, एवियॉनिक्स सूइट, खिड़की के बाहर का नज़ारा और दूसरी सभी व्यवस्थाएँ मौजूद थीं, जो एल सी ए फ्लाइट कंट्रोल सिस्टम के डिजिटल फ्लाइट कंट्रोल कम्प्यूटर से जुड़ी थीं। इस तरह परीक्षण करने का मक़सद था किसी भी प्रणाली में सामने आने वाली समस्याओं को शुरुआत में ही ढूँढ निकालना ताकि उनका समय रहते समाधान पाया जा सके।

वास्तविक विमान की परीक्षण उड़ान से पहले आयरन बर्ड पर हमने हज़ारों घंटे के परीक्षण किए। पायलटों ने दो हज़ार घंटों से भी ज्यादा समय तक 'सिम्युलेटर' (simulator) में उड़ान भरने का अनुभव हासिल किया।

> हमें वास्तव में साहस व आत्म-विश्वास से भरपूर एक राष्ट्रीय नेतृत्व की आवश्यकता है। ऐसा नेतृत्व जो उद्योगों के लिए एक प्रगतिशील और त्वरित माहौल प्रदान कर सके, जिससे भारतीय उद्योग उन्नति की ओर बढ़ सकें।

इस तरह, जो चीज़ हमें हमारे विदेशी सहयोगियों से नहीं मिल पा रही थी, हमने देश में ही मिलजुल कर तैयार कीं। डिज़ाइन की गम्भीर समीक्षा करके और एकीकृत उड़ान नियन्त्रण प्रणाली के डिज़ाइन सुरक्षा को सुनिश्चित करने के लिए परीक्षण समय में वृद्धि करके इस कमी को पूरा किया। उस समय हमारी पूरी टीम अमरीका द्वारा प्रतिबन्ध लगाने की इस कार्रवाई को एक राष्ट्रीय चुनौती के रूप में ले रही थी। उनका कहना था कि यदि वे लॉकहीड मार्टिन की सहायता से इस कार्य को तीन वर्ष में पूरा कर लेते, तो स्वतन्त्र रूप से वे इसे दो वर्ष में ही पूरा कर दिखाएँगे। यदि मूल

रूप से इसमें दो करोड़ डॉलर की लागत आनी थी, तो वे इस लागत को कम करके एक करोड़ डॉलर कर दिखाएँगे। यह सब उन्होंने देश में उपलब्ध अत्यधिक अनुभवी इंजीनियरों, तकनीकी विशेषज्ञों और कुशल विद्वानों को अपने साथ जोड़ कर सरकारी संसाधनों के भीतर ही कर दिखाया था। दिसम्बर 2013 में इस हल्के लड़ाकू विमान को IOC (Initial Operational Clearance) यानी इसे उड़ाने की शुरुआती अनुमति मिली और फरवरी 2014 में इसे हिमालय की ऊँची चोटियों के ऊपर उड़ाकर और परीक्षण किए गए। दिसम्बर 2014 तक इसे FOC (Final Operational Clearance) यानी अन्तिम रूप इस्तेमाल की अनुमति मिल जाएगी, जिसके बाद इसे भारतीय वायु सेना में शामिल कर लिया जाएगा।

इस घटना से मुझे इतना आश्वासन तो अवश्य मिला कि कोई भी देश प्रौद्योगिकी अथवा आर्थिक प्रतिबन्ध लगाकर हम पर हावी नहीं हो सकता और हर हाल में हम होंगे कामयाब। हमारे वैज्ञानिकों की सामूहिक ताकत और प्रबन्धकीय और वित्तीय विशेषज्ञता किसी भी राष्ट्र से मिलने वाली चुनौतियों का सफलतापूर्वक सामना कर सकती है।

अब हम चीनी उत्पादों के भारतीय बाज़ारों में छा जाने के मुद्दे पर वापस आते हैं। हमें वास्तव में साहस व आत्म-विश्वास से भरपूर एक राष्ट्रीय नेतृत्व की आवश्यकता है। ऐसा नेतृत्व, जो उद्योग और विनिर्माण के क्षेत्र में एक प्रगतिशील व त्वरित प्रतिक्रिया से भरपूर माहौल का निर्माण करके अन्य देशों की बराबरी कर सके। इस प्रकार प्रौद्योगिकी, वित्तीय संसाधन और उद्यमों के लिए पूंजी उपलब्ध करवा कर और समावेशी सार्वजनिक नीतियों को अपना कर विकास का एक अनुकूल वातावरण तैयार करके भारतीय उद्योगों को सशक्त बनाया जा सकेगा।

विकसित भारत इक्कीसवीं सदी की महाशक्ति बन सकता है, और हमें इसे कोई सपना नहीं समझना चाहिए। न ही इसे एक लक्ष्य के रूप में देखना ठीक होगा। यह हम सब का अपने राष्ट्र के प्रति एक कर्तव्य है, जिसे हमें पूरा करना ही है। आने वाले समय में भारत साबित कर देगा कि उसमें दमखम है, और इसमें कोई शक नहीं कि भारत के महाशक्ति बनने की नींव पहले ही पड़ चुकी है। अब समय है कि उसपर काम किया जाए। उसे अंजाम दिया जाए।

भारत और चीन

प्र. सर, मैंने बीजिंग में दिया गया आपका व्याख्यान 'पृथ्वी एक रहने योग्य ग्रह' पढ़ा। मुझे यह बात खोखली सी लगती है। मुझे लगता है कि आप भी यह महसूस करते हैं कि भूगोल से जुड़ी राजनीति के मामलों में, भारत में भविष्य को ध्यान में रख कर सोचने की परम्परा नहीं है। हमारी सोच और परखने की क्षमता का स्तर ठीक नहीं है। हमारे नेतागण न जाने कैसी ख़ुशफ़हमी पाल लेते हैं, और अपनी सोच पर ख़ुद ही इतराते रहते हैं। किसी ने एक बार कहा था कि ताकत और प्रभाव कोई यूं ही नहीं मिल जाते, उन्हें छीनना पड़ता है। कोई चीज़ कैसे ली या छीनी जाती है, इसे चीन ने बख़ूबी कर दिखाया है। भारत के पास ताकत और अधिकारों के लिए लड़ने और इन्हें हासिल करने के लिए राजनीतिक इच्छा-शक्ति और साहस का अभाव है।

यह उम्मीद करना कि एक दिन भारत आर्थिक विकास के मामले में चीन को पछाड़ सकता है, फिलहाल तो बहुत दूर की कौड़ी प्रतीत होती है। लेकिन चीन के साथ इस तुलना से भारतीय लोगों को बहुत ज़्यादा चिंतित होने की ज़रूरत नहीं है। भारत और चीन में इससे भी बड़ा अन्तर अति आवश्यक सार्वजनिक सेवाएँ उपलब्ध कराने में है, जिनके न होने पर जीवन स्तर नीचे गिर जाता है और इस वजह से विकास के रास्ते पर घिसट-घिसट कर चलने के सिवा

कोई रास्ता नहीं बचता। दोनों ही देशों में लोगों के बीच असमानता बहुत ज़्यादा है, लेकिन चीन ने लम्बी उम्र तक जीने, सामान्य शिक्षा का विस्तार करने और अपने नागरिकों के लिए स्वास्थ्य सुविधाएँ सुनिश्चित करने के लिए भारत की तुलना में बहुत ज़्यादा काम किया है। भारत में विशिष्ट वर्ग के कुछेक विद्यार्थियों के लिए अलग स्तर के सर्वोत्कृष्ट विद्यालय मौजूद हैं, किन्तु सात वर्ष या इससे ज़्यादा उम्र के सभी भारतीयों में, प्रत्येक पाँच लड़कों में लगभग एक और प्रत्येक तीन लड़कियों में से एक अशिक्षित है। और यहाँ अधिकांश विद्यालयों में शिक्षा का स्तर बहुत नीचा है, यहाँ तक कि चार वर्ष तक शिक्षा पाने के बाद आधे से भी कम बच्चे 20 को 5 से भाग दे पाते हैं। बेशक, भारत में हमारी सबसे बड़ी ताकत है हमारा लोकतांत्रिक ढाँचा। चीन में, बिना आम सहमति के शीर्ष स्तर पर निर्णय ले लिये जाते हैं। चीनी प्रणाली भारतीय जीवनशैली के लिए दमघोटू साबित हो सकती है। ऐसे में, यहाँ आवश्यकता है लोकतन्त्र के साथ एक ऐसे नेतृत्व की, जिसमें तीव्र गति से सही निर्णय लेने की क्षमता हो।

अब आप ही बताएँ, सर, कि इस सच्चाई के प्रति हमारे नेताओं की नींद कब खुलेगी? 'रहने योग्य ग्रह' का सपना हमें दिखाने से पहले आप हमें बताएँ कि एक उत्कृष्ट जीवन कैसे जीया जा सकता है।

हमें यह बुनियादी व बेहद महत्त्वपूर्ण बात हमेशा ध्यान में रखनी चाहिए—जितना अच्छ कर सकते हैं करें, लेकिन जितना बुरा हो सकता है उसके लिए ख़ुद को तैयार रखें।
—ए पी जे अब्दुल कलाम

बीजिंग और नई दिल्ली को लेकर, दो तरह की सोच देखने को मिलती है। एक सोच यह है कि इन दो उभरती हुई शक्तियों के बीच एशिया महाद्वीप में

अपना प्रभुत्व जमाने की होड़ लगी रहेगी। इससे इन दोनों देशों के बीच रिश्तों के आधार पर इन्हें विरोधी देश करार दिया जा सकता है और ये सम्बन्ध ऐसे हैं कि इनमें कभी भी सैन्य टकराव की स्थिति पैदा हो सकती है या फिर दोनों देशों में टकराव की सम्भावना को देखते हुए इस इलाके में सेनाओं को और ज़्यादा हथियारों से लैस करने का सिलसिला ज़ोर पकड़ सकता है। युद्ध इसलिए टलता रहता है क्योंकि दोनों देशों के पास परमाणु हथियारों का ज़खीरा मौजूद है। वे अपने पारंपरिक युद्ध की क्षमताओं को बढ़ा रहे हैं और पारम्परिक युद्ध के लिए अपनी क्षमता बढ़ाने के साथ आधुनिकीकरण पर ज़ोर दे रहे हैं। इसके विपरीत, दूसरी तरह सोचने वाले एक उदार नज़रिये से चीज़ों को देखते हुए चीन और भारत को एक-दूसरे पर आश्रित दुनिया में दो उभरते हुए प्रमुख बाज़ारों के रूप में देखते हैं, जहाँ

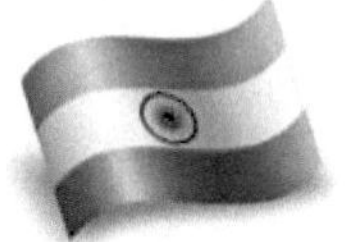भारत और चीन : दो दृष्टिकोण

एशिया महाद्वीप में दोनों उभरती शक्तियों के बीच
वर्चस्व की लड़ाई

एक-दूसरे के सहारे चलती दुनिया में दो उभरते
बाज़ार हैं ये

व्यापारिक और वाणिज्यिक गतिविधियों के दम पर शान्तिपूर्ण सह-अस्तित्व की स्थिति बनी हुई है। अगर हम अपने मीडिया की बात को सही मानें, तो ज़्यादा लोगों का 'चीनी ख़तरे की बात' पर ही ज़्यादा ज़ोर रहता है।

यह सच है कि अगर हम सीधे-सीधे तुलना करें तो हम लगभग सभी सामाजिक व आर्थिक आँकड़ों के लिहाज से चीन से बहुत पीछे हैं। पश्चिमी विशेषज्ञों के साथ-साथ कुछ भारतीय विशेषज्ञ भी धीमी लोकतान्त्रिक प्रक्रिया को इस स्थिति के लिए ज़िम्मेदार मानते हैं। हमें एक बात अपने दिमाग में रखनी चाहिए कि भारत की राजनीतिक प्रणाली को इसकी अत्यधिक जटिलता के कारण पहचाना

जाता है। यह जटिलता क्षेत्रीय भिन्नताओं और लोगों को मिलने वाले अवसरों में विविधता के कारण है, जिससे सभी स्तरों पर अवरोध, चोरी, आलस्य व भ्रष्टाचार की भावना पैदा होती है। लेकिन भारत में विकास की प्रक्रिया, बिना किसी बड़ी राजनैतिक उठापटक के लगातार जारी है।

इसके विपरीत, विकास का चीनी ढाँचा कई दशकों की सामाजिक व आर्थिक हलचलों के बाद सामने आया है। चीन ने माओ युग, सांस्कृतिक क्रान्ति, उत्तर-सांस्कृतिक क्रान्ति और उत्तर-तियानन्मेन काल देखा है। विभिन्न चरणों में इन परिवर्तनों के साथ-साथ चीन को बड़े स्तर पर सामाजिक व राजनीतिक अशान्ति से भी जूझना पड़ा है। भारत की संघीय लोकतान्त्रिक प्रणाली, अपनी सभी ख़ामियों के बावजूद, अब तक सभी तरह की गड़बड़ियों और सामाजिक आन्दोलनों से निपटने के लिए अपेक्षाकृत बेहतर तरीका साबित हुई है। जहाँ तक स्वतन्त्र भारत के 1990 के दशक तक, आर्थिक मोर्चे पर प्रदर्शन की बात है, हालाँकि वृद्धि-दर धीमी रही, लेकिन लगातार चली और इसका सही अन्दाज़ा भी लगाना मुश्किल नहीं था। इससे उलट, चीन के राजनीतिक व आर्थिक परिदृश्य में बेहद अस्थिरता रही और सामाजिक स्थिति तो कई बार अत्यन्त विस्फोटक भी हो गई थी। भारत में विकास और प्रगति का लाभ समाज के सभी वर्गों तक पहुँच सके, इसके लिए देश में पिछड़े सामाजिक-आर्थिक संकेतकों में जल्दी से जल्दी सुधार लाने के लिए अपने सभी प्रयासों और संसाधनों को लगा देने की ज़रूरत को लेकर वैचारिक मतभेद हो सकते हैं।

और जहाँ एक ओर, हम अपनी भौगोलिक सीमाओं के भीतर के विकास पर नज़र डालते हैं, तो दूसरी ओर, व्यापक परिदृश्य से यह देखने की ज़रूरत है कि दुनिया के तमाम देश इस धरती पर सह-अस्तित्व की भावना के साथ कैसे अपना वजूद बनाए रख सकते हैं। हमें ज़्यादा व्यापक नज़रिया अपनाने की ज़रूरत है ताकि हम व्यक्तियों, विचारधाराओं, दलीय वफादारी, राजनीतिक महत्त्वाकांक्षाओं और वर्तमान समय में हासिल प्रौद्योगिकीय श्रेष्ठता से ऊपर उठ कर देख सकें। जब तक भिन्न-भिन्न क्षेत्रों के बीच, शहरी व ग्रामीण क्षेत्रों के बीच, मूल्यवान संसाधनों को एक-दूसरे के साथ साझा करने में पड़ोसी देशों के बीच, विकास की असमानताएँ बनी रहेंगी, विश्व शान्ति हमारे लिए एक कल्पना ही बनी रहेगी। आधुनिक प्रौद्योगिकी ने देश-प्रान्त की दूरियों को घटाकर, समूचे विश्व को एक वैश्विक ग्राम

में परिवर्तित कर दिया है, जिससे विश्व भर के लोगों के बीच असमानताओं को सहने का धैर्य पहले से कम होता जा रहा है। हमें अपने देश के राज्यों में आर्थिक विकास लाने के लिए इसी तकनीक का उपयोग करना होगा और इसके साथ ही साथ इस धरती पर शान्ति सुनिश्चित करनी होगी। इसके लिए आवश्यक है कि मानवता अपने मतभेदों को भुला कर एक विश्व-स्तरीय दृष्टिकोण अपनाए और विश्व के सभी नागरिकों के लिए शान्ति व समृद्धि प्राप्त करने के साझा लक्ष्यों की ओर कदम बढ़ाए।

यूरोप के देशों ने लगभग सौ वर्ष तक इसके लिए संघर्ष किया और तब कहीं जाकर वे इकट्ठे हुए और उन्होंने मिल कर यूरोपीय संघ की स्थापना की। यह सच है कि 1962 का युद्ध भारत व चीन, दोनों के लिए एक बहुत बुरा अनुभव था। लेकिन क्या हमें आपस में बातचीत करते समय हमेशा उसका संदर्भ देना या उसे दिशा-निर्देश के रूप में इस्तेमाल करना ज़रूरी है? इसका निर्णय तो हमें ही करना होगा कि हम आपसी सहयोग चाहते हैं या टकराव। निश्चित रूप से हमारे लिए अपनी सीमाओं की रक्षा करना बहुत ज़रूरी है और हमें अपने देश की अखंडता को अवश्य सुरक्षित रखना चाहिए, लेकिन

दोनों देश यदि एक साथ मिलकर विशिष्ट परियोजनाओं पर कार्य करें तो शान्ति और समृद्धि की प्रचुर सम्भावनाएँ हैं।

यदि हम भारत व चीन की जनसंख्या को मिला कर देखें तो यह विश्व जनसंख्या की लगभग 37 प्रतिशत बैठती है और यह संख्या दोनों देशों के लिए बहुत बड़ा अवसर प्रदान कर सकती है।

इन सब बातों को देखते हुए मैं इस निष्कर्ष पर पहुँचा हूँ कि हमें इकट्ठे होकर दुनिया के सामने एक श्रेष्ठ सभ्यता का उदाहरण प्रस्तुत करना चाहिए। यदि दोनों देश एक संयुक्त दृष्टिकोण अपनाते हैं और इकट्ठे हो जाते हैं, तो इससे प्रौद्योगिकीय या सामाजिक विकास के लक्ष्यों अथवा कई विभिन्न लक्ष्यों के लिए भी संयुक्त प्रयास किए जा सकते हैं। दोनों देश यदि एक साथ मिलकर विशिष्ट परियोजनाओं पर कार्य करें तो शान्ति और समृद्धि की प्रचुर सम्भावनाएँ हैं। भारत का यह प्रयास

विश्व के सभी नागरिकों के लिए एकीकृत व विशिष्ट तरीके से शान्ति व समृद्धि लाने के लिए, सहयोग का एक महान आदर्श प्रस्तुत करके भारत को एक अग्रणी देश के रूप में उभरने में मदद कर सकता है।

नवम्बर 2012 में मैं पीकिंग विश्वविद्यालय के निमन्त्रण पर 'बीजिंग फॉरम 2012' को सम्बोधित करने के लिए चीन गया। मेरे भाषण का विषय था, 'पृथ्वी एक रहने योग्य ग्रह'। मैंने वैश्विक कार्यों के लिए एक विश्व ज्ञान मंच स्थापित करने का आवाहन किया, जिस पर चार बिलियन डॉलर खर्च होंगे। सतत प्रयास, ऊर्जा में आत्म-निर्भरता और पर्यावरण के क्षेत्र में एक संयुक्त पहल करने के लिए विश्वविद्यालयों, विभिन्न सरकारों और उद्यमियों को एक मंच पर लाने के लिए लगभग 400 करोड़ डॉलर की आवश्यकता होगी। अकादमी के युवा और बुद्धिजीवी वर्ग के लोग, यहाँ तक कि राजनीतिक क्षेत्र के लोगों ने भी महसूस किया कि उन्हें भारत के साथ मिलजुल कर काम करने की आवश्यकता है। भारत निर्माण क्षेत्र में चीन की बुनियादी दक्षताओं का लाभ उठा सकता है, जबकि वह सूचना प्रौद्योगिकी व सेवाओं के क्षेत्र में चीन को अपना तकनीकी ज्ञान दे सकता है।

मैं समझता हूँ कि विश्व के सभी राष्ट्रों के लिए इससे बड़ा कोई लक्ष्य हो ही नहीं सकता कि वे धरती को पूरी तरह से 'रहने योग्य एक ग्रह' बनाएँ। इसका अर्थ है कि हम एक ऐसी स्थायी दुनिया का निर्माण करें, जहाँ हमने प्रकृति को दिया ज़्यादा हो और उसकी तुलना में उससे लिया कम हो और इस प्रकार हम अपनी आने वाली पीढ़ियों का भविष्य सुरक्षित कर सकते हैं।

वैश्वीकरण का बदलता परिदृश्य

प्र. विश्व में इलैक्ट्रॉनिक मुद्रा पर आधारित एक अन्तरराष्ट्रीय आर्थिक व्यवस्था की शुरुआत के प्रमाण बड़े पैमाने पर मिल रहे हैं। कुछ बड़ी कम्पनियाँ विश्व के अनेक देशों से भी अधिक शक्तिशाली होती जा रही हैं और अमरीका, रूस जैसे बड़े देश भी उनकी हाँ में हाँ मिलाते दिख रहे हैं। कुछ महीने पहले यह खबर आई थी कि अमरीका चोरी-छिपे विश्वभर में इलेक्ट्रॉनिक निगरानी कर रहा है। यह निगरानी केवल आम लोगों तक सीमित नहीं थी बल्कि इसमें दुनियाभर के राजनेता भी शामिल थे। इस खबर से बहुत बड़ा बवाल मचा था—लेकिन आज उसके बारे में कोई खबर नहीं आती। क्या अभी भी ऐसा किया जा रहा है या अमरीका ने ऐसा करना बन्द कर दिया है। इलेक्ट्रॉनिक निगरानी और नियन्त्रण शक्ति से लैस क्या भविष्य में एक नए एकीकृत विश्व का मात्र एक सबसे शक्तिशाली नेता उभरेगा? क्या विश्व के सारे धर्म, सम्प्रदाय और आध्यात्मिक सोच को एक ही ढाँचे में ढाला जाएगा।

एक नई विश्व व्यवस्था की सम्भावना के सम्बन्ध में आप क्या सोचते हैं? क्या विश्व की 'महाशक्तियाँ' सिर्फ़ अपना हित चिन्तन करेंगी और भारत जैसे विकासशील देश हाशिये पर चले

जाएँगे। इसलिए पहले से तय करना होगा कि इसमें भारत की भूमिका क्या होगी? क्या हम एक बार फिर से गुलाम होने जा रहे हैं?

हम एक ऐसे रोमांचक दौर से गुज़र रहे हैं जहाँ किसी को नहीं मालूम कि अगले पल क्या होगा और कब दुनिया ऐसे बिन्दु पर पहुँच जाएगी जहाँ अगले क़दम पर न जाने क्या कुछ बदल जाएगा। अंग्रेज़ी में इसे 'टिपिंग प्वाइंट' कहते हैं।

ऐतिहासिक बदलावों के दौर में इस बात की ज़रूरत होती है कि जिस तरह की सोच और जैसी मिसालों को सामने रखकर इस दुनिया को बारीकी से देखते और समझते हैं, और आगे की तैयारी करते और उसे अंजाम देते हैं, उन्हें नई सच्चाइयों में ढलने के लिहाज से नये सिरे से अपने अन्दर उतारना होगा।

हाल ही में, जब मैं अमरीका के दौरे पर था, तब मुझे बताया गया कि हम जिस विमान में सफर कर रहे थे, उसकी ज़्यादातर नियन्त्रण प्रणाली सॉफ्टवेयर से संचालित थीं और शायद उन्हें भारत में तैयार किया गया था। एक दूसरी जगह, जब मैंने अपना क्रेडिट कार्ड पेश किया तो मुझे बताया गया कि उसका हिसाब मॉरिशस में रखे 'सर्वर' पर चलता है। इसी तरह, एक बार जब मैं बंगलूरू में एक सॉफ्टवेयर डेवेलपमेंट सेंटर पर गया तो वहाँ वास्तव में एक बहुसांस्कृतिक वातावरण देख मैं मंत्रमुग्ध हो गया। वहाँ चीन का एक सॉफ्टवेयर इंजीनियर कोरिया के एक प्रोजेक्ट लीडर के अधीन काम कर रहा था। इसके अलावा, भारत का एक सॉफ्टवेयर इंजीनियर और अमरीका से आया एक हार्डवेयर आर्किटेक्ट और जर्मनी का एक संचार विशेषज्ञ, ये सभी मिल कर आस्ट्रेलिया में स्थित एक बैंक की किसी समस्या को सुलझाने की कोशिश कर रहे थे।

आपने इस बात का डर ज़ाहिर किया है कि बुद्धिमत्ता को सर्वोपरि मानने

वालों की देखरेख में एक नई विश्व-व्यवस्था लागू होने जा रही है जिसमें सामाजिक सुरक्षा के लिए जारी सोशल सिक्योरिटी नंबर, बाज़ार में मिलने वाली तमाम चीज़ों पर यूनिवर्सल प्रॉडक्ट कोड के निशान, और हाल ही में चलन में आए रेडियो तरंगों के ज़रिये पहचान कराने वाले RFID (Radio Frequency Identification) माइक्रोचिप टैग से बड़ी संख्या में लोगों पर निगरानी रखी जाएगी। आपकी उलझन को मैं समझता हूँ, लेकिन मैं आपको बता देना चाहता हूँ कि ऐसा कुछ नहीं होने जा रहा है।

पहले आपको इस चिन्ता या दहशत की वजह समझनी चाहिए। टेक्नोलॉजी के बल पर लोगों के दिमाग और जनसंख्या जैसी चीज़ों पर क़ाबू करके बड़े कारोबार और सरकारों को आम लोगों की तमाम जानकारी मुहैया कराने को लेकर

बदलती दुनिया

कल	आज
ताकत थे प्राकृतिक संसाधन	ज्ञान की शक्ति के दिन
पद की गरिमा था आदर्श	तालमेल स्वीकार्य सहर्ष
नेतृत्व यानी आदेश का अधिकार	नेतृत्व यानी सिखाने को तैयार
शेयरधारकों को प्राथमिकता	उपभोक्ताओं को प्राथमिकता
आदेशों का पालन करते थे सारे	मिलकर फ़ैसले करते हैं सारे
जितना वरिष्ठ उतना बड़ा	जितना रचनात्मक उतना बड़ा
जितना उत्पादन उतना बाज़ार	बिक्री की होड़ का अर्थ व्यापार
अतिरिक्त खूबियाँ थीं शान	ज्यादा खूबियाँ ही पहचान
होती थी हर किसी से होड़	अब ग्राहक ही हैं हर ओर
ज़रूरत थी मुनाफ़े का आधार	ईमानदारी बिना सब कुछ बेकार

दहशत के पीछे दो वजह हो सकती हैं—व्यक्तिगत मूल्यों पर ज़ोर और अपने हाथ में कुछ करने की ताक़त न होने का एहसास। पहली बात उन लोगों पर लागू होती है जो अपने निजी अधिकारों को लेकर बहुत सचेत होते हैं, जो जैसा चाहते हैं वैसा करते हैं, और अपनी ज़िन्दगी में सरकार या वैसी ही दूसरी बड़ी व्यवस्थाओं की शर्तें और दखलअन्दाज़ी नहीं चाहते। जब ऐसे हालात से गुज़रने के साथ वह अपनी ज़िन्दगी में भी कुछ न कर पाने के एहसास से गुज़रते हैं, तो अपनी आज़ादी दूसरी बाहरी ताक़तों या अपनी चलाने वालों के हाथों छिनने की चिन्ता उन्हें सताने लगती है। जब व्यक्तिगत आज़ादी को पूरे दिल-ओ-दिमाग से अहमियत देने वालों की आज़ादी में कहीं भी खलल पड़ता है, तो उन्हें लगता है जैसे कुछ बहुत बुरा हो गया, और फिर वह मान बैठते हैं कि इस आज़ादी छिनने के पीछे कोई बड़ी ताक़तें काम कर रही हैं।

इस बारे में मैं आयन रैन्ड की किताब *एटलस श्रग्ड* का ज़िक्र करना चाहूँगा, जिसमें उन्होंने लिखा है, ''मैं मूल रूप से पूंजीवाद की समर्थक नहीं हूँ, लेकिन अहम्वाद की समर्थक हूँ। मैं मूल रूप से अहम्वाद की समर्थक नहीं हूँ, लेकिन मैं तर्कशक्ति की समर्थक ज़रूर हूँ। अगर हम तर्क की श्रेष्ठता को मानते हैं और उस पर लगातार अमल करते हैं, तो सब कुछ उसी क्रम से होता चला जाता है। जब मैं किसी बुद्धिमान व्यक्ति से असहमत होती हूँ, तो मैं आख़िरकार न्याय की ज़िम्मेदारी सच्चाई को सौंप देती हूँ—अगर मैं सही निकली, तो उसे सबक मिलेगा, और अगर वह सही निकला तो मुझे सबक मिलेगा। जीत हममें से एक की होगी, लेकिन फ़ायदा दोनों को होगा।''

इंसान की ज़िन्दगी चलाने के लिए जिस काम की ज़रूरत होती है वह मूल रूप से बौद्धिक है। क्योंकि इंसान को जो भी कुछ चाहिए, पहले उसकी कल्पना उसके दिमाग में होती है और फिर वह अपनी कोशिशों से उसे गढ़ता है। इक्कीसवीं सदी में यह दुनिया, पहले के मुक़ाबले कहीं ज्यादा, ज्ञान पर आधारित लोगों की होगी। मैं एक दिन डेनिस वेटली की किताब *एम्पायर्स ऑफ द माइन्ड* पढ़ रहा था। यह किताब बताती है कि कल दुनिया कैसी थी और आज की दुनिया कैसी है।

यदि बुद्धि व ज्ञान ही हर तरह से शक्ति के स्रोत हैं और दोनों मनुष्य के अन्दर मौजूद रहते हैं और यह देखते हुए कि आज लोग पहले के मुक़ाबले अपनी आज़ादी

को कहीं ज़्यादा अहमियत देते हैं, तो जिन हालात की तस्वीर आप हमारे सामने पेश कर रहे हैं, उसके अंजाम तक पहुँचने के आसार नज़र नहीं आते। इसके अलावा, तेज़ी से बातें फैलाने की इंटरनेट की ख़ूबी के चलते 'एक विश्व व्यवस्था' के ख़िलाफ़ सुरक्षा का घेरा बन जाएगा।

इसके साथ-साथ, क्षेत्रीय स्तर पर भी बहुत कुछ घटता रहता है, और यह सब 'एक-विश्व व्यवस्था' की बात को सच होने में रुकावट पैदा करेगा। अमरीका और रूस जैसी दो महाशक्तियों के बजाय, इस दुनिया में 'ब्रिक्स देश' (BRICS) जैसी कई ताकतें होंगी। ब्राजील, रूस, भारत, चीन व दक्षिण अफ्रीका का साथ मिलकर 'ब्रिक्स राष्ट्रों' के नाम से एक भौगोलिक, राजनैतिक और आर्थिक समूह के तौर पर अपनी पहचान बनाना एक सच्चाई है जिससे दुनिया में मिलजुल कर शासन-व्यवस्था चलाने और आर्थिक सम्बन्धों को एक नई गति मिली है। सारे ब्रिक्स राष्ट्रों में कुल मिलाकर दुनिया की आबादी के 42 फ़ीसदी लोग रहते हैं, और दुनिया भर के कुल GDP यानी सकल घरेलू उत्पाद में 18 फ़ीसदी की हिस्सेदारी इन्हीं देशों की है।

चीन की अर्थव्यवस्था ने क़रीब चालीस करोड़ लोगों को गरीबी से छुटकारा दिलाने में कामयाबी हासिल की है। और यह सब मुमकिन हुआ है तीन दशक तक 10 प्रतिशत की वार्षिक वृद्धि के साथ, कृषि और उद्योग के क्षेत्र में भारी विदेशी निवेश से और अब घरेलू बाज़ार में आए उछाल से। चीन की अर्थव्यवस्था में इस अभूतपूर्व प्रगति की बदौलत वहाँ मध्यम आय वर्ग बेहद तेज़ी से बढ़ रहा है। साथ ही, हर साल शहरीकरण का फ़ायदा उठाने वालों की आबादी का आँकड़ा लगभग एक करोड़ सत्तर लाख की संख्या के आसपास पहुँच गया है।

ग्रामीण क्षेत्रों में बड़े पैमाने पर गरीबी के बावजूद, भारत अपने प्रतिष्ठित लोकतन्त्र की बदौलत प्रौद्योगिकी और सेवा क्षेत्र में आर्थिक चमत्कार कर दिखाने में कामयाब रहा है। इन क्षेत्रों में तरक्की से लम्बे समय तक सतत् विकास की जो नींव पड़ी है, उसने भारत को ब्रिक्स देशों के समूह में एक अग्रणी देश के रूप में ला खड़ा किया है।

लैटिन अमरीकी अर्थव्यवस्थाओं में ब्राजील एक प्रमुख देश के रूप में उभर कर सामने आया है। वह प्राकृतिक संसाधनों और खनिज तेल के बदले कम लागत

वाली तैयार चीज़ों के लिए चीन के साथ संयुक्त उपक्रमों के लिए तालमेल बैठाने की कोशिशों में लगा हुआ है।

इसी प्रकार, रूस एक बेहद मज़बूत अर्थव्यवस्था के तौर पर मशहूर है, और इसके पीछे तेल और गैस उत्पादन क्षेत्र में उसकी भूमिका ही सबसे बड़ी वजह है। व्यापारिक भागीदार के लिए एक अच्छे सहयोगी बनने की सम्भावना के साथ विज्ञान और प्रौद्योगिकी में विशेषज्ञता के चलते रूस ब्रिक्स के सदस्य देशों के लिए एक अच्छा सहयोगी साबित हो सकता है।

ब्रिक्स देशों के समूह में पाँचवें सदस्य के रूप में दक्षिण अफ्रीका को शामिल किए जाने से इस बात का भरोसा होता है कि दुनिया के वित्तीय, विकासात्मक व व्यापारिक ढाँचे में अफ्रीका को वह जगह मिली है जिसका वह हक़दार है।

जहाँ तक विश्व के सभी धर्म, सम्प्रदाय, पंथ और आध्यात्मिक आस्था वाले समूहों के समन्वय से सूमचे विश्व के लिए एक धर्म व्यवस्था बनने की बात है, मुझे लगता है कि आने वाले समय में लोग पूरब और पश्चिम की आध्यात्मिक परम्पराओं और सिद्धान्तों का सार लेकर स्वस्थ रहने के तौर-तरीकों को अपनाएँगे।

जहाँ एक ओर हम राष्ट्रों और व्यापारिक निगमों के समूहों को शक्ति केन्द्रों के रूप में बढ़ते हुए देख रहे हैं, वहीं किसी एक व्यक्ति की बढ़ती हुई ताकत और पहुँच वैश्विक परिदृश्य पर अपने गहरे प्रभाव से शक्ति केन्द्रों के बीच सन्तुलन स्थापित करने का काम करेगी।

❑❑❑

www.ingramcontent.com/pod-product-compliance
Lightning Source LLC
LaVergne TN
LVHW090403160726
843469LV00038B/500